GUIA DE CONVERSAÇÃO PARA VIAGENS

Alemão

Essencial Para Você se Comunicar Bem

ROUGH GUIDES

GUIA DE CONVERSAÇÃO PARA VIAGENS

Alemão

Essencial Para Você se Comunicar Bem

Compilado por
LEXUS

PUBLIFOLHA

Traduzido de "The Rough Guide German", edição de 2006, publicado por Rough Guides Ltd, 80 Strand, Londres, WC2R 0RL, Inglaterra.
Título original: "The Rough Guide Phrasebook German"

ISBN 978-85-7402-935-1

PUBLIFOLHA

Divisão de Publicações do Grupo Folha
Al. Barão de Limeira, 401, 6° andar
CEP 01202-900, São Paulo, SP
Tel.: (11) 3224-2186/2187/2197
www.publifolha.com.br

COORDENAÇÃO DO PROJETO
PUBLIFOLHA
Editor-assistente: Rodrigo Villela
Assistente editorial: Adriane Piscitelli
Coordenação de produção gráfica: Soraia Pauli Scarpa
Assistência de produção gráfica: Mariana Metidieri

PRODUÇÃO EDITORIAL
EDITORA PÁGINA VIVA
Tradução: Anna Quirino
Revisão: Shirley Gomes e Maria Sylvia Corrêa
Consultoria técnica: Eva Glenk e Renato Ferreira da Silva

ROUGH GUIDES
Compilação: Lexus com Horst Kopleck
Edição da Série Lexus: Sally Davies
Direção de Referência: Andrew Lockett
Edição da Série: Mark Ellingham
Imagem de capa: © Rough Guides

Dados Internacionais de Catalogação na Publicação (CIP)
(Câmara Brasileira do Livro, SP, Brasil)

Alemão : guia de conversação para viagens : essencial para você se comunicar bem / compilado por Lexus; [tradução Anna Quirino]. – São Paulo : Publifolha, 2008. – (Coleção guia de conversação Rough Guide)

Título original: The Rouge Guide German phrasebook.
ISBN 978-85-7402-935-1

1. Alemão – Vocabulários e manuais de conversação – Português 2. Português – Vocabulários e manuais de conversação – Alemão I. Lexus. II. Série.

08-09054 CDD-438.24

Índices para catálogo sistemático:
1. Alemão : Guia de conversação : Linguística 438.24
2. Guia de conversação : Alemão : Linguística 438.24

SUMÁRIO

Introdução

O *Guia de Conversação Para Viagens Alemão* é uma introdução muito prática ao idioma. Organizado em estilo claro de A a Z, usa a referência de palavras-chave para levar você até as palavras e frases que deseja. Assim, se quiser reservar um quarto, é só olhar "quarto". Este guia vai direto ao ponto em todas as situações: em bares e lojas, trens e ônibus, hotéis e bancos.

A parte principal é um dicionário duplo: Português-Alemão e Alemão-Português. Antes disso, há uma seção chamada **Frases Básicas** e, para envolver você numa comunicação de duas mãos, o livro inclui um conjunto de diálogos nos **Cenários**, que ilustram perguntas e respostas em situações-chave, como aluguel de carro ou pedido de orientação.

O coração do guia, a seção **Português-Alemão**, fornece transliterações das palavras alemãs, fáceis de usar, sempre que houver dúvida quanto à pronúncia. Nessa parte, referências cruzadas permitem que você identifique fatos e frases básicas, enquanto as palavras com asterisco indicam que serão encontradas mais informações numa seção no final do livro, chamada **Como Funciona a Língua**. Ali estão as regras fundamentais do idioma, com muitos exemplos práticos. Também estão lá outros dados, a exemplo de números, datas, como dizer as horas e frases básicas. No dicionário **Alemão-Português** estão as frases que você provavelmente ouvirá (com uma série de gírias e coloquialismos), além de placas, etiquetas, instruções e outras palavras básicas que estarão impressas ou em locais públicos.

No final, o *Guia de Conversação* oferece a seção **Menu:** listas de comidas e bebidas (com termos fundamentais), indispensáveis se você for comer fora, tomar uma bebida ou quiser dar uma espiada num mercado local.

Gute Reise!
boa viagem!

Frases Básicas

Frases Básicas

sim
ja
iá

não
nein
náin

tudo bem; OK
okay
oquê

alô
hallo

bom-dia
guten Morgen
gûten móaguen

boa-tarde/boa-noite
guten Abend
gûten âbent

boa-noite
(antes de ir para a cama)
gute Nacht
gûte nárrt

adeus; até logo
auf Wiedersehen
áuf vîdéazê-en

por favor
bitte
bíte

sim, por favor
ja bitte
iá

obrigado
danke
dánque

não, obrigado
nein danke
náin

muito obrigado
vielen Dank
fîlen dánc

de nada; não tem de quê
bitte
bíte

bom-dia!
guten Tag!
gûten tâc

como vai?
wie geht es dir/Ihnen?
vî guêt és dîa/înen

bem, obrigado
danke, gut
dánque gût

prazer em conhecê-lo
freut mich
fróit mírr

com licença
(para pedir passagem)
entschuldigen Sie!
ént-chúldíguen zî
(para chamar a atenção)
Entschuldigung!
ént-chúldígung

sinto muito
tut mir leid
tût mîa láit

como?
(sem entender) wie bitte?
vî bíte

eu compreendo/entendo
ich verstehe
írr feachtê-e

eu não compreendo/entendo
das verstehe ich nicht
nírrt

fala português?
sprechen Sie Portugiesisch?
chprérren zî pórtûguîzíche

eu não falo alemão
ich spreche kein Deutsch
írr chprérre cáin dóitch

poderia falar devagar?
könnten Sie das etwas langsamer sagen?
cönten zî dás étvas lángzamea zâguen

poderia repetir isso?
können Sie das noch einmal wiederholen?
cönen zî dás nórr áimâl vîdeahôlen

poderia escrever isso?
könnten Sie es aufschreiben?
cönten zî és áufchráiben

eu gostaria de um ...
ich möchte gern ein ...
írr mörrte guérn áin

eu gostaria de ...
ich würde gern ...
vürde

pode me servir um ...?
kann ich ein ... haben?
cán írr áin...hâben

quanto custa?
was kostet das?
vás cóstet dás

saúde!
(brinde) Prost!
prôst

isto é ...
es ist ...

onde fica?
wo ist es?
vô

é longe daqui?
ist es weit von hier?
fón hîa

quanto tempo leva?
wie lange dauert es?
vî lángue dáuert és

Cenários

1. Hospedagem

pode me recomendar um hotel econômico?
▸ können Sie mir ein günstiges Hotel empfehlen?
[c**ö**nen zî m**i**a **á**in g**ü**nstigues hôt**é**l émpf**ê**len]

---

tut mir Leid, aber es scheint alles ausgebucht zu sein ◂
[tût m**î**a l**ái**te **â**bea és ch**á**int **á**les **a**usgueburrt tsû z**á**in]
sinto muito, parece que estão todos lotados

---

pode me dar o nome de um bom hotel de preço médio?
▸ können Sie mir ein gutes Mittelklasse-Hotel nennen?
[c**ö**nen zî m**î**a **á**in g**û**tes m**í**tel-cláse-hôtel n**é**nen]

---

mal sehen, möchten Sie im Zentrum sein? ◂
[mal z**ê**-en m**ö**rrten zî ím ts**é**ntrum z**á**in]
deixe-me ver; deseja ficar no centro?

---

se possível
▸ wenn möglich
[vén m**ö**glirr]

---

macht es Ihnen etwas aus, etwas außerhalb der Stadt zu sein? ◂
[márrt és **î**nen **é**tvas **á**us **é**tvas **á**usserhalp d**ê**a chtát tsû z**á**in]
importa-se que fique um pouco fora da cidade?

---

não muito longe
▸ nicht zu weit außerhalb
[nírrt tsû v**ái**te **á**usserhálp]

onde fica no mapa?
▸ wo ist es auf dem Stadtplan?
[v**ô** íst és **á**uf dêm cht**á**tplân]

pode escrever o nome e o endereço?
▸ können Sie mir Namen und Adresse aufschreiben?
[c**ö**nen zî m**î**a n**â**men únt adr**é**sse **á**ufchráiben]

estou procurando um quarto numa casa de família
▸ ich suche ein Zimmer in einem Privathaus
[írr z**û**rre **á**in tsímer ín **ái**nem prî**vâ**tháus]

2. Bancos

cheque	der Scheck	[chéc]
conta bancária	das Bankkonto	[bánc-conto]
depositar	einzahlen	[**á**intsâlen]
euro	der Euro	[**ói**ro]
libra	das Pfund	[pfúnt]
sacar/retirar	abheben	[**á**phêben]
senha	die PIN-Nummer	[p**í**n-númea]
trocar dinheiro	Geld wechseln	[guélt v**é**cseln]

poderia trocar isto por euros?
▸ würden Sie das bitte in Euro umtauschen?
[v**ü**rden zî dás b**í**te ín **ói**ro **ú**mtáuchen]

wie möchten Sie Ihr Geld? ◂
[vî m**ö**rrten zî **î**a gu**é**lt]
como quer o dinheiro?

notas pequenas
▸ kleine Scheine
[cl**ái**ne ch**ái**ne]

notas grandes
▸ große Scheine
[gr**ô**sse ch**ái**ne]

há informações em inglês sobre como abrir uma conta?
▸ haben Sie Information auf Englisch, wie man ein Konto eröffnet?
[h**â**ben zî infórmâtsi**ô**n **á**uf **é**nglirr v**îa** mán **á**in c**ó**nto ea**ö**fnet]

ja, was für ein Konto möchten Sie? ◂
[i**á** vás f**ü**a **á**in c**ó**nto m**ö**rrten zî]
sim, que tipo de conta quer?

quero uma conta corrente
▸ ich möchte ein Girokonto eröffnen
[írr m**ö**rrte **á**in g**î**rocónto **é**aöfnen]

Ihren Pass, bitte ◂
[**î**ren pás b**í**te]
seu passaporte, por favor

posso usar este cartão para retirar dinheiro?
▸ kann ich mit dieser Karte Geld abheben?
[cán írr mít d**î**zea c**á**rte guélt **á**p-hêben]

Sie müssen zum Schalter gehen ◂
[zî m**ü**ssen tsúm ch**á**ltea gu**ê**-en]
precisa ir ao caixa

quero transferir isto para minha conta no Dresdner Bank
▸ ich möchte das auf mein Konto bei der Dresdner Bank überweisen
[írr m**ö**rrte dás **á**uf m**á**in c**ó**nto b**ái** d**ê**a dr**ê**stea bánc übeav**á**izen]

OK, aber wir müssen Ihnen dieses Gespräch berechnen ◂
[Oqu**ê** **á**bea v**î**a m**ü**ssen **î**nen d**î**zes guêchpr**ê**rr bêr**é**rrnen]
tudo bem, mas teremos de cobrar a chamada telefônica

3. Como reservar um quarto

chuveiro	die Dusche	[dûche]
telefone no quarto	Zimmertelefon	[tsímeatêlefon]
telefone público no hall	Münzfernsprecher in der Eingangshalle	[müntsfernchprérrea ín dêa áingangshále]

há quartos vagos?
▸ haben Sie Zimmer frei?
[hâben zî tsímea frái]

für wie viele Personen? ◂
[füa vî fîle perzônen]
para quantas pessoas?

para uma/para duas pessoas
▸ für eine Person/für zwei Personen
[füa áine perzôn/füa tsvái perzônen]

ja, wir haben Zimmer frei ◂
[iá vîa hâben tsímea frái]
sim, temos quartos vagos

▸ für wie lange?
[füa vî lángue]
para quantas noites?

só por uma noite
nur für eine Nacht ◂
[nûa füa áine nárrt]

quanto custa?
▸ was kostet es?
[vás cóstet és]

neunzig Euro mit Bad und siebzig Euro ohne Bad ◂
[nóintsirr óiro mít bât únt zîptsirr óiro ône bât]
90 euros com banheiro e 70 euros sem banheiro

o café-da-manhã está incluído?
▸ ist das inklusive Frühstück?
[íst dás incluzîve früchtúc]

posso ver um quarto com banheiro?
▸ kann ich ein Zimmer mit Bad sehen?
[cán írr áin tsímea mít bât zê-en]

tudo bem, fico com ele
▸ gut, ich nehme es
[gût írr nême és]

quando tenho de sair?
▸ wann muss ich das Zimmer räumen?
[ván mús írr dás tsímea róimen]

há algum lugar onde eu possa deixar a bagagem?
▸ kann ich irgendwo mein Gepäck unterstellen?
[cán írr írguentvô máin guêpéc úntêachtélen]

4. Aluguel de carro

automático	der Automatikwagen	[áutomâticvâguen]
carro alugado	das Mietauto	[mît-**áu**to]
manual	ein Auto mit Gangschaltung	[**áu**to mit g**á**ngcháltung]
tanque cheio	ein voller Tank	f**ó**ler tánc]

eu gostaria de alugar um carro
▶ ich möchte ein Auto mieten
[írr m**ö**rrte **á**in **á**uto m**î**ten]

für wie lange? ◀
[f**ü**a vî l**á**ngue]
por quanto tempo?

---

dois dias
▶ zwei Tage
[tsv**ái** t**â**gue]

fico com o...
▶ ich nehme den...
[írr n**ê**me dên]

---

a quilometragem é livre?
▶ ist das ohne Kilometerbeschränkung?
[íst dás **ô**ne quîlom**ê**tea-bêchr**é**ncung]

ja ◀
[i**á**]
sim

---

kann ich bitte Ihren Führerschein sehen? ◀
[cán irr b**í**te **î**ren f**ü**reacháin zê-en]
posso ver sua habilitação, por favor?

---

und Ihren Pass ◀
[únt îren páss]
e seu passaporte

---

o seguro está incluído?
▶ ist Versicherung inbegriffen?
[íst fêaz**i**rrerung **i**nbêgrífen]

---

ja, aber die ersten hundert Euro müssen Sie selbst bezahlen ◀
[i**á** **â**bea dî **é**rsten h**u**ndéat **ói**ro m**ü**ssen zî zélpst bêts**â**len]
sim, mas você tem de pagar os primeiros 100 euros

---

könnten Sie eine Anzahlung von hundert Euro leisten? ◀
[c**ö**nten zî **ái**ne **á**ntsâlung fón h**ú**ndéat **ói**ro l**á**isten]
pode deixar um depósito de 100 euros?

---

e se a loja estiver fechada, onde deixo as chaves?
▶ und wo gebe ich die Schlüssel ab, wenn dieses Büro geschlossen hat?
[únt vô gu**ê**be írr dî chl**ü**ssel áp vén d**î**zes bür**o** guechl**ó**ssen hát]

---

werfen Sie sie in den Kasten dort ◀
[v**é**rfen zî zî ín dên c**á**sten dórt]
coloque-as nesta caixa

5. Comunicações

acesso sem fio	der Hotspot	
adaptador de telefone	der Telefonstecker-adapter	[têlêfônchtéquea-adáptéa]
arroba	at	
celular	das Handy	[héndî]
conexão discada	das DFÜ-Modem	[dêéfumódem]
internet	das Internet	
modem ADSL	das ADSL-Modem	[âdê-élmódem]
ponto	Punkt	[punct]
senha	das Passwort	[pásvóat]

há algum cibercafé por aqui?
▶ gibt es hier in der Gegend ein Internetcafé?
[guîpt és hîa ín dêa guêguent áin internetcafê]

posso mandar e-mail daqui?
▶ kann ich von hier Emails schicken?
[cán írr fón hîa îméils chíquen]

onde é a arroba no teclado?
▶ wo ist das at-Zeichen auf der Tastatur?
[vô íst dás at-tsáirren áuf dêa tástátûa]

pode ajudar a me conectar?
▶ können Sie mir helfen einzuloggen?
[cõnen zî mîa hélfen áintsûlóguen]

pode me conectar com...?
▶ können Sie mich mit... verbinden?
[cõnen zî mírr mít... féabinden]

pode mudar para teclado português?
▶ können Sie das auf eine portugiesische Tastatur umstellen?
[cõnen zî dás áuf áine pórtûguîzíche tástátûa úmchtélen]

não consigo conexão, pode me ajudar?
▶ ich bekomme keine Verbindung, können Sie mir helfen?
[írr bêcóme cáine féabíndung cõnen zî mîa hélfen]

onde posso comprar recarga para o meu celular?
▶ wo bekomme ich eine Nachladekarte für mein Handy?
[vô bêcóme irr áine nârrlâdecárte füa máine héndî]

zero null [nul]	cinco fünf [fünf]
um eins [áins]	seis sechs [zécs]
dois zwei [tsvái]	sete sieben [zîben]
três drei [drái]	oito acht [árrt]
quatro vier [fîa]	nove neun [nóin]

6. Orientação

olá, estou procurando a Ortlerstraße
▶ hallo, ich suche die Ortlerstraße
[**há**lô írr z**û**rre dî **ó**rtléa-chtr**â**sse]

---

tut mir Leid, nie gehört ◀
[tût m**î**a l**á**it nî guêh**ö**rt]
desculpe, nunca ouvi falar

---

pode me dizer onde fica a Ortlerstraße?
▶ können Sie mir sagen, wo die Ortlerstraße ist?
[c**ö**nen zî m**î**a z**â**guen vô dî **ó**rtléa-chtr**â**sse íst]

---

ich bin auch fremd hier ◀
[írr bín **á**urr frémt h**î**a]
também não sou daqui

olá, a Ortlerstraße, sabe onde fica?
hallo, wo ist bitte die Ortlerstraße?
[h**á**lô vô íst bíte dî **ó**rtléa-chtr**â**sse]

onde?
wo?
[vô]

em que direção?
welche Richtung?
[v**é**lrre r**í**rrtung]

▶ um die Ecke
[úm dî **é**que]
virando a esquina

▶ bei der zweiten Ampel links
[b**á**i d**ê**a tsv**á**iten **á**mpel lincs]
à esquerda, no segundo semáforo

▶ es ist dann die erste Straße rechts
[és íst dán dî **é**rste chtr**â**sse rérrts]
depois, é a primeira rua à direita

abbiegen
[**á**pbîguen]
saída

an dem... vorbei
[án dêm... fôrb**ái**]
depois do...

dort drüben
[dórt dr**ü**ben]
ali do outro lado

gegenüber
[guêguen**ü**bea]
em frente

geradeaus
[guêr**â**deáus]
sempre em frente

gleich nach
[gl**á**irr nârr]
logo depois

links
à esquerda

nächste
[n**é**cste]
próximo

neben
[n**ê**ben]
perto

rechts
[rérrts]
à direita

Straße
[chtr**â**sse]
rua

vor
[f**ó**a]
em frente de

weiter
[v**ái**ter]
mais adiante

zurück
[tsûr**ü**c]
para trás

7. Emergências

acidente	der Unfall	[únfál]
ambulância	der Krankenwagen	[cránquenvâguen]
bombeiros	die Feuerwehr	[fóiervéa]
cônsul	der Konsul	[cónzul]
embaixada	die Botschaft	[bôtcháft]
polícia	die Polizei	[pôlîtsái]

socorro!
▸ Hilfe!
[hílfe]

pode me ajudar?
▸ können Sie mir helfen?
[cönen zî mîa hélfen]

por favor, venha comigo! é realmente muito urgente
▸ kommen Sie bitte mit mir! es ist wirklich sehr dringend
[cómen zî bíte mít mîa és íst vírclírr zêa drínguent]

eu perdi (minhas chaves)
▸ ich habe (meine Schlüssel) verloren
[írr hâbe (máine chlüssel) féalôren]

(meu carro) não funciona
▸ (mein Auto) ist nicht in Ordnung
[(máin áuto) íst nírrt ín órdnung]

(minha carteira) foi roubada
▸ (mein Portmonee) ist gestohlen worden
[(máin pórtmônê) íst guêchtôlen vórden]

eu fui assaltado
▸ ich bin überfallen worden
[írr bín übéafálen vórden]

---

wie heißen Sie? ◂
[vî háissen zî]
qual é seu nome?

können Sie mir bitte Ihren Pass zeigen? ◂
[cönen zî mîa bíte îren páss tsáiguen]
preciso ver seu passaporte

---

sinto muito, todos os meus documentos foram roubados
▸ tut mir Leid, aber alle meine Ausweispapiere sind gestohlen worden
[tût mîa láit âbea ále máine ausváispapîre zínt guêchtôlen vórden]

8. Amigos

oi, tudo bem?
▶ hallo, wie gehts?
[há**lo** vî guêts]

OK, und dir? ◀
[oquê únt dîa]
tudo bem, e você?

---

sim, bem
▶ ja, ganz gut
[**iá** gánts gût]

nada mal
▶ nicht schlecht
[nírrt chlérrt]

---

conhece o Mark?
▶ kennst du Mark?
[quénst dû márc]

---

e esta é a Hannah
▶ und das ist Hannah
[únt dás íst **há**na]

▶ ja, wir kennen uns
[**iá** **vî**a qu**é**nen úns]
sim, a gente se conhece

---

de onde vocês se conhecem?
▶ woher kennt ihr euch?
[**vô**hêa quént **î**a **ó**irr]

---

a gente se conheceu na casa do Daniel
▶ wir haben uns bei Daniel kennen gelernt
[**vî**a **hâ**ben úns b**ái** d**á**niel qu**é**nen guêl**é**ant]

---

foi uma festa legal, né?
▶ das war vielleicht eine Party, oder?
[dás vâr fîl**ái**rrt **ái**ne p**á**rtî **ô**déa]

einmalig ◀
[**ái**nmâlich]
o máximo

---

querem tomar uma cerveja?
▶ kommt ihr mit auf ein Bier?
[cómt **î**a mít **á**uf **á**in b**î**a]

▶ cool, gehen wir
[cûl gu**ê**-en v**î**a]
legal, vamos

▶ nein, ich treffe Sarah
[n**ái**n írr tr**é**fe z**â**ra]
não, vou me encontrar com a Sarah

---

nos vemos na casa do Daniel, hoje à noite
▶ dann bis heute Abend bei Daniel
[dán bís h**ói**te **â**bent b**ái** d**á**niel]

bis dann ◀
[bís dán]
até logo

9. Saúde

não estou me sentindo muito bem
▶ es geht mir nicht gut
[és guêt m**î**a nírrt gût]

pode chamar um médico?
▶ können Sie einen Arzt holen?
[c**ö**nen zî **ái**nen ártst h**ô**len]

▶ wo tut es weh?
[vô tût és vê]
onde dói?

dói aqui
▶ es tut hier weh
[és tût h**î**a vê]

▶ tut es ständig weh?
[tût és cht**é**ndirr vê]
a dor é constante?

não é uma dor constante
▶ es tut nicht ständig weh
[és tût nírrt cht**é**ndirr vê]

---

posso marcar uma consulta?
▶ kann ich einen Termin machen?
[cán írr **ái**nen term**î**n m**á**rren]

pode me dar algo para...?
▶ können Sie mir etwas für... geben?
[c**ö**nen zî m**î**a **é**tvas f**ü**a... gu**ê**ben]

sim, eu tenho seguro
▶ ja, ich bin versichert
[i**á** írr bín féaz**î**rrert]

afta	eine Pilzinfektion	[p**i**ltsínféctsîon]
analgésicos	die Schmerztabletten	[chm**é**rtstábléten]
antibióticos	die Antibiotika	[antîbî**ô**tîca]
cistite	eine Blasenentzündung	[blázenents**ü**ndung]
dentista	der Zahnarzt	[ts**â**nártst]
diarréia	der Durchfall	[d**ú**rrrfál]
doente	krank	
farmácia	die Apotheke	[âpôt**ê**que]
hospital	das Krankenhaus	[cr**á**nquenháus]
médico	der Arzt	[artst]
pomada anti-séptica	eine antiseptische Salbe	[antiz**é**ptíche z**á**lbe]
receitar	verschreiben	[féachr**ái**ben]
remédio	das Medikament	[mêdîcâm**é**nt]

10. Dificuldades de linguagem

algumas palavras	ein paar Wörter	[**á**in pâ v**ö**rtéa]
intérprete	der Dolmetscher	[d**o**lmétchéa]
traduzir	übersetzen	[übeaz**é**tsen]

Ihre Kreditkarte wurde abgelehnt ◀
[**î**re crêd**î**tcárte v**ú**rde **á**pguêlênt]
seu cartão de crédito foi recusado

---

como? não entendo; fala português?
▶ wie bitte, das verstehe ich nicht; sprechen Sie portugiesisch?
[vî b**í**te dás féacht**ê**-e írr nírrt; chpr**é**rren zî pórtûgu**î**zíche]

---

die ist nicht gültig ◀
[dî íst nírrt g**ü**ltirr]
ele não é válido

---

pode repetir?
▶ können Sie das wiederholen?
[c**ö**nen zî dás vîdéah**ô**len]

devagar
▶ langsam
[l**á**ngzam]

---

entendo muito pouco de alemão
▶ ich verstehe nur sehr wenig Deutsch
[írr féacht**ê**-e n**û**a z**ê**a v**ê**nírr d**ó**itch]

falo alemão muito mal
▶ ich spreche sehr schlechtes Deutsch
[írr chpr**é**rre z**ê**a chl**é**rrtes d**ó**itch]

Sie können mit dieser Karte nicht bezahlen ◀
[zî c**ö**nen mít d**î**za c**á**rte nírrt bêts**â**len]
não pode utilizar este cartão para pagar

▶ verstehen Sie?
[féacht**ê**-en zî]
entende?

não, sinto muito
▶ nein, tut mir Leid
[n**á**in tût m**î**a l**á**ite]

---

há alguém que fale inglês?
▶ spricht hier jemand Englisch?
[chprírrt h**î**a i**ê**mant **é**nglich]

---

ah, agora entendo
▶ ach so, jetzt verstehe ich
[árr zô i**é**tst féacht**ê**-e írr]

está tudo bem agora?
▶ ist das jetzt in Ordnung?
[íst dás i**é**tst ín **ó**rdnung]

11. Ao conhecer pessoas

olá
▶ hallo
[hálo]

---

hallo, ich heiße Claudia ◀
[hálo írr háisse Claudia]
olá, meu nome é Cláudia

---

eu sou Pedro, de São Paulo, no Brasil
▶ ich bin Pedro, ich komme aus São Paulo, in Brasilien
[írr bin Pedro írr cóme áus sáo páulo in brazîlîen]

---

kenne ich nicht, wo ist das? ◀
[quene írr nírrt, vô íst dás]
não conheço, onde fica?

---

não muito longe do Rio de Janeiro, no sudeste; e você?
▶ nicht weit von Rio de Janeiro entfernt, im Südosten; und Sie?
[nírrt váite fón Rio de Janeiro éntférnt ím zütósten únt zî]

---

ich komme aus Berlin; sind Sie alleine hier? ◀
[írr cóme áus bérlîn zínt zî aláine hîa]
sou de Berlim; está aqui sozinho?

---

não, estou com minha mulher e dois filhos
▶ nein, meine Frau und meine zwei Kinder sind dabei
[náin máine fráu únt máine tsvái quindéa zínt dâbái]

---

o que você faz?
▶ was machen Sie beruflich?
[vás márren zî bêrûflirr]

ich arbeite im Computerbereich ◀
[írr árbáite ím compiúter-bêráirr]
trabalho com computadores

eu também
▶ ich auch
[írr áurr]

aqui está a minha mulher
▶ hier kommt meine Frau
[hîa cómt máine fráu]

---

freut mich, Sie kennen zu lernen ◀
[fróit mírr zî quénen tsû lérnen]
prazer em conhecê-la

12. Correio

agência de correio	die Post	[póst]
cartão-postal	die Postkarte	[póstcarte]
correio aéreo	Luftpost	[lúftpóst]
selo	die Briefmarke	[brîfmárque]

a que horas fecha o correio?
▸ wann schließt die Post?
[ván chlîst dî póst]

um siebzehn Uhr Montag bis Freitag ◂
[úm zîbtsên ûa môntâc bís fráitâc]
às 17h durante a semana

---

o correio abre aos sábados?
▸ ist die Post samstags geöffnet?
[íst dî póst zámstacs guêöfnet]

bis Mittag ◂
[bís mítâc]
até o meio-dia

---

gostaria de mandar esta carta registrada para o Brasil
▸ ich möchte dies per Einschreiben nach Brasilien senden
[írr mörrte dîs per áinchráiben nârr brazîlîen zénden]

---

gut, das macht zehn Euro ◂
[gût dás márrt tsên óiro]
pois não, são 10 euros

---

e também dois selos para a Inglaterra, por favor
▸ und auch zwei Briefmarken nach Brasilien, bitte
[únt áurr tsvái brîfmárquen nârr brâzîlîen bíte]

tem adesivos de correio aéreo?
▸ hätten Sie ein paar Luftpost-Aufkleber?
[héten zî áin pâr lúftpóst-áufclêbéa]

tem correspondência para mim?
▸ ist Post für mich gekommen?
[íst póst füa mírr guêcómen]

Auslands... [áuslants] internacional	Inlands... [inlant] doméstico	postlagernd [póst-lâguernt] posta-restante
Brief [brîf] cartas	Paket [páquêt] pacotes	

13. Restaurantes

conta	menu	mesa
die Rechnung	die Speisekarte	der Tisch
[rérrnung]	[chpáize cárte]	[tích]

pode nos arrumar uma mesa para não-fumantes?
können wir bitte einen Nichtrauchertisch haben?
[cõnen vîa bíte áinen nírrtráurrertích hâben]

é para duas pessoas
wir sind zu zweit
[vîa zínt tsû tsváit]

é para quatro pessoas
wir sind zu viert
[vîa zínt tsû fîat]

o que é isto?
was ist das?
[vás íst dás]

es ist eine Fischsorte
[és íst áine fíchzórte]
é um tipo de peixe

es ist eine regionale Spezialität
[és íst áine rêguîônâle chpêtsîalîtét]
é uma especialidade local

kommen Sie herein, ich zeige es Ihnen
[cómen zî héráin írr tsáigue és înen]
entre, e eu lhe mostro

queremos dois destes, um desses e um daqueles
wir hätten gern zwei von diesen, eins von diesen und eins von denen dort
[vîa héten guérn tsvái fón dîzen áins fón dîzen únt áins fón dênen dórt]

und zu trinken?
[únt tsû trínquen]
e para beber?

vinho tinto
Rotwein
[rôtváin]

vinho branco
Weißwein
[váisváin]

uma cerveja e dois sucos de laranja
ein Bier und zwei Orangensäfte
[áin bîa únt tsvái ôróngenzéft]

mais pão, por favor
noch etwas Brot bitte
[nórr étvas brôt bíte]

wie hat es Ihnen geschmeckt?
[vî hát és înen guêchméct]
como estava a comida?

excelente, muito boa!
wunderbar!, sehr gut!
[vundéabár zêa gût]

noch etwas?
[nórr étvas]
mais alguma coisa?

apenas a conta, obrigado
nur die Rechnung, danke
[nûa dî rérrnung dánque]

14. Compras

kann ich Ihnen behilflich sein?
[cán írr înen bêhílflirr záin]
posso ajudá-la?

posso dar só uma olhada?
kann ich mich kurz umschauen?
[cán írr mírr cúrts úmcháun]

sim, estou procurando...
ja, ich suche...
[iá írr zûrre...]

quanto custa isto?
wie viel kostet dies?
[vî fîl cóstet dîs]

zweiunddreißig Euro
[tsváiunt-dráissirr óiro]
32 reais

tudo bem, acho que vou ter de desistir; é muito caro para mim
ich glaube, ich muss es lassen, es ist mir ein bisschen zu teuer
[írr gláube írr mús és lássen és íst mîa áin bísrren tsû tóiéa]

wie ist es hiermit?
[vî íst hîamít]
e que tal este?

posso pagar com cartão de crédito?
kann ich mit Kreditkarte bezahlen?
[cán írr mít crêditcarte bêtsâlen]

é muito grande
es ist zu groß
[és íst tsû grôs]

é muito pequeno
es ist zu klein
[és íst tsû cláin]

é para o meu filho – ele é mais ou menos desta altura
es ist für meinen Sohn – er ist etwa so groß
[és íst füa máine zôn – êa íst étva zô grôs]

darf es sonst noch etwas sein?
[dárf és zónst nórr étvas záin]
mais alguma coisa?

isso é tudo, obrigada
nein danke, das ist alles
[náin dánque dás íst áles]

se fizer por 20 euros, eu levo
für zwanzig Euro nehme ich es
[füa tsvántsirr óiro nême írr és]

está bem, vou levar
gut, ich nehme es
[gût írr nême és]

der Ausverkauf
[áusfeacáuf]
liquidação

geöffnet
[gue-öfnét]
aberto

geschlossen
[guechlóssen]
fechado

die Kasse
[cásse]
caixa

umtauschen
[úmtáuchen]
trocar

15. Turismo

aberto	geöffnet	[guê**ö**fnet]
centro da cidade	das Stadtzentrum	[cht**á**t-tséntrum]
excursão de ônibus	eine Stadtrundfahrt	[cht**á**t-runtfârt]
fechado	geschlossen	[guêchl**ó**sen]
galeria de arte	die Kunstgalerie	[c**u**nstgalêrî]
guia	der Führer	[f**ü**réa]
museu	das Museum	[muz**ê**um]

estou interessado em conhecer a cidade velha
▶ ich würde gerne die Altstadt sehen
[írr v**ü**rde gu**é**ne dî **á**lt-chtát z**ê**-en]

há visitas guiadas?
▶ gibt es eine Stadtführung?
[guîpt és **á**ine cht**á**tfürung]

tut mir Leid, es ist voll ausgebucht ◀
[tût m**î**a l**á**it és íst fól **áu**sguêbûrrt]
sinto muito, estão lotadas

quanto cobraria para nos levar para passear por quatro horas?
▶ wie viel würde es kosten, wenn Sie uns vier Stunden lang herumfahren?
[vî fîl v**ü**rde és c**ó**sten vén zî uns f**î**a cht**ú**nden láng hêr**ú**m-fâren]

podemos reservar aqui os ingressos para o concerto?
▶ können wir die Konzertkarten hier buchen?
[c**ö**nen v**î**a dî cóntsertcárten h**î**a b**û**rren]

▶ ja, auf welchen Namen?
[i**á** **á**uf v**ê**lrren n**â**men]
sim, em nome de quem?

▶ was für eine Kreditkarte?
[vás f**ü**a **á**ine crêd**i**tcárte]
qual o cartão de crédito?

onde pegamos os ingressos?
▶ wo bekommen wir die Karten?
[vô bêc**ó**men v**î**a dî c**á**rten]

holen Sie sie einfach am Eingang ab ◀
[h**ô**len zî zî **ái**nfárr ám **ái**ngang áp]
podem pegá-los na entrada

abre aos domingos?
▶ ist es sonntags geöffnet?
[íst és z**ó**ntacs guê**ö**fnet]

quanto é a entrada?
▶ wie viel kostet der Eintritt?
[vî fîl c**ó**stet d**ê**a **ái**ntrít]

tem desconto para grupos de seis pessoas?
▶ gibt es Ermäßigungen für Gruppen von sechs Personen?
[guîpt és éam**ê**ssîgunguen f**ü**a gr**ú**pen fón zécs pérz**ô**nen]

foi impressionante!
▶ das war wirklich beeindruckend!
[dás vâr v**i**rclirr bê-**á**in-druquent]

16. Trem

bilhete	die Fahrkarte	[fârcárte]
bilhete de ida	einfach	[áinfárr]
bilhete de ida e volta	die Rückfahrkarte	[rücfârcárte]
fazer baldeação	umsteigen	[úm-chtáiguen]
estação de trem	der Bahnhof	[bân-hôf]
parada	die Haltestelle	[háltechtéle]
plataforma	der Bahnsteig	[bânchtáique]

quanto é...?
▸ wie viel kostet...?
[vî fîl cóstet...]

um bilhete de ida, de segunda classe, para...
▸ einfach zweiter Klasse nach...
[áinfarr tsváitéa clásse nârr...]

dois bilhetes de ida e volta, de segunda classe, para...
▸ zwei Rückfahrkarten zweiter Klasse nach...
[tsvái rücfârcárten tsváitéa clásse nârr...]

para hoje	para amanhã	para a próxima terça-feira
▸ für heute	▸ für morgen	▸ für nächsten Dienstag
[füa hóite]	[füa móaguen]	[füa nérrsten dînstâc]

Sie brauchen einen Zuschlag für den Intercity ◂
[zî bráurren áinen tsûchlac füa dên íntércítî]
tem um suplemento para o Intercity

möchten Sie einen Platz reservieren? ◂
[mörrten zî áinen pláts rêzérvîren]
quer reservar um lugar?

Sie müssen in Frankfurt umsteigen ◂
[zî müssen ín fráncfurt úm-chtáiguen]
tem de mudar de trem em Frankfurt

este lugar está livre?
▸ ist dieser Platz frei?
[íst dîzer pláts frái]

com licença, em que estação estamos?
▸ Entschuldigung, welcher Bahnhof ist das hier?
[éntchúldîgung vélrrer bân-hôf íst dás hîa]

é aqui que mudo de trem para Heidelberg?
▸ muss ich hier nach Heidelberg umsteigen?
[mús írr hîa nârr háidelbéag úm-chtáiguen]

Português

→

Alemão

A

a* (art. singular) die/das [dî/dás] (plural) die [dî]
abacaxi die Ananas [ánanas]
aberto offen [ófen]
abridor de garrafa der Flaschen-öffner [fláchen-öfner]
abridor de lata der Dosenöffner [dôzenöfna]
abril der April [apríl]
abrir öffnen [ófnen]
a céu aberto im Freien [fráien]
a que horas abre? wann machen Sie auf? [ván márren zî áuf]
não consigo abrir ich bekomme es nicht auf [becómen]
absorvente higiênico die Damenbinde [dámenbínde]
acabar enden
acabou es ist vorbei [vóabái]
quando acaba? wann ist es zu Ende? [ván íst és tsû énde]
academia das Fitness-Studio [fítnes-chtûdîô]
acampamento de trailer/motor home der Wohnwagenplatz [vônvâguenpláts]
acampar zelten [tselten]
aceitar nehmen [nêmen]

diálogo

aceita cartão de crédito? nehmen Sie Kreditkarten? [nêmen zî krêdítkarten]
ótimo, vou levar gut, ich nehme es [gût írr nême és]

acelerador das Gaspedal [gáspedal]
acender: a luz não estava acesa das Licht war nicht an
acesso (ataque) der Anfall [anfál]
achados e perdidos (seção) das Fundbüro [fúntbürô]
achar: acho que sim ich glaube ja [gláube iá]
acho que não ich glaube nicht [nírrt]
acidente der Unfall [únfal]
houve um acidente es hat einen Unfall gegeben [áinen únfal guêguêben]
sofri um acidente ich hatte einen Unfall [írr háte áinen únfal]
ácido sauer [záua]
acima über [übea]
acontecer geschehen [guechê-en]
o que aconteceu? was ist passiert? [vás íst pasîat]
o que está acontecendo? was ist los? [vás íst lôs]
acordar: ele está acordado? ist er wach? [várr]
pode me acordar às 5h30? können Sie mich um 5.30 Uhr wecken? [cönen zî mírr um – véquen]
açougue der Metzger [métsguer]
acreditar glauben [glauben]

açúcar der Zucker [tsúca]
adaptador der Adapter
adega der Weinkeller [váinquélea]
adequadamente (consertado, trancado etc.) richtig [rírrtirr]
adiante: fica nesta rua, mais adiante es ist weiter die Straße entlang [váitea dî chtrâsse entláng]
adolescente der Teenager
adulto der Erwachsene [êavácsen-ne]
advogado der Rechtsanwalt [rérrtsánvált]
aeroporto der Flughafen [flúchâfen]
para o aeroporto, por favor zum Flughafen bitte [tsumi bíte]
afastado abgelegen [ápguêlêguen]
afiado scharf [châf]
África do Sul Südafrika [zütâfrica]
afta die Mundfäule [múntfóile]
agasalho de ginástica der Trainingsanzug [trêningsántsûc]
agasalho esportivo das Windhemd [vint-hemt]
agência de turismo der Reiseveranstalter [ráizeféanchtalta]
agência de viagem das Reisebüro [ráizebürô]
agência do correio die Post
agenda der Terminkalender [termîncalender]
agenda de endereços das Adressbuch [adréssbûrr]
agenda de telefones das Telefonbuch [têlêfônbûrr]
agora jetzt [iétst]
agora não nicht jetzt [nírrt iétst]
agosto der August [áugûst]
agradar: este é o que mais me agrada dies gefällt mir am besten [dîs guefélt mîa am bésten]
agradável angenehm [ánguênêm]
agradecer danke [dánque]
agradecido dankbar [dáncba]
água das Wasser [vássa]
poderia me servir um pouco de água? kann ich etwas Wasser haben? [étvas – hâben]
água-de-colônia das Eau de toilette
água destilada destilliertes Wasser [déstîlîrtesvássea]
água mineral das Mineralwasser [mînêrálvássa]
água potável das Trinkwasser [tríncvássa]
esta água é potável? ist das Trinkwasser?
água tônica das Tonic
aguardar com ansiedade sich freuen auf [zírr fróien áuf]
não vejo a hora ich freue mich darauf [írr fróien mírr dáráuf]
agulha die Nadel [nâdel]
ainda noch [nórr]
ainda estou esperando ich warte immer noch [várte nórr]

Ac

ele ainda está aí? ist er noch da?
ele ainda não se levantou er ist noch nicht auf [nórr nírrt áuf]

diálogos

quanto ainda falta para o castelo? wie weit ist es noch bis zum Schloss? [vî veit ist es nórr bis zum chlóss]
cerca de 3 km etwa drei Kilometer [étva]
ele já está aqui? ist er schon hier? [êa chón hîa]
não, ainda não nein, noch nicht [náin nórr nírrt]
você ainda terá de esperar um pouco Sie müssen noch etwas warten [zî müssen nórr étvas várten]

aipo der Sellerie [zêlêrî]
ajuda die Hilfe [hílfe]
muito obrigado por sua ajuda vielen Dank für Ihre Hilfe [fîlen dánc füa îre]
ajudar helfen [hélfen]
pode me ajudar? können Sie mir helfen? [cönen zî mía hélfen]
alarme de incêndio der Feueralarm [fóieralarm]
alavanca der Hebel [hêbel]
alavanca de câmbio der Schaltknüppel [cháltcnüpel]
albergue da juventude die Jugendherberge [iûguenthéabéague]
alça (de mala etc.) der Griff [gríf]
(de vestido) der Träger [trêga]
álcool der Alkohol
sem álcool alkoholfrei [alcohôlfrái]
alcoólico alkoholisch [alcohôlich]
alegre froh
além jenseits (+gen) [iênzaits]
além de abgesehen von [ápguêzê-en fón]
Alemanha Deutschland [dóitchlant]
alemão(ã) der/die Deutsche [dóitche]
(adj) deutsch [dóitch]
(idioma) Deutsch
os alemães die Deutschen
alérgico: sou alérgico a... ich bin allergisch gegen... [írr bín alérguish guêguen]
alfabeto das Alphabet [alfabet]

a	â	j	iê	s	és
b	bê	k	câ	t	tûê
c	tsê	l	él	u	û
d	dê	m	ém	v	fáu
e	ê	n	én	w	vê
f	éf	o	ô	x	ícs
g	guê	p	pê	y	üpsilon
h	hâ	q	êu	z	tset
i	î	r	ér	ß	ess-tset

alface der Kopfsalat [cópfzálât]
alfaiate der Schneider [chnáida]
alfândega der Zoll [tsól]
alfinete die Nadel [nâdel]
alfinete de segurança die Sicherheitsnadel

[zírraháitsnâdel]
alga der Tang
algo etwas [étvas]
algo para beber etwas zu trinken
algodão die Baumwolle [báum vóle]
algodão hidrófilo die Watte [váte]
alguém jemand [iêmart]
alguém fala inglês? spricht jemand Englisch? [chprírrt iêmant énglich]
algum lugar irgendwo [írguêntvô]
alho der Knoblauch [cnôbláurr]
alho-poró der Lauch [láurr]
ali da, dort
por ali dort drüben
aliança de casamento der Ehering [ê-eríng]
almoço das Mittagessen [mítac-éssen]
almofada das Kissen [quísen]
alô hallo [hálo]
Alpes die Alpen
Alpes bávaros die Bayrischen Alpen [báirichen]
Alpes suíços die Schweizer Alpen [chváitsa]
altitude (montanha) die Höhe [höe]
alto (pessoa) groß [grôs]
(edifício) hoch [hôrr]
(som) laut [láut]
no alto oben [ôben]
altura (pessoa) die Größe [grösse]
alugar mieten [míten]
carro alugado das Mietauto [mít auto]
onde posso alugar uma bicicleta? wo kann ich ein Fahrrad mieten? [vô cán írr áin fâ-arát]
para alugar zu vermieten [tsú féamíten]
aluguel die Miete [míte]
aluguel de carros die Autovermietung [áutofeamítung]
de aluguel zu vermieten [tsú féamíten]
amanhã morgen [móaguen]
amanhã de manhã morgen früh [frü]
depois de amanhã übermorgen [übamóaguen]
amanhecer das Morgengrauen [móaguengrauen]
ao amanhecer bei Tagesanbruch [bái tâguesánbrûrr]
amanhecido (pão) alt [ált]
amar lieben [líben]
eu amo a Alemanha ich liebe Deutschland [dóitchlant]
amarelo gelb [guelp]
amargo bitter [bíta]
amável nett [nét]
é muito amável das ist sehr nett [dás íst zêa nét]
ambos beide [báide]
ambulância der Krankenwagen [cranquenvâguen]
chame uma ambulância! rufen Sie einen

Krankenwagen [rûfen zî áinen]
amêndoa die Mandel [mándel]
amendoins die Erdnüsse [éatnüsse]
ameno mild [mîlt]
América Amerika [amêrica]
americano amerikanisch [americânich]
eu sou americano(a) ich bin Amerikaner/Amerikanerin
amigdalite die Mandel-entzündung [mándelentsündung]
amigo(a) der Freund [fróint], die Freundin [fróindin]
amor die Liebe [lîbe]
amortecedor der Stoßdämpfer [chtôsdémpfa]
ampère: um fusível de 13 ampères eine dreizehn-Ampere-Sicherung [áine dráitsên amper zicherung]
ampliação (de foto) die Vergrößerung [feagrössêrung]
ampola die Blase [blâze]
analgésicos das Schmerzmittel [chméatsmítel]
andar (pavimento) das Stockwerk [chtócvérc]
andar de baixo unten [únten]
no terceiro andar im dritten Stock
anel der Ring
anfiteatro der Balkon [balcon]
animado lebhaft [lêp-haft]
animal das Tier [tîa]
aniversário der Geburtstag [guêbúrtstâc]
feliz aniversário! herzlichen Glückwunsch zum Geburtstag! [hertslírren glücvúnch tsúm]
aniversário de casamento der Hochzeitstag [hórrtsaitstâc]
ano das Jahr [îar]
Ano-Novo Neujahr [nói-íâr]
feliz Ano-Novo! frohes neues Jahr [frôes nóies íâr]
antecedência: com antecedência im voraus [fôráus]
anteontem vorgestern [fôrguéstern]
antes vorher [fôrhêa]
antes de mim vor mir
antes disso davor [dafór]
antibióticos die Antibiotika [antibiôtîca]
anticoncepcional das Verhütungsmittel [fearhütungsmitel]
anticongelante das Frostschutzmittel [frostchutsmitel]
antiguidade: isto é uma antiguidade? ist es antik? [antîc]
anti-histamínico das Antihistamin
antiquado altmodisch [áltmôdich]
antiquário das Antiquitätengeschäft [antîcvîténguêcheft]
anti-séptico das Antiseptikum
anular rückgängig machen [rüc-guéngirr márren]
ao ar livre draußen [dráussen]

ao lado de... neben dem/der... [nêben dêm/dêa]
ao ponto (carne) medium [mêduim]
aparar: apenas aparar, por favor (no cabeleireiro) nur etwas kürzen, bitte [núa étvas cüatsen bíte]
aparelho auditivo das Hörgerät [hörgue-rêt]
aparelho de som die Stereoanlage [chtérêoánlague]
apartamento die Wohnung [vônung]
apart-hotel die Ferienwohnung [fêriênvônung]
apenas nur [núa]
apenas um nur einer
são apenas 6 horas es ist erst sechs Uhr [és íst erst zécs üa]
apendicite die Blinddarm-entzündung [blintdarment-tsundung]
aperitivo der Aperitif [apérîtîf]
apertado (roupa etc.) eng
apertar: apertemos as mãos geben wir uns die Hand [guêben vîa úns dí hánt]
apimentado scharf [châ-af]
aposentado(a) der Rentner [réntan], die Retnerin [réntnerin]
sou aposentado ich bin im Ruhestand [írr bín ím rûe chtánt]
aprender lernen [léanen]
apresentar vorstellen [fóachtélen]
posso lhe apresentar...? darf ich Ihnen... vorstellen? [dá-af írr înen]
apressar-se sich beeilen [zírr beáilen]
apresse-se! beeilen Sie sich!
aproximadamente ungefähr [únguefêa]
aquecedor elétrico das elektrische Heizgerät [eléctriche háitsguêrêt]
aquecimento die Heizung [háitsúng]
aquecimento central die Zentral-heizung [tsentrâl-háitsung]
aquele(a): aquela mulher diese Frau [dîze]
aquele é bonito das ist schön
aquele homem dieser Mann [dîzea]
aquele lá das da
aqueles(as): aquelas mulheres diese Frauen
aqueles homens diese Männer [dîze ména]
quais? – aqueles(as) welche? – diese [vélrre]
aqui hier [hîa]
aqui está (para oferecer) bitte [bíte]
aqui está/estão... hier ist/sind [zínt]
bem aqui genau hier [guenáu]
por aqui hier

diálogo

há quanto tempo está aqui? wie lange sind Sie schon hier? [vî lángue zint zî

chân hîa]
estou aqui há dois dias, e você? ich bin seit zwei Tagen hier, und Sie? [záit]
estou aqui há uma semana ich bin seit einer Woche hier [irr bín záit áiner vórre]

ar die Luft [lûft]
pelo ar mit dem Flugzeug [flúctsóic]
ar-condicionado die Klimaanlage [clîma-ánlague]
arame die Draht [drât]
aranha die Spinne [chpíne]
área die Gegend [guêguent]
área de pedestres die Fußgängerzone [fûsguêngatsône]
areia der Sand [zánt]
arisco (animal) scheu [chói]
arma de fogo das Gewehr [guevêa]
armário der Schrank [chránc]
arranhão der Kratzer [crátsa]
arriscado riskant
arroz der Reis [ráis]
arruela die Dichtung [dírrtung]
arrumar: o senhor arruma isso para nós? können Sie das für uns regeln? [zî rêgueln]
arte die Kunst [cúnst]
artista der Künstler [cünstlea]
árvore der Baum [báum]
as, os, lhes* (pron obl) sie [zî]
às vezes manchmal [mánrrmal]
asa-delta das Drachen-fliegen [drârren-flîguen]
asma das Asthma [astmâ]
aspirador de pó der Staubsauger [chtaupzauga]
aspirina das Kopfschmerzmittel [cópfchmeatsmítel]
asqueroso ekelhaft [êquêlháft]
assaltar: fui assaltado ich bin überfallen worden [írr bín übafálen vóaden]
minha casa foi assaltada bei mir ist eingebrochen worden [báit mîa ist áineguêbrórren vórden]
assento der Sitzplatz [zítspláts]
este assento é de alguém? sitzt hier jemand? [zítst hîa iêmant]
assento no corredor der Sitz am Gang
assim: assim que for possível so bald wie möglich [vî möglirr]
assinatura die Unterschrift [úntachríft]
atadura der Verband [féabánt]
atalho die Abkürzung [ápcüatsung]
ataque (acesso) der Anfall [anfál]
ataque cardíaco der Herzinfarkt [héatsínfârct]
até (mesmo) sogar [zogâr], selbst [zelpst]; bis [bís]
até logo auf Wiedersehen [áufvîda-sê-en]
atirar werfen [véafen]
atletismo Leichtathletik [lairrt-atlêtic]
atração: as atrações de... die

Sehenswürdigkeiten von...
[zê-ensvüadirr-cáiten fón]
atraente attraktiv [atractîf]
atrás hinten
atrás de mim hinter mir
na parte de trás hinten
parte de trás die Rückseite
[rüczáite]
atrasado spät [chpêt]
desculpe-me, estou atrasado
tut mir leid, dass ich zu spät
komme [tút mîa láit dás írr tsû
chpêt cóme]
o trem chegou atrasado der
Zug hatte Verspätung [dêa
tsûc háte féachpêtung]
temos de ir, chegaremos
atrasados wir müssen gehen,
sonst kommen wir zu spät
[vía müssen guê-en zónst cómen
vîa tsú chpêt]
atraso die Verzögerung
[featsöguerung]
atravessar gehen durch [guê-
en dúarr]
atropelar anfahren [ánfâ-aren]
ele foi atropelado er ist
angefahren worden [éa íst
ánguefâ-aren vórden]
atum der Thunfisch [tûnfich]
Austrália Australien [áustrâlîen]
australiano australisch
[áustrâlich]
sou australiano/australiana
ich bin Australier/
Australierin [áustrâlîea/-lîerin]
Áustria Österreich [östearáirr]
sou austríaco/austríaca
ich bin Österreicher/
Österreicherin [österáirrea/-
aráirrich]
autêntico echt [érrt]
automático (carro) der
Automatikwagen
[áutomâticvâguen]
automobilístico: acidente
automobilístico der Verkehrs-
unfall [féaquéas-únfal]
avaria die Panne [páne]
avelãs die Haselnüsse
[hâzelnü-se]
avenida die Allee [alê]
avião das Flugzeug [flûctsóic]
chegar de avião einfliegen
[áinflîguen]
de avião mit dem Flugzeug
[dêm]
partir de avião abfliegen
[ápflîguen]
avô der Großvater [grôsfâtá]
avó die Großmutter [grôsmútá]
azedo sauer [záua]
azeite das Olivenöl [ôlîvenöl]
azeitonas die Oliven [ôlîven]
azul blau [blau]
azul-marinho marineblau
[marîneblau]

B

babá die Tagesmutter
[tâguesmúter]
bacon der Speck [chpéc]
bagageiro der
Dachgepäckträger
[dárrguêpéctrêga]
bagagem das Gepäck [guepéc]

bagagem de mão das Handgepäck [**há**ntguepéc]
bairro das Gebiet [guê**bî**t]
baixo (pessoa) klein [**clá**in]
baixo niedrig [**nî**drirr]
bala (doce) die Süßigkeiten [**zü**sirr-cáiten]
balcão der Balkon [bal**cô**n]
balcão de informações der Informationsschalter [infóamátsí**ô**nschálta]
balcão de recepção die Rezeption [rêtsêptsí**ó**n]
balde der Eimer [**ái**mea]
balé das Ballett [bal**e**t]
banana die Banane [ban**â**ne]
banca de jornal der Zeitungskiosk [ts**ái**túngs-quiósc]
banco (de dinheiro) die Bank
banda (de música) die Band [bent]
bandagem der Verband [feab**á**nt]
bandeira die Fahne [**fâ**ne]
bandeja das Tablett
banheiro das Bad [bât], die Toilette [toal**é**te]
com banheiro privativo mit eigenem Bad [**ái**guenem]
onde fica o banheiro? wo ist die Toilette? [vô]
tenho de ir ao banheiro ich muss zur Toilette [tsûa]
banheiro feminino die Damentoilette [**dâ**mentôaléte]
banheiro masculino die Herrentoilette [**hé**rentoálete]
banheiro privativo das eigene Bad [**ái**guene bât]
banheiros públicos die öffentliche Toilette [**ö**fentlirre toal**é**te]
banho das Bad [bât]
posso tomar banho? kann ich ein Bad nehmen? [írr **á**in n**ê**men]
bar die Bar
bar gay die Schwulenkneipe [chvûlencnáipe]
barata (inseto) die Küchenschabe [c**ü**rrenchâbe]
barato billig [b**í**lírr]
tem algo mais barato? haben Sie etwas billigeres? [h**â**benzî étvas b**í**ligueres]
barba der Bart
barbante die Schnur [chn**ú**a]
barbatana die Schwimmflossen [chv**í**mflóssen]
barbeador elétrico der Rasierapparat [raz**î**a-aparât]
barbearia der Frisör [frîz**ö**r]
barco das Boot [bôt]
(de passageiros) das Schiff [chíf]
barco a motor das Motorboot [mót**ô**abôt]
barra de chocolate die Tafel Schokolade [táfel chôcôl**â**de]
barraca das Zelt [tsélt]
barro der Dreck
barulhento: é muito barulhento es ist zu laut [tsú l**á**ut]
barulho der Lärm [l**é**am]
base (cosmético) die Grundierungscreme [grund**î**rungscrême]

Português → Alemão

bastante ziemlich [tsîmlirr]
bastão de esquiar der Skistock [chîchtóc]
batata die Kartoffel [cartófel]
batata chips die Chips [tchíps]
batata frita die Pommes frites [pom frit]
batedor de carteira der Taschendieb [táchendîp]
bater schlagen [chlâguen]
(à porta) klopfen [clópfen]
bateria die Batterie [báterî]
batom der Lippenstift [lípenchtíft]
baunilha die Vanille [vaníle]
um sorvete de baunilha ein Vanilleeis [vaníleáis]
Baviera Bayern [bóiern]
bêbado betrunken [betrúnquen]
bebê das Baby [béi-bî]
beber trinken
o que vai beber? was möchtest du/möchten Sie? [vás mörrtést dú/mörrten zî]
quer beber algo? kann ich Ihnen etwas zu trinken besorgen? [étvass tsû – bêzórguen]

diálogo

> o que gostaria de beber? was möchtest du/möchten Sie zu trinken? [mörrtest dû/mörrten zî]
> nada, obrigado, eu não bebo nein danke, ich trinke nicht [trínque nírrt]
> vou beber apenas água ich möchte nur etwas Wasser [núa étvas vássa]

bebida (alcoólica) der Drink
(não-alcoólica) das Getränk [guêtrenc]
uma bebida gelada ein kaltes Getränk
beco die Gasse [gásse]
bed and breakfast Übernachtung mit Frühstück [übernárrtung mit früchtüc]
beijar küssen [cüssen]
beijo der Kuss [cús]
beira-mar: à beira-mar am Meer
belga belgisch [bélguich]
Bélgica Belgien [bélguîen]
bem schön [chön]
é bem caro es ist ganz schön teuer [gánts chön tóia]
ela não está bem sie fühlt sich nicht wohl [zî]
eu estou bem ich bin okay
muito bem! gut gemacht! [gût guêmarrt]
não me sinto bem ich fühle mich nicht wohl [írr füle mírr nírrt vôl]
você está bem? bist du/sind Sie okay?
você fala inglês muito bem Sie sprechen sehr gut Englisch [zî chprérren zêa gût énglich]
tudo bem, OK okay

diálogos

> como vai? wie geht's? [vî guêts]

Ba

bem, obrigado danke, gut [gût]

está bem assim? ist das okay?
sim, obrigado in Ordnung, danke [órtnung]

bem-educado höflich [höflirr]
bem passada (carne) gut durchgebraten [gût dúarr-guêbrâten]
bem-vindo a... willkommen in... [vílcómen]
berço das Kinderbett
berinjela die Aubergine [ôbéagîne]
biblioteca die Bücherei [bürrerái]
bicicleta das Fahrrad [fârät]
bicicleta motorizada das Moped [môpét]
bife das Steak
bifurcação die Abzweigung [áptsuáigung]
bigode der Schnurrbart [chnúabart]
bilhete (de trem, ônibus, barco) die Fahrkarte [fârcarte]
(de avião) das Ticket
(de teatro, cinema) die Eintrittskarte [áintrícarte]
(da chapelaria) die Garderobenmarke [garderôbenmarque]

diálogo

um bilhete de ida e volta para Heidelberg eine Rückfahrkarte nach Heidelberg [rücfârcarte]
quando deseja voltar? wann soll die Rückfahrt sein? [rücfârt]
hoje/na próxima terça heute/nächsten Dienstag [hóite/nêrrsten]

bilhete aberto die unbeschränkte Fahrkarte [únbechrencte fâcârte]
bilhete de ida die einfache Fahrkarte [áinfarre fâcarte]
bilhete de ida e volta die Rückfahrkarte [rücfârcarte]

diálogo

um bilhete de ida e volta para Heilbronn eine Rückfahrkarte nach Heilbronn
a volta é para quando? wann soll die Rückfahrt sein? [rücfât]

bilheteria die Kasse [cásse]
(de ônibus, trem) der Fahrkartenschalter [fârcartenchalta]
biquíni der Bikini
biscoito das Plätzchen [plétsrren]
biscoito salgado der Kräcker [crequer]
bizarro der Verrückte [féarücte]
blusa die Bluse [blûze]
blush (cosmético) das Rouge [ruj]

boa-noite gute Nacht [gûte nárrt]
boa-tarde/noite guten Abend [gûten âbent]
boate der Nachtklub [nárrtclub]
bobagem: que bobagem! Quatsch! [cvátch]
bobo albern [álbérn]
boca der Mund [múnt]
bola (grande) der Ball [bal]
(pequena) die Kugel [cûguel]
bola de tênis der Tennisball [ténisbál]
bolacha das Plätzchen [plétsrren]
bolha die Blase [blâze]
bolo der Kuchen [cûrren]
bolsa die Tasche [táche]
(de mão) die Handtasche [hant-táche]
bolso die Tasche [táche]
bom gut [gût]
bom! gut!
não é bom es hat keinen Zweck [és hât quáinen tsvéc]
bombeiros die Feuerwehr [fóiervêa]
bombons die Pralinen [pralînen]
bom-dia guten Morgen [gûten móaguen]
bonde die Straßenbahn [chtrâsenbân]
bondinho die Drahtseilbahn [drâtzáilbân]
boné eine Mütze [mütse]
boneca die Puppe [púpe]
bonito hübsch [hüpch], schön [chön]
borracha (material) das Gummi [gúmi]
(para apagar) der Radiergummi [radíagúmi]
bosque der Wald [vált]
bota der Stiefel [chtîfel]
botão der Knopf [cnópf]
botas de esqui die Skistiefel [chîchtîfel]
bote das Dingi [dinguî]
botijão de gás die Gasflasche [gâsfláche]
braço der Arm
branco weiß [váis]
o branco der weiße [déa váisse]
Brasil Brasilien [brazîlîen]
brasileiro brasilianisch
sou brasileiro/brasileira ich bin brasilianer/brasilianerin
brilhante (idéia) glänzend [gléntsent]
(pessoa) großartig [grôssartirr]
brincos der ohrring [ôaríng]
brinquedo das Spielzeug [chpîltsóic]
britânico britisch [brítich]
broche die Brosche [brôche]
bronquite die Bronchitis [brónrrîtis]
bronzeado (adj) braungebrannt [braunguêbránt]
(subs) die Bräune [bróine]
bronzeamento die Sonnenbräune [zónenbróine]
bronzear(se) braun werden [bráun véaden]
Bruxelas Brüssel [brüssel]
bumbum der Hintern

buraco das Loch [lórr]
buscar holen [hôlen]
pode vir me buscar mais tarde? können Sie mich später abholen? [cönen zî mírr chpêter áphôlen]
poderia buscar outro, por favor? bringen Sie mir bitte noch eins [nórr áins]
vou buscá-lo ich hole ihn [hôle]
bússola der Kompass
busto der Busen [bûzen]
buzina die Hupe [hûpe]

C

cabeça der Kopf [cópf]
cabeleireiro der Frisör [frisöa]
cabelo das Haar [hâr]
permanente no cabelo die Dauerwelle [dáuavéle]
posso lavar o cabelo e fazer escova? können Sie mir die Haare waschen und legen? [cönen zî mîa dí hâre várren únd lêguen]
cabide der Kleiderbügel [claideabüguel]
cabo (elétrico) das Kabel [câbel]
cabo para ligar duas baterias das Starthilfekabel [chtárt-hílfecâbel]
cabra die Ziege [tsîgue]
caçarola der Kochtopf [córrtópf]
cacau der Kakao [câcáu]
cachimbo die Pfeife [pfáife]
cachorro der Hund [húnt]
cada jeder [iêdea]
a cada dia jeden Tag [iêden tâc]
quanto custa cada um? was kosten sie pro Stück? [vás cósten zî pro chtüc]
cadeado das Vorhängeschloss [fóahénguenchlós]
cadeira der Stuhl [chtûl]
cadeira de rodas der Rollstuhl [rólchtûl]
cadeirão de bebê der Hochstuhl [hôrr-chtûl]
caderno das Notizbuch [nôtítsburr]
café der Kaffee [cáfe]
(estabelecimento) das Café [cafê]
dois cafés, por favor zwei Kaffee bitte
café-da-manhã das Frühstück [früchtüc]
café-da-manhã completo ein englisches Frühstück [éngliches]
café descafeinado koffeinfreier Kaffee [cofêînfráiéar cafê]
café filtrado der Filterkaffee [fílter-cáfê]
café solúvel der Pulverkaffee [púlfa-cáfe]
cair fallen [fálen]
ela caiu sie ist hingefallen [zî íst hínguefalen]
cais: no cais am Kai [cái]
caixa die Schachtel [chárrtel]
(grande) der Karton
(de banco etc.) die Kasse [cásse]

caixa de correio der Briefkasten [brîfcasten]
caixa de fusíveis/disjuntores der Sicherungskasten [zírrêrungscásten]
caixa eletrônico der Geldautomat [gueltáutomât]
caixa registradora die Kasse [cásse]
calar: cale-se! halt den Mund! [hált dên múnt]
calça die Hose [hôze]
calça comprida die Hose [hôze]
calça de esqui die Skihose [chîhôze]
calçada der Bürgersteig [büagachtáic]
na calçada auf dem Bürgersteig
calçadão die Fußgängerzone [fûsguêngatsône]
calcanhar die Ferse [féaze]
calção de banho die Badehose [bâdehôze]
calcinha das Höschen [hösren]
calor die Hitze [hítse]
estou com calor mir ist heiß [mîa íst háis]
estou com muito calor mir ist so warm [mîa]
cama das Bett
eu vou para a cama ich gehe zu Bett [írr guê-e tsû]
cama de casal das Doppelbett
cama de solteiro das Einzelbett [áintselbét]
câmara de ar der Schlauch [chláur]
camarão die Krabbe
camareira das Zimmermädchen [tsímamêtrren]
camarote (de navio) die Kabine [cabîne]
camas separadas zwei Einzelbetten [tsvái áintselbéten]
caminhada: é uma caminhada longa? geht man lange dorthin? [guêt mán lángue]
é só uma caminhada curta es ist nicht weit zu gehen [nírrt váite tsû guê-en]
vou dar uma caminhada ich gehe spazieren [chpatsîren]
caminhão der Lastwagen [lástvâguen]
caminho der Weg [vêc]
o caminho é por ali es ist dort entlang
o caminho é por aqui es ist hier entlang [hîa]

diálogo

poderia me indicar o caminho para...? können Sie mir sagen, wie ich nach... komme? [cönen zî mîa zâguen vî írr nârr... come]
vá reto até chegar ao semáforo fahren Sie geradeaus bis zur ampel [fâren zî guêradeaus bís tsúa ámpel]
vire à esquerda biegen Sie links ab [bîguen zî]
pegue a primeira à direita

nehmen Sie die erste Straße rechts [nêmen zî dî éaste chtrâsse rerrs]

camisa das Hemd [hémt]
camiseta das Unterhemd [úntahemt]
camisola das Nachthemd [nárrt-hémt]
camping der Campingplatz [cempingplats]
campo das Feld [felt]
campo de golfe der Golfplatz [gólfpláts]
camundongo die Maus [máus]
camurça das Wildleder [víltlêda]
Canadá Kanada
canadense kanadisch [canâdich]
eu sou canadense ich bin Kanadier/Kanadierin [canâd-îea/ierin]
canal der Kanal [cânâl]
canção das Lied [lît]
cancelar rückgängig machen [rüc-guéngirr márren]
caneca die Tasse [tásse]
caneca de cerveja der Bierkrug [bîacrûk]
caneta der Stift [chtift]
caneta esferográfica der Kugelschreiber [cûguechráibea]
caneta hidrográfica der Filzstift [fílts-chtift]
canhoto linkshändig [líncshéndírr]
canivete das Taschenmesser [táchenméssa]
cano das Rohr
cano de escapamento der Auspuff [áuspuf]
canoa das Kanu [canü]
canoagem das Kanufahren [canüfâren]
cansado müde [müde]
estou cansado ich bin müde
cantar singen [zínguen]
canto: num canto an der Ecke [éque]
no canto in der Ecke
cantor(a) der Sänger [zénga], die Sängerin
cantor(a) pop der Popsänger [pópzênga], die Popsängerin
capacete (de motociclista) der Helm [hélm]
capela die Kapelle [capele]
capô (de carro) die Haube [háube]
caranguejo die Krebs [créps]
carburador der Vergaser [feagâzea]
cardigã die Strickjacke [chtriciáque]
careca kahl
caribenho westindisch [véstíndich]
carnaval der Karneval [cárneval]
carne das Fleisch [fláich]
carne de caça das Wild [vilt]
carne de porco das Schweinefleisch [chváinefláich]
carne de vaca das Rindfleisch [ríntfláich]
carne moída das Hackfleisch [hác-fláich]

caro teuer [tóiea]
carona: poderia me dar uma carona? könnten Sie mich mitnehmen? [cönten zî mírr mítnêmen]
quer uma carona? kann ich Sie mitnehmen? [cán írr zî]
carpete der Teppich [tépirr]
carregador (de malas) die Tragetasche [trâguetáche]
carrinho de bagagem der Kofferkuli [cófacúlî]
carrinho de bebê der Sportwagen [chpóatvâguen]
carrinho de supermercado der Einkaufswagen [áicaufsvâguen]
carro com câmbio manual ein Auto mit Handschaltung [áin áuto mít hánt-cháltung]
carro das Auto [auto]
de carro mit dem Auto
levo você de carro até sua casa ich fahre Sie nach Hause [írr fâre zî nârr háuze]
viemos de carro wir sind mit dem Auto gekommen [vîa zint mit dêm áuto guêcómen]
carta der Brief [brîf]
tem cartas para mim? ist ein Brief für mich angekommen? [íst áin brîf füa mírr ánguecómen]
carta de vinhos die Weinkarte [váincarte]
cartão die Karte [carte]
aqui está meu cartão (de visita) hier ist meine Karte
cartão de crédito die Kreditkarte [credîtcarte]

diálogo

posso pagar com cartão de crédito? kann ich mit Kreditkarte bezahlen? [bêtsâlen]
que cartão quer usar? mit welcher Karte möchten Sie bezahlen? [vélrrer – mörrten zî bêtsâlen]
qual é o número? was ist die Nummer? [númea]
e a data de validade? und das Ablaufdatum? [ápláufdâtum]

cartão de embarque die Bordkarte [bórtcarte]
cartão de telefone die Telefonkarte [têlêfôncárte]
cartão do banco die Scheckkarte [chéc-cárte]
cartão-postal die Postkarte [póstcarte]
cartaz das Plakat [plácát]
carteira die Brieftasche [brîftache]
carteira de motorista der Führerschein [fürercháine]
casa (edificação) das Haus [háus]
casa (lar) das Zuhause [tsúháuze]
em casa zu Hause
estou na casa de... ich wohne bei... [vône bái]
na casa dele bei ihm [îm]

na sua casa bei dir/Ihnen [bái día/înen]
voltamos para casa amanhã wir fahren morgen nach Hause [vîa fâren móaguen nârr háuze]
casacão der Mantel
casal das Paar [pâr]
casamento die Hochzeit [hórrtsáit]
casa de câmbio die Wechselstube [vécselchtûbe]
casar: sou casado ich bin verheiratet [írr bín féaháiratét]
você é casado? sind Sie verheiratet? [zínt zî]
castelo das Schloss [chlós]
catapora die Windpocken [vintpoquen]
catedral der Dom [dôm]
católico katholisch [câtôlich]
cavalgar Reiten [ráiten]
cavalo das Pferd [pféat]
caverna die Höhle [höle]
caxumba der Mumps [múnps]
CD die CD [tsêdê]
CE die EG [êguê]
cebola die Zwiebel [tsvîbel]
cedo früh [frü]
de manhã cedo früh am Morgen [móaguen]
eu passei mais cedo ich war schon einmal hier [chon áinemal hîa]
cédula der Geldschein [guéltcháin]
cego blind [blint]
ceia das Abendessen [âbent-éssen]
celular das Handy [héndi]
cemitério der Friedhof [frîthôf]
cenoura die Möhre [möre]
centígrado* Celsius [tselzius]
centímetro* der Zentimeter [tsentimeter]
central zentral [tsentrâl]
centro das Zentrum [tsentrum]
como chegamos ao centro da cidade? wie kommt man zum Stadtzentrum? [tsum chtát-tséntrúm]
centro de informação turística das Fremdenverkehrsbüro [frémtféaquéasbürô]
cera para esquis das Skiwachs [chîvács]
cerca der Zaun [tsáun]
cerca de: cerca de vinte etwa zwanzig [étva tsvántsirr]
cereais die Zerealien [tséréâlîn]
cereja die Kirsche [quírche]
certamente sicher [zírrer]
claro que/certamente não ganz bestimmt nicht [gants bêchtimt nírrt]
certeza: tem certeza? bist du/sind Sie sicher? [bíst dú/zínt zî zícher]
certo richtig [rírrtirr]
certo! okay! [oquê]
está certo das stimmt [chtímt]
esta é a estrada certa para...? ist dies die Straße nach...? [íst dîs dî chtrâsse nârr]
isso não pode estar certo das kann nicht stimmen [nírrt chtímen]
você está certo Sie hatten

recht [rérrt]
cerveja das Bier [bîa]
duas cervejas, por favor zwei Bier, bitte [tsvái bíte]
cerveja clara das helle Bier [héle bîa]
cervejaria die Brauerei [brauêrái]
cesta der Korb [corp]
(de compras) der Einkaufskorb [áincoufscorp]
cesto der Korb [corp]
céu der Himmel [hímel]
chá der Tee [tê]
chá para um/dois, por favor Tee für eine Person/zwei Personen bitte [füa áine pêazôn/ tsvái pêazônen bíte]
chá com limão der Zitronentee [tsítrônentê]
chá de ervas der Kräutertee [cróitatê]
chaleira der Wasserkessel [vássaquéssel]
chamada a cobrar das R-Gespräch [érguêchprérr]
chamada para despertar der Weckanruf [vécánrûf]
chamar rufen [rûfen]
chama-se... er/sie heißt... [zî háisst]
como se chama isto? wie heißt das? [vî – dás]
poderia chamar o Sr.... (por viva voz)? können Sie Herrn... ausrufen lassen? [cönen zî héan... áusrufen]
por favor, chame um médico bitte rufen Sie einen Arzt

champanhe der Champagner [champagner]
chão der Fußboden [fússbôden]
no chão auf dem Boden [áuf dem bôden]
chapelaria die Garderobe [garderobe]
chapéu der Hut [hût]
charuto die Zigarre [tsigáre]
chato langweilig [lángváilirr]
chave der Schlüssel [chlüssel]
a chave do quarto 201, por favor den Schlüssel für Zimmer zweihunderteins, bitte [dén chlüssel füa tsíma]
chave de fenda der Schraubenzieher [chráubentsîa]
chave geral (eletricidade) der Hauptschalter [háupt-chálta]
chave inglesa der Schraubenschlüssel [chráubenchlüssel]
chaveiro der Schlüsselring [chlüsselríng]
check-in der Check-in
fazer check-in no aeroporto einchecken [áin-checken]
fazer check-in no hotel sich anmelden [zírr ánmelden]
onde temos de fazer o check-in? wo müssen wir einchecken? [vô müssen vîa]
chegada die Ankunft [ancúnft]
chegar ankommen [áncómen]
chegamos hoje wir sind heute angekommen [hóite ánguecómen]
como chego a...? wie komme ich nach...? [vî cóme írr nârr]

eu acabei de chegar ich bin gerade erst angekommen [guerâde érst]
meu fax já chegou? ist mein Fax schon angekommen? [ist máin facs chón ánguecómen]
nós acabamos de chegar wir sind gerade angekommen [vîa sínt guerâde ánguecómen]
quando chegamos? wann kommen wir an? [ván cómen vîa an]
cheio voll [fól]
está cheio de... es ist voller...
cheirar: isso cheira mal es stinkt [chtínct]
cheque der Scheck [chéc]
aceitam cheques? nehmen Sie Schecks? [nêmen zî chécs]
cheque de viagem der Reisescheck [ráizechéc]
chinês chinesisch [rrinêzich]
chocante schockierend [choquîrent]
chocolate die Chokolade [chocolâde]
chocolate ao leite die Milchschokolade [mílrrchôcôlâde]
chocolate puro die Bittterschokolade [bítachôcôlâde]
chocolate quente der cacao [câcáu]
chope das Fassbier [fássbîa]
choque der Schock [chóc]
levei um choque do... ich habe einen elektrischen Schlag von... bekommen [írr hâbe áinen éléctrirren chlâc fón]
chorar weinen [váinen]
chover: está chovendo es regnet [rêcnet]
chupeta der Schnuller [chnúler]
chuva der Regen [rêguen]
capa de chuva der Regenmantel [rêguenmántel]
na chuva im Regen
chuveiro die Dusche [dûche]
com chuveiro mit Dusche
ciclismo das Radfahren [râtfâren]
ciclista der Radfahrer/die Radfahrerin [râtfâr-ea/in]
cidade die Stadt [chtát]
centro da cidade die Innenstadt [ínenchtát]
na cidade in der Stadt [dêa]
nos arredores da cidade am Stadtrand [chtátrant]
cidade velha die Altstadt [áltchtát]
na cidade velha in der Altstadt
cigarro die Zigarette [tsigaréte]
cima oben [ôben]
em cima de... oben auf... [ôben áuf]
lá em cima da oben
cinema das Kino [quîno]
cinto der Gürtel [gürtel]
cinto de segurança der Sicherheitsgurt [zírraháitsgúat]
cintura die Taille [taláie]
cinza (cor) grau [gráu]
cinzeiro der Aschenbecher [achenbérrea]
círculo der Kreis [cráis]

cirurgia die Operation [ôperátsiôn]
city tour die Rundfahrt [rúntfâat]
ciumento eifersüchtig [áifasürrtirr]
claro (com certeza) bestimmt [bechtimt]
(cor) blass
(iluminado) hell
claro que não ganz bestimmt nicht [gants]
classe econômica die Touristen-klasse [tûristen-classe]
clima das Wetter [véta]
clínica die Klinik [clinik]
club soda das Sodawasser [zôdavássa]
cobertor die Decke [déque]
cobrar verlangen [féolánguen]
você cobrou a mais Sie haben mir zuviel berechnet [zî hâben mîa tsúvîl bêrérr-net]
Coca-Cola® die Cola [côla]
coçar: isso coça es juckt [és iúct]
código de área (DDD) die Vorwahl [fôrvâl]
qual é o código de área de Berlim? was ist die Vorwahl für Berlin?
coelho das Kaninchen [canínrren]
cogumelos die Pilze [píltse]
coisa das Ding
minhas coisas meine Sachen [máine zárren]
cola der Klebstoff [clêp-chtóf]
colar die Halskette [hálsquéte]
colarinho der Kragen [crâguen]
colchão die Matratze [mátrátse]
colete die Weste [véste]
colete salva-vidas die Schwimmweste [chvímvéste]
colher der Löffel [löfel]
colher de chá der Teelöffel [têlöfel]
colírio die Augentropfen [áuguentropfen]
com mit
com licença (para passar) entschuldigen Sie! [éntchúl-diguên zî]
combinação (roupa) der Unterrock [úntaróc]
começar anfangen
quando começa? wann fängt es an? [ván féngt és án]
começo der Anfang [ánfang]
comer essen
nós já comemos, obrigado danke, wir haben schon gegessen [hâben chon]
comida das Essen [éssen]
comida congelada die Tiefkühlkost [tîfcülcóst]
comida de bebê die Babynahrung [-nârung]

diálogo

gostou da comida? hat es Ihnen geschmeckt? [hát és înen guechméct]
estava excelente, obrigada es war ausgezeichnet, danke [és vár áusguetsáirrnet dánque]

Ci

comigo: não o tenho comigo ich habe es nicht bei mir [hâbe és nírrt bái mîa]
comissária de bordo die Stewardess
comissário de bordo der Steward
como wie [vî]
como? (sem entender) wie bitte? [vî bíte]
como ele é? wie ist es? [ví íst ér]
quero um como este ich möchte so eins [zô áins]

diálogo

como vai? wie geht es dir/Ihnen? [vî guêt és día/înen]
bem, obrigado, e você? danke, gut, und dir/Ihnen? [dánque gût únt día/înen]

compact disc die Compact-Disc
compartimento (de trem) das Abteil [aptáil]
compartimento para não-fumantes das Nichtraucherabteil [nírrtráurra-áptáil]
completamente völlig [fölirr]
completar voll machen [fól marren]
complete o tanque, por favor volltanken bitte [fólltanken bíte]
comprar kaufen [cáufen]
onde posso comprar...? wo kann ich... bekommen? [vô]
compras: vou fazer compras ich gehe einkaufen [írr guê-e áincáufen]
compreender: eu compreendo ich verstehe [írr féachtêr]
eu não compreendo das verstehe ich nicht [nírrt]
você compreende? verstehen Sie? [féachtê-n zî]
comprido lang [láng]
computador der Computer [cómpútea]
comum normal [nóamâl]
concerto das Konzert [contsert]
concha die Muschel [múchel]
concordar: eu concordo ich bin einverstanden [áinfeachtanden]
concorrido (restaurante) voll [fól]
concussão die Gehirn-erschütterung [guehirn-érchütérung]
condicionador de cabelo der Festiger [féstiga]
conexão (em viagem) die Verbindung [féabíndung]
confeitaria die Konditorei [conditorái]
conferência die Konferenz [conferents]
confirmar bestätigen [bêchtêtiguen]
confortável komfortabel [comfortabel]
confusão: desculpe, houve uma confusão tut mir leid, etwas ist schiefgelaufen [tût mîa láit, étvas íst chêfgueláufen]
congelado gefroren

congelador die Gefriertruhe [guêfrîrtrûr-e]
congestionamento (trânsito) der Rückstau [rüc-chtau]
conhaque der Weinbrand [váinbrant]
conhecer treffen [tréfen]
prazer em conhecê-lo freut mich [fróit mírr]
consciente bei Bewusstsein [bái bêvustzain]
conseguir bekommen
sabe onde posso consegui-los? wissen Sie, wo ich sie bekommen kann? [zî]
consertar reparieren [reparîren]
pode consertar isto? können Sie es reparieren? [cönen zî]
poderia consertar isto para mim? können Sie das reparieren? [cónen zî dás reparîren]
consulado das Konsulat [cónzulât]
conta (em restaurante etc.) die Rechnung [rérrnung]
a conta, por favor kann ich bitte bezahlen? [cán írr bíte êtsâlen]
esta é por minha conta (bebida) diese Runde ist auf meine Rechnung [dîze rúnde íst áuf máine rérrung]
conta corrente das Bankkonto [bánc-cónto]
contar: você contará para mim? können Sie mir Bescheid sagen? [cönen zî mîa becháit zâguen]
eu lhe contarei ich werde Ihnen Bescheid sagen [írr véade înen]
contatar: onde posso contatá-lo? wo kann ich ihn erreichen? [vo – érráirren]
contente froh
contra gegen [guêguen]
controle de bagagem die Gepäckaufbewahrung [gueûpecâufbêvarung]
conveniente (horário, local) günstig [gúnstirr]
isso não é conveniente das ist nicht sehr günstig [nicht zêr]
convés (de navio) das Deck
convidado der Gast [gást]
convidar einladen [áinlâden]
convite die Einladung [áinlâdúng]
copo das Glas [glâs]
um copo de vinho ein Glas Wein
cor die Farbe [farbe]
tem em outras cores? haben Sie dies noch in anderen Farben? [hâben zî dîs nórr in ándêren fárben]
coração das Herz [héats]
corda das Seil [záil]
cordão de sapato die Schnürsenkel [chnüazénquel]
cordeiro das Lamm [lám]
cor-de-rosa rosa [rôza]
coroa (de dente) die Krone [crône]
corpo der Körper [cörpea]
corredor der Gang
correia do ventilador der

Keilriemen [cáilrîmen]
correio die Post [póst]
caixa do correio der Briefkasten [brîfcásten]
enviar pelo correio absenden
poderia pôr isto no correio para mim? könnten Sie das für mich aufgeben? [cönten zî dás füa mírr áufguêben]
correio central die Hauptpost [háupt-póst]
corrente (elétrica) der Strom [chtrôm]
(marítima) die Strömung [chtrömung]
correnteza: (o vento) está fazendo correnteza es zieht [és tsît]
correr rennen, laufen [láufen]
correspondência die Post [póst]
tem correspondência para mim? ist Post für mich da? [íst póst füa mírr dá]
correspondente **m/f** der Brieffreund [brîffróint], die Brieffreundin
correto richtig [rírrtirr]
corrida das Rennen
cortar schneiden [chnáiden]
eu me cortei ich habe mich geschnitten [írr hâbe mírr guêchnîten]
pode cortar um pouco aqui? (no cabeleireiro) können Sie hier etwas kürzen? [cönen zî hîa étvas cürtsen]
corte der Schnitt [chnít]
(de cabelo) der Haarschnitt [hârchnít]
cortinas die Vorhänge [fôr-héngue]
cosméticos die Kosmetika [cosmêtica]
costa die Küste [cüste]
costas der Rücken [rüquen]
costela die Rippe [rípe]
costume der Brauch [bráurr]
costurar nähen [nê-en]
poderia costurar isto? können Sie das wieder annähen? [cönen zî dás vîda nê-en]
cotovelo der ellbogen [élbôguen]
couro das Leder [lêda]
couve-flor der Blumenkohl [blûmencôl]
coxa der Schenkel [chénquel]
cozinha die Küche [cürre]
cozinhar kochen [córren]
creche die Kinderkrippe [quíndeacrípe]
creme (de leite, em bolo) die Sahne [zâne]
(cosmético) die Creme [crem]
(cor) cremefarben [cremfarben]

diálogo

você quer creme?
möchtest du/möchten Sie Sahne? [mörrtest]
quero, mas ela não ich ja, aber sie nicht [iá]

creme de barba die Rasierseife [razîa-záife]
creme hidratante die

Feuchtigkeitscreme [fóirrtérrcáitscrêm]
crespo (cabelo) kraus [cráus]
criança das Kind [quint]
crianças die Kinder
cruzamento die Kreuzung [cróitsung]
cruzeiro (de navio) die Kreuzfahrt [cróitsfârt]
cuba-libre ein Rum mit Cola
cueca die Unterhose [úntahôze]
calcinha das Höschen [hösrren]
cuidado! passen Sie auf! [pásen zî áuf]
cuidadoso vorsichtig [fôrzírrtirr]
cuidar sich kümmern um [zírr cümérn um]
culinária die Küche [cürre]
culpa der Fehler [fêlea]
não é minha culpa es ist nicht meine Schuld [nírrt máine chúlt]
sinto muito, foi culpa minha tut mir leid, es war mein Fehler [máin]
curativo adesivo das Heftpflaster [héftpflásta]
curto (tempo, viagem) kurz [cúats]
curva die Kurve [cúrve]
custar kosten [cósten]
quanto custa isto? was kostet das? [vas costet das]

D

da moda schick [chíc]
damasco die Aprikose [aprîcôze]
dança der Tanz [tants]
dança folclórica der Volkstanz [folcstants]
dançar tanzen [tántsen]
quer dançar? möchtest du/möchten Sie tanzen? [mörrtest dü/mörrten zî]
Danúbio die Donau [dônáu]
daqui: não sou daqui ich bin hier fremd [hîa frémt]
dar geben [guêben]
daria isto a...? könnten Sie dies... geben? [cönten zî dîs guêben]
eu dei isto a ele ich habe es ihm gegeben [írr hâbe és îm gueguêben]
pode me dar...? kann ich ein... haben? [cán írr áin]
pode nos dar...? können wir etwas... haben? [cönen vîa étvas hâben]
poderia dar isto para...? bitte geben Sie dies... [guêben zî]
de* von (+dat) [fón]
de segunda a sexta von Montag bis Freitag
quando chega o próximo trem de Bremen? wann kommt der nächste Zug aus Bremen an? [dêa nécste tsúc áus]
de cabeça para baixo verkehrt herum [féaquêat herûm]
de luxo anspruchsvoll [ánchprurrsfól]
de propósito absichtlich [ápzirrtlirr]
de quem: de quem é isto?

wem gehört das? [vêm guêhört dás]
de repente plötzlich [plötslírr]
de sempre üblich [üplirr]
o de sempre (bebida etc.) dasselbe wie immer [dasselbe vî]

diálogo

de onde você é? woher kommst du/kommen Sie? [vô-hêa cómst dû/cómen zî]
sou de São Paulo ich bin aus São Paulo [írr bín áus]

decepcionado enttäuscht [ent-tóicht]
decepcionante enttäuschend [ent-tóichent]
decidir entscheiden [éntcháiden]
nós ainda não decidimos wir haben uns noch nicht entschieden [vîr hâben uns nórr nírrt éntchîden]
decisão die Entscheidung [éntcháidung]
declive steil [chtáil]
dedo der Finger [fínguer]
dedo do pé der Zeh [tsê]
defeito defekt [dêféct]
deficiente físico behindert [behîndert]
tem acesso para deficientes físicos? gibt es Zugang für Behinderte? [guípt es tsûgáng füa behínderte]
degrau: nos degraus auf den Stufen [áuf dên chfûfen]
deitar(se) sich hinlegen [zírr hínlêquen]
deixar (desembarcar) absetzen [ábzetsen]
o senhor me deixa em...? können Sie mich in... absetzen? [cönen zî mírr]
deixar (largar) lassen [lásen]
deixei o meu sobretudo no bar ich habe meinen Mantel in der Bar gelassen [hâbe máinen – guelássen]
posso deixar isto aqui? kann ich das hierlassen? [cán írr dás híalássen]
dela* ihre [îre]
essa é a toalha dela das ist ihr Handtuch
isso é dela das gehört ihr [dás guehöat ía]
delas* ihre [îra]
dele* ihr [ía]
é o carro dele es ist sein Auto [záine]
isso é dele das ist seins [záins]
deles* ihrer [îra]
delicatéssen der Feinkostladen [fáin-costlâden]
delicioso köstlich [cöstlirr]
delineador der Eyeliner
demais zuviel [tsúfîl]
demaquilante para os olhos der Augen-Make-up-Entferner [áugen-'make-up'-entfernea]
dentadura das Gebiss [guêbís]
dente der Zahn [tsân]

escova de dente die Zahnbürste [tsânbüaste]
pasta de dente die Zahnpasta [tsânpásta]
dentista der Zahnarzt [tsânártst]
dentro innen [ínen]
dentro do hotel im Hotel [ím hôtél]
vamos nos sentar lá dentro setzen wir uns nach drinnen [zétsen vía úns nârr drínen]
departamento die Abteilung [áptáilung]
depender: isso depende es kommt darauf an [es comt daráuf an]
isso depende de... es hängt von... ab [hengt fón... áp]
depois nach [nârr]; danach [danârr]; nachher [nárr-héa]
depois de amanhã übermorgen [übeamóaguen]
depósito (como garantia) die Kaution [cautsîôn]
(como parte de pagamento) die Anzahlung [ántsâlung]
depósito de bagagem das Schließfach [chlîsfarr]
derrubar (objeto) umstoßen [úmchtôsen]
desaparecer verschwinden [feachvínden]
desapareceu es ist verschwunden [feachvúnden]
desastre die Katastrophe [catastrôfe]
descansar: eu preciso descansar ich brauche Erholung [írr bráurre éahôlung]
descer (desembarcar) aussteigen [áus-chtáiguen]
onde eu desço? wo muss ich aussteigen? [vó mus írr]
descer (escada etc.) hinuntergehen [hinúntaguê-en]
descobrir herausfinden [heráusfinden]
poderia descobrir para mim? könnten Sie das für mich herausfinden? [cönten zî dás für mírr]
descontar einlösen [áinlözen]
poderia descontar isto para mim? können Sie das für mich einlösen? [cönen]
desconto der Rabatt [rabát]
tem desconto? gibt es einen Rabatt? [guípt és áinen]
descrição die Beschreibung [bêchráibung]
desculpa die Entschuldigung [ent-chúldigung]
desculpe-me Verzeihung [fertsáiung]
desde: desde ontem seit gestern [záit guéstern]
desde que cheguei aqui seit ich hier bin [hîa]
desempregado arbeitslos [árbáitslôs]
desenho die Zeichnung [tsáirrnung]
(padrão) das Muster [músta]
desentupidor de canos der Pfeifenreiniger [pfáifenráiniga]
desfazer a mala auspacken [áuspaquen]

desfiladeiro (em montanha) der Pass [pás]
desinfetante das Desinfektionsmittel [desinfectiônsmitel]
desligar (TV, luz etc.) ausschalten [áus-chalten]
(motor) abstellen [ápchtélen]
pode desligar o aquecimento? können Sie die Heizung abstellen? [cönen zî dî háitsung ápchtélen]
desmaiar ohnmächtig werden [ônmérrtirr vérden]
ela desmaiou sie ist ohnmächtig geworden [zî íst – guevórden]
ele desmaiou er ist zusammengebrochen [air ist tsûzámenguêbrórren]
desodorante das Deodorant
despachar: poderia despachar minha correspondência? könnten Sie meine Post nachsenden? [cönten zî máine
despertador der Wecker [véquea]
destino das Reiseziel [ráizetsîl]
destrancar aufschließen [áufchlîsen]
desvio die Umleitung [úmláitung]
detergente em pó das Waschpulver [váchpúlva]
detergente líquido das Spülmittel [chpülmítel]
detestar hassen [hássen]
Deus Gott [gót]
devagar langsam [lánczâm]
mais devagar, por favor! etwas langsamer bitte [étvas]
muito devagar ganz langsam [gánts]
poderia falar mais devagar? könnten Sie das etwas langsamer sagen? [cönten zî dás étvas lánczama zâguen]
dever* müssen [müssen]; schulden
devo pagar? muss ich bezahlen? [múss írr betsâlen]
ele devia ter chegado ontem er sollte gestern ankommen [er zolte guéstern áncómen]
nós devemos... wir müssen... [vîa müssen]
quando o trem deve chegar? wann kommt der Zug an?
ele não deve demorar er kommt sicher bald [êa cómt zîrra bált]
eu devo... ich muss... [írr mús]
o que eu devo fazer? was soll ich machen? [vás zól írr márren]
quanto lhe devo? was bin ich Ihnen schuldig? [vás bín írr înen chúldirr]
você deveria ter-me dito das hätten Sie mir sagen sollen [dás héten zî mîa zâguen zólen]
devolver zurückgeben [tsûrücguêben]
pode devolver o meu dinheiro? kann ich mein Geld zurückbekommen? [írr máin tsûrücbêcómen]
dezembro der Dezember [dêtsémbea]

dia der Tag [tâc]
bom-dia schönen Tag noch [chönen – nórr]
daqui a dois dias in zwei Tagen [tâguen]
o dia anterior am Tag zuvor [tsûfôr]
o dia seguinte am Tag danach [danârr]
o dia todo den ganzen Tag [den gántsen]
que dia é hoje? der Wievielte ist heute? [dêa vîfîlte ist hóite]
todos os dias jeden Tag [iêden]
diabético(a) der Diabetiker [dîabêtiquer]; die Diabetikerin
comida para diabéticos diabetische Kost [dîabêtiche]
diamante der Diamant [dîamánt]
diapositivo das Dia [dîa]
diário (com experiências pessoais) das Tagebuch [tâguebûrr]
diário täglich [téglirr]
diarréia der Durchfall [durrfál]
dicionário das Wörterbuch [vörteabûrr]
diesel der Diesel
dieta die Diät [dîêt]
estou de dieta ich mache eine Diät [írr marre áine]
tenho de seguir uma dieta especial ich muss nach einer Diät leben [mus nârr áinea – lêben]
diferença der Unterschied [únteachît]
qual é a diferença? was ist der Unterschied?
diferente verschieden [feachîden]
este é diferente dieses ist anders
difícil schwer [chvêa]
dificuldade die Schwierigkeiten [chvîrirrcáiten]
estou com dificuldade com... ich habe Schwierigkeiten mit... [hâbe]
Dinamarca Dänemark [dênemarc]
dinamarquês dänisch [dénich]
dinheiro das Geld [guélt]
diploma (qualificação) der Abschluss [ápchlús]
direção die Richtung [rírrtung]
é nesta direção? ist es in dieser Richtung? [dîzer]
em que direção fica? in welcher Richtung ist es? [vélrrea]
direita: à direita rechts [rérrts]
vire à direita biegen Sie rechts ab [bîguên zî áp]
direito rechts [rérrts]
direto direkt [dîrect]
há um trem direto? gibt es eine direkte Zugverbindung? [tsûcfeabíndung]
dirigir fahren [fâren]
dirigir embriagado Trunkenheit am Steuer [trúnquenhaite am chtóier]
discar (ao telefone) wählen [vélen]
disco die Schallplatte [chálpláte]

discoteca die Diskothek [discotêc]
disquete (de computador) die Diskette [disquéte]
distância die Entfernung [éntférnung]
distensão: tive uma distensão no... ich habe mein... verstaucht [írr hâbe máin... féatáucht]
distrito das Gebiet [guêbít]
diversos mehrere [mê-ere]
divertido unterhaltsam [unterháltzam]
foi divertido es hat Spaß gemacht [es hát chpâs guêmárrt]
divertir-se sich amüsieren [zirr amüzîren]

diálogo

> divertiu-se com o filme? wie hat dir/Ihnen der Film gefallen? [vî hat dîa/înen dêr]
> eu me diverti muito, e você? er hat mir sehr gut gefallen – dir/Ihnen auch? [mîa zêr gût – dîa/înen áurr]

dividir (quarto, mesa etc.) sich teilen [zírr tsáirren]
divorciado geschieden [guêchîden]
dizer: como se diz... em alemão? was heißt... auf Deutsch? [vás háist... áuf dóitch]
ele disse... er sagte... [zâcte]
eu disse... ich sagte...
o que ele disse? was hat er gesagt? [guêzâct]
poderia dizer a ele...? können Sie ihm sagen...? [cönen zî îm zâguen]
do outro lado: do outro lado da rua über die Straße [übea dîchtrâsse]
do que* als [áls]
menor do que kleiner als
dobro: o dobro zweimal soviel [zôfîl]
doce (sabor) süß [züs]
(sobremesa) der Nachtisch [nárrtich]
documento das Dokument [docûmént]
doença die Krankheit [cráncháite]
doente krank [cránc]
doer weh tun [vê tún]
dói muito es tut echt weh [és tút érrt vê]
está doendo es tut weh [és tût vê]
doloroso schmerzhaft [chméatsháft]
domingo Sonntag [zóntâc]
dor der Schmerz [chéats]
estou com dor aqui ich habe hier Schmerzen [írr hâbe hîa chméatsen]
estou com dor nas costas mein Rücken tut weh [máin rüquen tût vê]
dor de cabeça die Kopfschmerzen [cópf-chméa-tsen]
dor de cabeça forte schlimme Kopfschmerzen

[chlíme cópchméatsen]
dor de dente die Zahnschmerzen [tsânchméatsen]
dor de estômago die Magenschmerzen [mâguen-chméatsen]
dor de garganta die Halsschmerzen [háls-chméatsen]
dor de ouvido Ohrenschmerzen [ôrenchmértsen]
dor nas costas die Rücken-schmerzen [rüquencheatsen]
dormir schlafen [chlâfen]
ela dormiu sie schläft [zî chlêft]
você dormiu bem? haben Sie gut geschlafen? [hâben zî gût guêchlâfen]
drogas (narcóticos) die Drogen fpl [drôguên]
duas vezes zweimal [tsváimal]
duas vezes mais zweimal soviel [zôfîl]
duplo doppelt
durante während [vérent]
duro hart
duty-free (mercadoria) zollfreie Waren [tsólfráie vâren]
(loja) der Duty-free-Shop
dúzia das Dutzend [dútsent]
meia dúzia sechs Stück [zécs chtüc]

E

e und [ûnt]
é* ist [íst]
echarpe der Schal [châl]
econômico (restaurante etc.) weniger anspruchsvoll [vênîguer ánchprurrsfól]
edifício das Gebäude [guêbóide]
edredom das Federbett [fêdeabet]
ei! he! [hê]
eixo die Achse [ácse]
ela* sie [zî]; ihr [îa]
com ela mit ihr [mít îa]
dê isto a ela geben Sie es ihr [guêben zî és îa]
é ela das ist sie [dás íst zî]
ela está aqui? ist sie hier? [hîa]
para ela für sie [füa zî]
elas * sie [zî]; ihnem [înen]
com elas mit ihnen [înen]
dei isso a elas ich habe es ihnen gegeben [hâbe]
para elas für sie [füa]
elástico der Gummi [gúmî]
(de escritório) das Gummiband [gúmibant]
ele* er [éa]; ihm [îm]
com ele mit ihm
dê isto a ele geben Sie es ihm [îm]
é ele das ist er [éa]
para ele für ihn
elegante (restaurante, pessoa) vornehm [fóanêm]
eles* sie [zî]; ihnem [înen]
com eles mit ihnen [înen]
dei isso a eles ich habe es ihnen gegeben [hâbe]
para eles für sie [füa]
eletricidade der Strom [chtrôm]

eletricista der Elektriker [eléctriquea]
elétrico elektrisch [eléctrich]
elevador der Aufzug [áuftsûc]
em (o/a)* auf [áuf]; in
dê-me este em vez daquele geben Sie mir statt dessen das [guêben zí mîa – dás]
em alemão auf Deutsch [áuf dóitch]
em algum momento jemals [iêmáls]
em cima oben [ôben]
em cinco minutos in fünf Minuten [ín fünt mínüten]
em direção a nach [nârr]
em dois dias, a partir de agora in zwei Tagen [in tsvái tâguen]
em inglês auf Englisch [áuf énglich]
em maio im Mai
em Munique in München [ín münrren]
em vez de statt dessen [chtát]
fica nesta rua? ist es auf dieser Straße? [íst és – dîzer chtrâsse]
fica no centro es ist im Zentrum [és íst ím tséntrúm]
na casa do Günter bei Günter [bái]
na estação am Bannhof [bân-hof]
na rua/praia auf der Straße/am Strand [chtrâsse/chtránt]
na televisão im Fernsehen [férnzêen]
no avião im Flugzeug [flûczóic]
no hotel im Hotel
no meu carro in meinem Auto [ín máinem áuto]
no sábado am Samstag [zámstac]

diálogo

já esteve em Heidelberg? waren Sie schon einmal in Heidelberg? [vâren zî chôn áinmâl]
sim, estive lá dois anos atrás ja, ich war vor zwei Jahren da [for – iâren]

e-mail die E-Mail
embaixada die Botschaft [bôtcháft]
embaixo unten [únten]
aqui embaixo hier unten [hîa únten]
embaixo de... unter... [únter]
fica lá embaixo, à direita es ist hier unten rechts
ponha isso ali embaixo setzen Sie es hier ab [zétsen zî és hîa áp]
embalagem: uma embalagem de... eine Packung... [áine pácung]
embalagem de comida pronta das Lunchpaket [-páquêt]
embalagem Tetra Pak® (para sucos etc.) die Packung [pácung]
embora obwohl [opvôl]
embreagem die Kupplung

[cuplung]
embrulhar: você poderia embrulhar isto? können Sie es einpacken? [cönen zî és áinpáquen]
emergência der Notfall [nôtfál]
é uma emergência! dies ist ein Notfall! [dîs íst áine]
saída de emergência der Notausgang [nôtáusgang]
emocionante (atividade) aufregend [áufrêguent]
(filme) spannend [chpanent]
empadão (de carne) die Pastete [pástête]
emperrado: a chave está emperrada der Schlüssel steckt fest [chtéct]
emperrar: está emperrado es klemmt [és clémt]
empoeirado staubig [chtáubirr]
empresa die Firma [fírma]
emprestar (pegar emprestado) leihen [lái-en]
pode me emprestar...? kann ich... leihen?
emprestar leihen [láien]
poderia me emprestar seu... ? könnten Sie mir Ihr... leihen? [cönten zî mîa îa]
empurrar schieben [chîben]
encanador der Klempner
encantador herrlich [hérlírr]
encher füllen [fülen]
encontrar (achar) finden [fínden]
eu o encontrei ich habe es gefunden [guêfúnden]
não o encontro ich kann es nicht finden [írr can és nírrt]
encontrar treffen [tréfen]
onde devo encontrar você? wo treffen wir uns? [vô tréfen vîa úns]
vamos nos encontrar na próxima segunda-feira wir sollten einen Termin für nächsten Montag vereinbaren [zólten áinen termîn für nécsten – fea-áinbâren]
endereço die Adresse [adrésse]
novo endereço die Nachsendeadresse [nârrzéndeadresse]
qual é seu endereço? was ist Ihre Adresse? [îre]
enfermaria die Station [chtatsiôn]
enfermeiro(a) der Krankenpfleger [cránquepflêga]; die Krankenschwester [cránquenchvésta]
engano der Fehler [fêla]
acho que houve um engano ich glaube, da ist ein Fehler [írr gláube]
sinto muito, cometi um engano tut mir leid, ich habe einen Fehler gemacht [tût mîa láit írr hâbe áinen fêla guemarrt]
engraçado komisch [cômich]
engrenagem der Gang
enguiçado außer Betrieb [áussa betrîb]
enjoar: estou enjoado ich bin seekrank [írr bín zê-ecránc]
costumo enjoar ich werde leicht seekrank [írr véade láirrt]

enorme enorm [ênórm]
enquanto: enquanto estou aqui während ich hier bin [vêrent írr hîa bín]
ensinar: pode me ensinar? könnten Sie es mir beibringen? [cönten zî és mía báibringuen]
então dann
entediante langweilig [lángváilirr]
entediar: estou entediado ich habe langeweile [írr hâbe lánguevãile]
entender: eu entendo ich verstehe [véachtê-e]
entrada (gastronomia) die Vorspeise [fóachpaize]
entrada (local) der Eingang [áinegang]
entrada (ingresso) der Eintritt [áin-trit]
entrar hereinkommen [héráin-cómen]; hineingehen [hináinguê-en]
entre unter [ûnter]; zwischen [tsvíchen]
entrega (de correio) die Zustellung [tsûchtelung]
entregar liefern [lîfern]
entupido (estrada, cano) verstopft [feachtápft]
envelhecer alt werden [vérden]
envelope der Umschlag [úmchlâc]
envelope por via aérea der Luftpost-Briefumschlag [lûftposst brîfumchlâc]
enviar senden [zénden]
quero enviar isto para o Brasil ich möchte dies nach Brasilien senden [írr mörrte dîs nârr brazîlîen]
enxaqueca die Migräne [mígrêne]
epiléptico(a) der Epileptiker, die Epileptikerin
equipamento die Ausrüstung [áusrüstung]
errado: a conta está errada in der Rechnung ist ein Fehler [dêa rerrnung istain fêla]
desculpe, liguei para o número errado tut mir leid, falsch verbunden [tût mîa láit falch féabunden]
esta é a chave errada es ist der falsche Schlüssel [dêa falche chlüsel]
este é o trem errado dies ist der falsche Zug
há algo errado com... mit... stimmt etwas nicht [chtímt étvas nírrt]
o que está errado? was ist los? [vás ist lôs]
erro der Fehler [fêlea]
erupção cutânea der Ausschlag [áuschlág]
ervas die Kräuter [cróita]
ervilhas die Erbsen [éapsen]
escada die Treppe [trépe]
escala die Zwischenstation [tsvíchenchtatsiôn]
escandaloso skandalös [scandalös]
escocês schottisch [chótich]
sou escocês/escocesa ich

bin Schotte [chóte]; Schottin
Escócia Schottland [chótlánt]
escola die Schule [chûle]
escolher wählen [vêlen]
esconder verstecken [féachtéquen]
escorregadio glatt
escova die Bürste [bürste]
(para as mãos) die Handbürste [hántbüaste]
(de limpeza) die Scheuerbürste [chóiabüaste]
(de cabelo) die Haarbürste [hârbüaste]
escrever schreiben [chráiben]
como se escreve isso? wie schreibt man das? [vî chráipt]
escrito por... geschrîben von
poderia escrever isso? könnten Sie es aufschreiben? [cönten zî es aufchráiben]
escritório das Büro [bürô]
escurecer: está escurecendo es wird dunkel [virt]
escuro dunkel [dúnquel]
escutar zuhören [tsûhôren]
esgoto der Abfluss [ápflúss]
eslovaco slowakisch [slôváquich]
esmalte de unha der Nagellack [nâguel-lác]
especialidade die Spezialität [chpetsialitêt]
especialmente besonders [bezonders]
espelho der Spiegel [chpîguel]
espelho retrovisor der Rückspiegel [rüc-chpîguel]
esperar warten [vârten]
espere por mim warten Sie auf mich [zî áuf mîrr]
não espere por mim warten Sie nicht auf mich [nírrt]
poderia fazer isso enquanto eu espero? kann ich darauf warten? [daráuf]
poderia me esperar aqui? (pedido ao taxista etc.) können Sie hier warten? [cönen zî hîa]
posso esperar até que minha esposa/companheira chegue? (dito, por exemplo, a um garçom) kann ich warten, bis meine Frau/Partnerin kommt?
esperar (ter esperança) hoffen [hófen]
espero que não hoffentlich nicht [nírrt]
espero que sim hoffentlich [hófentlirr]
espesso dick
espetáculo die Vorstellung [fóachtélung]
espirrar niesen [nîzen]
esporte der Sport [chpóat]
esposa: minha esposa meine Frau [máine fráu]
espreguiçadeira der Liegestuhl [lîguechtûl]
esquecer vergessen [feaguesen]
eu esqueci ich habe es vergessen [írr hâbe és]
esquerda links [líncs]
à esquerda links
para a esquerda nach links [nârr líncs]
vire à esquerda biegen Sie

links ab [bîguen zî – áp]
esqui der Ski [chî]
um par de esquis ein Paar Skier [áin pâr chîa]
esqui aquático Wasserskilaufen [vássachîlaufen]
esqui em rampas der Abfahrtslauf [ápfârtsláuf]
esquiar skifahren [chîfâren]
nós vamos esquiar wir gehen Skilaufen [vîa guê-en chîláufen]
esquisito seltsam [zeltzâm]
essencial wesentlich [vêzentlir]
estação der Bahnhof [bân-hôf]
estação de trem der Bahnhof [bân-hôf]
estacionamento der Parkplatz [párcpláts]
estacionar parken [párquen]
posso estacionar aqui? kann man hier parken? [hîa]
estado das Land [lánt]
Estados Unidos die Vereinigten Staaten [féainirrten chtâten]
estar* sein [záin]
ele está? ist er da?
ele não está er ist nicht da [éa íst nírr]
nós estávamos wir waren [vâren]
eles estavam sie waren [zî]
estátua die Statue [chtâtue]
este, esta: esta mulher diese Frau [dîze]
esta é minha esposa das ist meine Frau [máine fráu]
este aqui dieser/diese/dieses [dîzes]
este homem dieser Mann [dîza]
este/esta é...? ist das...?

diálogo

é este aqui es ist dieser hier [dîzea hîa]
este? dieser?
não, este nein, dieser [náin]

esteira de praia die Strandmatte [chtrántmáte]
estepe der Ersatzreifen [éazátsráifen]
estes, estas*: estes homens diese Männer [dîze]
estas mulheres diese Frauen
posso levar estes? kann ich diese hier haben? [írr – hîa]
estômago der Magen [mâguen]
estômago: indisposição estomacal die Magenverstimmung [mâguên-féastimung]
Estônia Estland [éstlant]
estourar: um cano estourado ein geplatztes Rohr
estrada die Autobahn [áutobân]
estragado beschädigt [bêchédirrt]
estragar beschädigen [bêchédîguen]
desculpe-me, estraguei isto tut mir leid, ich habe es beschädigt [tût mîr lite írr hâbe bechédict]

estrangeiro (adj) ausländisch [áusléndich]
(subs) der Ausländer, die Ausländerin [áusléndea/-derin]
estrangeiro(a) der/die Fremde [frémt]
estranho seltsam [zéltzam]
estreito eng [éng]
estrela der Stern [chtérn]
(de cinema) der Star
estudante m/f der Student [chtudént]; die Studentin
estúpido dumm [dúm]
estupro die Vergewaltigung [féaguêváltigung]
etiqueta das Etikett
eu ich [írr]
EUA die USA [û és â]
euro der Euro [óiro]
eurocheque der Euroscheck [óirochec]
Europa Europa [óirôpâ]
europeu europäisch [óirôpéich]
exame die Prüfung [prüfung]
exatamente! genau! [guênáu]
exato genau [guênáu]
exausto todmüde [tôtmüde]
excelente hervorragend [hérfôr-raguent]
excêntrico der Verrückte [féarücte]
excesso de bagagem das Übergewicht [überguêvirrt]
exceto außer [áussea]
excursão der Ausflug [áusflûc]
eu gostaria de fazer uma excursão para... ich möchte gern eine Reise nach... [mörrte guérn áine ráize nârr... márren]
excursão de ônibus die Busreise [busráize]
excursão de um dia der Tagesausflug [tâguês-áusflûic]
exemplo das Beispiel [baichpîl]
por exemplo zum Beispiel [tsum]
exigente anspruchsvoll [ánchprurrsfól]
existir: existe...? gibt es...? [guîpt]
existe... es gibt...
existem... es gibt...
existem...? gibt es...?
exorbitância: isso é uma exorbitância das ist Wucher [vûrra]
exorbitante: preços exorbitantes Wucherpreise [vûrrapráis]
experiente erfahren [eafâren]
experimentar versuchen [féazûrren]
posso experimentar? kann ich es versuchen?
explicar erklären [eacléren]
pode me explicar isso? könnten Sie mir das erklären? [cönten zî mîa]
exposição die Ausstellung [áuschtelung]
expresso (correio) per Express
(trem) der Schnellzug [chneltsúc]
extensão (fio) die Verlängerungsschnur [fealénguêrungschnûr]

extenuante erschöpft [eachöpft]
exterior Ausland [áuslant]
no exterior im Ausland
ir para o exterior ins Ausland gehen [guê-en]
extintor de incêndio der Feuerlöscher [fóierlöchea]
extraordinário außergewöhnlich [áusserguêvönlirr]
extremamente äußerst [óisserst]

F

fábrica die Fabrik [fabrîc]
fabuloso sagenhaft [zâguenhaft]
faca das Messer [mésa]
face die Backe [báque]
fácil leicht [láirrt]
faculdade das College
Fahrenheit* Fahrenheit
falar sprechen [chprérren]
eu não falo... ich spreche kein... [írr chprérre cáin]
você fala inglês? sprechen Sie Englisch? [chprérren zî énglich]

diálogo

posso falar com Wolfgang? kann ich Wolfgang sprechen? [cán írr... chprérren]
quem quer falar? wer spricht bitte? [véa chprírrt bíte]
é Patrícia Patricia
sinto muito, ele não está; quer deixar um recado? tut mir leid, er ist nicht da; kann ich etwas ausrichten? [tût mîa láite êa íst nírrt da, cán írr étvas áusrírrten]
não obrigada, eu ligo mais tarde nein danke, ich rufe später nochmal an [náin dánque írr rûfe chpêta nórrmal án]
por favor, diga-lhe que eu liguei bitte sagen Sie ihm, dass ich angerufen habe [bíte zâguen zî îm, dás írr ánguêrûfen hâbe]

falha defekt [dêféct]
falhar: o motor está sempre falhando der Motor geht dauernd aus [déa môtoa guêt dáuérnt aus]
falsificação die Fälschung [félchung]
falso falsch [fálch]
falta de luz der Stromausfall [chtrômáusfal]
faltar fehlen [fêlen]
está faltando uma mala ein Koffer fehlt [áin cófa fêlt]
família die Familie [famîlîe]
famoso berühmt [berümt]
fantástico fantastisch [fántástich]
farinha das Mehl [mêl]
farmácia die Apotheke [ápôtêque]
farol (de carro) die Scheinwerfer [cháin-véafa]

fator de proteção solar der Lichtschutzfaktor [lírrtchútsfactor]
fava dicke Bohnen [díque bônen]
favorito Lieblings [líblings]
fax das Fax [facs]
enviar um fax faxen
mandar por fax per Fax benachrichtigen [pea facs bênârr-rirrtíguen]
fazenda der Bauernhof [báuern-hôf]
fazer* machen [márren]; tun [tûn]
como se faz isso? wie machen Sie das? [vî marren zî]
do que isto é feito? woraus ist es? [vôráus íst dás]
(comida) was ist da drin? [vás íst drín]
faço por 200 euros nach meiner Rechnung sind das zweihundert Euro [nârr máina rérrnung zínt dás óiro]
o que faremos? was sollen wir tun? [vás zólen vía]
você faria para mim? können Sie das für mich tun? [cönen]
você pode fazer isso para mim? können Sie es für mich tun? [cönen zî és füa mírr fûn]

diálogo

como vai? guten Tag [gûten tâc]
prazer em conhecê-lo freut mich [fróit mírr]
o que você faz? was machst du/machen Sie beruflich? [vas marrst dû/marren zî bêrûflirr]
sou professor, e você? ich bin Lehrer, und Sie? [lêra]
sou estudante ich bin Student [chtúdént]
o que vai fazer esta noite? was machst du/machen Sie heute abend? [marrst dû/marren zî hóite ábent]
vamos sair para tomar alguma coisa; quer nos acompanhar? wir gehen einen trinken, möchtest du/möchten Sie mitkommen? [mörrtest dû/mörrten zî]

fazer as malas packen
fazer escova fönen [fönen]
gostaria de cortar e fazer escova, por favor schneiden und fönen, bitte [chnáiden unt]
febre das Fieber [fiba]
febre do feno der Heuschnupfen [hói-chnúpfen]
febril: ela ainda está febril sie hat noch immer Fieber [zî hat nórr íma fibea]
fechado geschlossen [guêchlóssen]
(tempo) trüb [trüp]
fechadura das Schloss [chlós]
fechar schließen [chlísen]
a que horas eles fecham? wann machen sie zu? [ván márren zî tsû]

a que horas vocês fecham? wann machen Sie zu?
está fechado sie sind geschlossen [guêchlósen]
eu me fechei do lado de fora ich habe mich ausgesperrt [írr hâbe mírr áusguêchpéat]

diálogo

a que horas fecha? wann schließen Sie? [chlîsen zî]
nós fechamos às 20h durante a semana e às 18h aos sábados wir schließen wochentags um zwanzig Uhr und samstags um achtzehn Uhr [vórrentâcs úm – zámstâcs ártsên üa]
fecha para o almoço? haben Sie mittags geschlossen? [guêchlóssen]
sim, entre 13h e 14h30 ja, von dreizehn Uhr bis vierzehn Uhr dreißig

fechar a chave abschließen [ápchlîssen]
está fechado a chave es ist abgeschlossen fechar por dentro einschließen [áinchlîsen]
fechar por fora ausschließen [áuschlîsen]
eu me fechei do lado de fora ich habe mich ausgesperrt [írr hâbe mírr áusguechpéat]
fecho (de esqui) die Bindung [bíndung]
feijão die Bohnen [bônen]
feio hässlich [héslirr]
feira (de negócios) die Messe [mésse]
feliz glücklich [glüclirr]
não estou contente com isso ich bin damit nicht zufrieden [írr bín dâmit nírrt tsûfrîden]
felizmente glücklicherweise [glüc lirrer váize]
feriado der gesetzliche Feiertag [guezétslirre fáiatac]
férias der Urlaub [ûaláup]
(da universidade) die Semesterferien [zêméstafêrîen]
em férias im Urlaub
férias de inverno der Winterurlaub [víntaúalaup]
ferido verletzt [féalétst]
ela está ferida sie ist verletzt [zî]
ferro de passar das Bügeleisen [büguel-áizen]
pode passar estas coisas para mim? könnten Sie diese Sachen für mich bügeln? [cönten zí dîze zárren füa mírr büguel]
ferrovia die Eisenbahn [áizenbân]
ferryboat die Fähre [fére]
ferryboat para carros die Autofähre [áutofére]
festa die Fete [féte]
festival das Festival [festivâl]
fevereiro der Februar [fêbrûar]
ficar: eu gostaria de ficar mais duas noites ich möchte gern

noch zwei Tage bleiben [írr möernte gérn nórr tsvái tâgue bláiben]
ficar bem: não fica bem em mim es steht mir nicht [chtêt mîa nírrt]
fica bem em você es steht Ihnen [înen]
fígado die Leber [lêba]
fila die Schlange [chlángue]
filha die Tochter [tórrtea]
filho der Sohn [zôn]
filmadora der Camcorder
filme der Film

diálogo

tem deste filme? haben Sie diesen Film? [hâben zî dîzen]
sim, de quantas poses? ja, wie viele Aufnahmen? [vî fîle áufnâmen]
36 sechsunddreißig [zécs-unt-dráissirr]

filme colorido der Farbfilm [farbfilm]
filme de PVC die Frischhaltefolie [frích-háltefólîe]
filtro de café das Filterpapier [fílter-papîr]
fim das Ende [énde]
no fim da rua am Ende der Straße [ám énde déa chtrâsse]
finalmente schließlich [chlîsslirr]
fino dünn [dúm]
fio der Faden [fâden]
(elétrico) die Leitung [láitung]
fio dental die Zahnseide [tsânzaide]
firma die Firma [firma]
fita adesiva das Klebeband [clêbebánt], der Scotch
fita cassete die Kassette [cassete]
fita métrica das Bandmaß [bántmâs]
flanela (de limpeza) der Waschlappen [váchlápen]
flash (de máquina fotográfica) der Blitz
flocos de milho die Cornflakes
flor die Blume [blûme]
floresta der Wald [valt]
Floresta Negra der Schwarzwald [chvârtsvalt]
floricultura der Blumenhändler [blúmenhentler]
fluentemente: ele fala alemão fluentemente er spricht fließend Deutsch [êa chprírrt flîssent dóitch]
fogão der Herd [hért]
fogo das Feuer [fóiea]
está pegando fogo es brennt
tem fogo? (para cigarro) haben Sie Feuer? [hâben zî fóia]
fogueira das Feuer [fóiea]
podemos acender uma fogueira aqui? können wir hier ein Feuer machen? [cönen vîa hîa – marren]
folgado lose [lôze]
folha das Blatt [blát]
folheto der Prospekt [prospéct]

Fi

folheto die Broschüre [brochüre]
fome hungrig [húngrirr]
estou com fome ich habe Hunger [írr hâbe húngá]
você está com fome? hast du/haben Sie Hunger? [hást dú/hâben zî]
fones de ouvido die Kopfhörer [cópf-höra]
fonte der Brunnen [brúnen]
fonte termal die Thermalquelle [téamálcvéle]
fora... außerhalb... (+gen) [áussahálp]
podemos nos sentar lá fora? können wir draußen sitzen? [dráussen]
formulário das Formular [formûlâr]
forno der Backofen [bácôfen], der Ofen [ôfen]
forno de microondas der Mikrowellenherd [mícrovélenhéat]
fortaleza die Festung [festung]
forte (pessoa, bebida) stark [chtárk]
(sabor) kräftig [créftirr]
fósforos die Streichhölzer [chtráirr-höltsa]
fotografia das Foto [fôto]
com licença, poderia tirar uma foto nossa? entschuldigen Sie, könnten Sie ein Foto von uns machen? [entchúldigen zî cönten zî áine – márren]
foyer (teatro) das Foyer [foáiê]
fraco schwach [chvarr]
fralda die Windel [víndel]
fraldas descartáveis die Papierwindeln [pâpîrvíndeln]
framboesa die Himbeere [hímbêre]
França Frankreich [fráncráirr]
francês (adj) französisch [frantsözich]
(idioma) Französisch
frango (alimento) das Hähnchen [hênrren]
fratura der Bruch [brûrr]
freezer die Gefriertruhe [guêfrîrtrûr-e]
freio die Bremse [brémze]
freio de mão die Handbremse [hánt-brémze]
frente die Vorderseite [fórderzaite]
à/na frente vorn [fórn]
na frente do hotel vor dem Hotel [fôr]
o bar da frente die Kneipe gegenüber [cnáipe
frequência oft
com pouca frequência nicht oft [nírrt]
os ônibus passam com que frequência? wie oft fahren die Busse? [vî óft fârren dî bússe]
qual a frequência dos ônibus para Kiel? wie oft fährt der Bus nach Kiel? [vî óft fért]
qual a frequência dos ônibus? wie oft fahren die Busse? [fâren dî]
frequente häufig [hóifich]
fresco kühl [cül]

(recente) frisch [frich]
frigideira die Bratpfanne [brâtpfáne]
frio kalt
estou com frio mir ist kalt [mîa]
fritar braten [brâten]
frito gebraten [gebrâten]
fronha der Kopfkissenbezug [cópfquíssenbetsûc]
fronteira (de país) die Grenze [gréntse]
frouxo lose [lôze]
fruta das Obst [ôpst]
frutos-do-mar die Meeresfrüchte [mêresfrürrte]
fumaça der Rauch [ráurr]
fumar: você se importa se eu fumar? macht es Ihnen etwas aus, wenn ich rauche? [marrt és înen étvas áus vén írr ráurre]
eu não fumo ich bin Nichtraucher [nírrtraurrer]
você fuma? rauchen Sie? [ráurren zî]
funcionar: não está funcionando es funktioniert nicht [functsionîert nírrt]
fundamental wesentlich [vêzentlir]
é fundamental que... es ist unbedingt notwendig, dass... [únbêdínct nôtvêndirr das]
funicular die Seilbahn [záilbân]
furado flach [flárr]
estou com um pneu furado ich habe einen Platten [írr hâbe áinen]
furo (pneu) die Reifenpanne [ráifenpáne]
fusível die Sicherung [zírrêrung]
os fusíveis queimaram die Sicherung ist durchgebrannt [dúarrguêbránt]
futebol der Fußball [fûsbal]
partida de futebol das Fußballspiel [fûsbalchpîl]
futuro die Zukunft [tsûcunft]
no futuro in Zukunft

G

gaivota die Möwe [möve]
galão* die Gallone [galône]
galeria de arte die Kunstgalerie [cûnstgalêrî]
galeria de arte moderna die Galerie für moderne Kunst [galerí füa môdérne cúnst]
Gales Wales
galês walisisch [válîzich]
sou galês/galesa ich bin Waliser [válîzea], Waliserin
ganso die Gans [gáns]
garagem die Garage [garâge]
garantia die Garantie [gárántî]
tem garantia? ist darauf Garantie? [dáráuf]
garçom der Ober [ôba]
garçom! Herr Ober! [héa]
garçonete die Kellnerin
garçonete! Fräulein! [fróiláin]
garfo die Gabel [gâbel]
garganta der Hals [háls]
garrafa die Flasche [fláche]; die Karaffe [carafe]
uma garrafa de vinho branco

da casa, por favor eine Karaffe weiben Tafelwein, bitte [váisen tâfelváin]
uma garrafa de vinho branco seco eine Flasche trockenen Weißwein [tróquênen váisvain]
garrafa térmica die Thermosflasche [têamôflache]
gás das Gas [gâs]
gasolina das Benzin [béntsîn]
gasolina sem chumbo das bleifreie Benzin [bláifráie béntsîn]
gasoso sprudelnd [chprûdelnt]
gastar ausgeben [áusguêben]
(tempo) verbringen [féabrínguên]
gato die Katze [cátse]
gaveta die Schublade [chûplâde]
gay schwul [chvûl]
geada der Frost
gel de banho das Duschgel [dúchguêl]
gel de cabelo das Haargel [hârguêl]
geladeira der Kühlschrank [cülchranc]
geléia die Marmelade [máamelâde]
geléia de laranja die Orangenmarmelade [ôrángen marmelâde]
gelo das Eis [áis]
com gelo mit Eis [mít áis]
sem gelo, obrigado kein Eis, danke [cáin áis, dánque]
Genebra Genf [guénf]
gengiva das Zahnfleisch [tsân-fláich]
genro der Schwiegersohn [chvîgazôn]
geral allgemein [álguêmáin]
geralmente meistens [máistens]
gerente m/f der Geschäftsführer [guechéftsfüra]; die Geschäftsführerin [gecheftsfûrerin]
posso falar com o gerente? kann ich den Geschäftsführer sprechen? [cán írr dên – chprérren]
gesso der Gipsverband [guípsféabánt]
gim der Gin
um gim-tônica, por favor einen Gin Tonic, bitte [áinen]
ginásio das Fitness-Studio [fítnes-chtûdîô]
gola der Kragen [crâguen]
golfe Golf [gólf]
goma de mascar der Kaugummi [cáugumî]
gordo dick
gordura das Fett
gorgeta das Trinkgeld [tríncguelt]
gorro eine Mütze [mütse]
gostar mögen [möguen]
gostaria de beber algo? möchtest du/möchten Sie etwas trinken? [mörrtést dû/mörrten zî étvas]
gostaria de dar uma caminhada? möchtest du/möchten Sie einen Spaziergang machen? [chpatsîagang – márren]

gostaria de nadar ich würde gern schwimmen gehen [írr vürde guérn chvímen guê-en]
gostaria de uma cerveja ich möchte gern ein Bier [írr mörrte guérn áin bía]
gosto de caminhar ich gehe gern spazieren [írr guê-e guérn]
gosto de você ich mag dich [írr mâc dírr]
gosto disso es gefällt mir [és gueféIt mîa]
não gosto de... ich stehe nicht auf... [írr chtê-e nírrt áuf]
não gosto disso es gefällt mir nicht [nírrt]
você gosta de...? magst du/mögen Sie...? [mácst dû/möguen zî]
goteira die undichte Stelle [úndirrte chtéle]
o telhado está com goteiras das Dach ist undicht
governo die Regierung [rêguîrung]
Grã-Bretanha Großbritannien [grôs-británían]
gradualmente allmählich [álmêlîch]
grama (peso) das Gramm [grâm]
(planta) das Gras [grâs]
gramado der Rasen [râzen]
gramática die Grammatik [grámâtic]
grampos de cabelo die Haarklemme [hârcléme]
grande groß [grôs]
muito grande zu groß [tsû]
não é bastante grande es ist nicht groß genug [nírrt – guênûc]
grapefruit die Grapefruit
grátis gratis [grâtis]
é grátis? ist es gratis?
gratuito gratis [grâtis]
gravador de fita der Kassettenrecorder
gravador de vídeo der Videorecorder
gravata die Krawatte [cráváte]
grávida schwanger [chvánga]
graxa de sapato die Schuhcreme [chûcrêm]
Grécia Griechenland [grîrrenlant]
grego griechisch [grî-rrich]
grelha der Grill [gril]
grelhado gegrillt [guegrílt]
gripe die Grippe [grípe]
gritar schreien [chráien]
grosseiro unhöflich [únhöflirr]
grosso dick
grupo die Gruppe [grúpe]
guarda-chuva der Schirm [chîrm]
guardanapo die Serviette [zêaviéte]
guardar behalten [behálten]
guarde o troco der Rest ist für Sie [déa rést ist füa zî]
por favor, guarde-o bitte behalten Sie es [bíte]
posso guardá-lo? kann ich es behalten? [cán írr és behálten]
guarda-sol der Sonnenschirm [zónenchírm]
guarda-volumes die

Gepäckaufbewahrung [guêpéc-áufbevârung]
guia (pessoa) der Reiseleiter [ráize-láita]
guia de conversação der Sprachführer [chprarrfüra]
guia turístico der Reiseführer [ráize-füra]
guitarra die Gitarre [guitáre]
guloso gefräßig [guefréssîrr]

H

hambúrguer der Hamburger
hambúrguer para viagem Hamburger zum Mitnehmen [tsûm mîtnêmen]
haver: há uma semana vor einer Woche [fôr áinea]
há uma hora vor einer Stunde [chtúnde]
helicóptero der Hubschrauber [hûpchráuba]
hematoma der blaue Fleck [bláue]
hepatite die Hepatitis [hepatîtís]
hidrofólio das Tragflächenboot [trâcflêrrenbôt]
hipermercado der Verbrauchermarkt [féabráurramâ-act]
hipertensão hoher Blutdruck [blûtdrúc]
hoje heute [hóite]
hoje à noite heute abend [hóite âbent]
Holanda Holland [hóland]
holandês holländisch [hóléndich]
(idioma) Holländisch
homem der Mann [mán]
homens die Männer [ména]
homossexual schwul [chvûl]
honesto ehrlich [êalirr]
hora die Stunde [chtúnde]
hora marcada der Termin [termin]

diálogo

boa tarde, posso ajudá-lo? guten Tag, kann ich Ihnen behilflich sein? [gûten tâc can írr înen bêhilflirr záine]
gostaria de marcar uma hora ich möchte einen Termin vereinbaren [mörrte féa-áinbaren]
que horário seria bom? welche Zeit wäre Ihnen recht? [velrr tsáit vére înen rérrt]
às três horas drei Uhr [drái ûa]
receio que não seja possível; pode ser às quatro? tut mir leid, das ist nicht möglich; ist vier Uhr in Ordnung? [möglirr]
sim, pode ser ja, das ist mir recht [mîa]
seu nome é...? Ihr Name war...? [îr nâme vâr]

horário der Fahrplan [fâplân]
horário de funcionamento

die Öffnungszeiten [öfnungstsáiten]
horário de pico die Rush-hour
horas*: são nove horas es ist neun Uhr [ûa]
horas: às seis horas um 6 Uhr [um üa]
que horas são? wie spät ist es? [vî chpêt íst és]
horrível furchtbar [fúrrrtbâr], schrecklich [chréclírr]
hortelã: bala de hortelã das Pfefferminz [pféfamints]
hospedagem die Unterkunft [úntercunft]
hospedar: onde vocês estão hospedados? wo wohnen Sie? [vô vônen zî]
estou hospedado no... ich wohne in... [írr vône]
hospedaria die Pension [pénzíôn]
hóspede der Gast [gást]
hospital das Krankenhaus [cránquenhaus]
hospitalidade die Gastfreundschaft [gástfróintchaft]
obrigado por sua hospitalidade vielen Dank für Ihre Gastfreundschaft [fîlen dánc füa îre]
hotel das Hotel [hôtél]
hovercraft das Luftkissenboot [lúftquíssenbôt]
humor der Humor [húmôa]
húngaro ungarisch [úngarich]
Hungria Ungarn [úngâ-an]

I

iate die Jacht [iarrt]
idade das Alter [álter]

diálogo

quanto anos você tem? wie alt bist du/sind Sie? [vî ált bíst dû/zint zî]
tenho 25 ich bin fünfundzwanzig
e você? und du/Sie? [únt]

idéia die Idee [ídêe]
idioma die Sprache [chsprârre]
curso de idiomas der Sprachkurs [chsprâch-cúrs]
idiota (subs) der Idiot [ídíôt] dumm [dum]
ignição die Zündung [tsúndúng]
igreja die Kirche [quír-rre]
igual: igual a este dasselbe wie das [dássélbe vî]
ilha die Insel [ínzel]
imbecil blöd [blöt]
imediatamente sofort [zôfóat]
imitação (de couro etc.) nachgemacht [narrguemarrt]
impermeável (adj) wasserfest [vássafést]
importante wichtig [vírrtírr]
é muito importante es ist sehr

wichtig [és íst zéa]
não é importante es ist nicht wichtig [nírrt]
importar: não importa das macht nichts [dás márrt nírrts]
não se importe macht nichts [márrt nírrts]

diálogo

você se importa se eu abrir a janela? macht es Ihnen etwas aus, wenn ich das Fenster öffne? [márrt és înen étvas áus vén írr]
não, não me importo nein, das ist mir gleich [náin, dás íst mîa gláirr]

importunar: este homem está me importunando dieser Mann belästigt mich [dîzer bêléstict mírr]
importuno ärgerlich [érguerlirr]
impossível unmöglich [únmöglírr]
impressionante beeindruckend [beáindruquent]
impressos die Drucksache [drúczarre]
imundo dreckig [dréquirr]
incêndio das Feuer [fóiea]
inchaço die Beule [bóile; die Schwellung [chvélung]
inchado geschwollen [guêchvólen]
incluir enthalten [énthálten]
isso está incluído no preço? ist das im Preis enthalten? [íst dás ím práis]
isso inclui as refeições? ist das einschließlich der Mahlzeiten? [áinchlíslirr déa mâltzáit]
incomodar: desculpe por incomodá-lo tut mir leid, Sie zu belästigen [tût mîa láit zî tsû beléstiguen]
sinto muito incomodá-lo es tut mir leid, Sie damit zu belästigen [és tût mîa láit zî damít tsû bêléstîguen]
incomum ungewöhnlich [únguêvönlirr]
inconsciente bewusstlos [bêvústlôs]
inconveniente ungünstig [úngünstírr]
incrível unglaublich [úngláuplírr]
indigestão die Magenverstimmung [mâguenféachtímúng]
índio indisch [índích]
indistinta (dor) dumpf [dumpf]
infarto der Herzinfarkt [héatsínfârct]
infecção die Infektion [ínféctsíôn]
infeccioso ansteckend [ánchtéquent]
infecto vereitert [féa-áitert]
inflamação die Entzündung [éntsündúng]
informações die Information [infóamátsíônen]
tem informações sobre...? haben Sie Informationen über...? [hâben zî – übea]

informal (roupa, ocasião, reunião) zwanglos [tsváng-lôs]
Inglaterra England [énglant]
inglês Englisch [énglich]
fala inglês? sprichst du/sprechen Sie Englisch? [chprirrst dû/chprérren zî]
sou inglês/inglesa ich bin Engländer/Engländerin [engléndér/-in]
ingresso der Eintritt [áin-trit]
início: no início am Anfang [ánfang]
de início zuerst [tsûerst]
injeção die Spritze [chprítse]
inocente unschuldig [únchúldirr]
inofensivo ungefährlich [únguefêalirr]
inseto das Insekt [ínzéct]
picada de inseto der Insektenstich [inzéctenchtírr]
repelente de insetos das Insektenbekämpfungsmittel [inzéctén-bequémpfúngs-mítel]
tem alguma coisa para picada de inseto? haben Sie etwas für Insektenstiche? [hâben zî étvas fü̂a]
insistir: eu insisto ich bestehe darauf [írr bechtê-e dáráuf]
insolação der Sonnenstich [zónenchtirr]
insônia die Schlaflosigkeit [chlaf-lôzírrcáit]
instante: volto num instante ich bin gleich wieder da [gláirr vîda dár]
instrutor(a) de esqui der Skilehrer [chîlêra]; die Skilehrerin
insulina das Insulin [ínzúlîn]
inteligente intelligent [íntélíguént]
interessante interessant
isso é muito interessante das ist sehr interessant [dás íst zéa]
interessar: estou interessado em... ich interessiere mich für... [írr íntérésîre mírr füa]
internacional international [íntéanatsíonâl]
internet das Internet
interpretar dolmetschen [dólmétchen]
intérprete m/f der Dolmetscher [dólmétcha]; die Dolmetscherin
interruptor der Ein/Aus-Schalter [áine-áus-chálta]
intervalo (em teatro) die Pause [páuze]
intoxicação alimentar die Lebensmittelvergiftung [lêbensmítelféaguíftung]
inundação die Flut [flût]
inverno der Winter [vínta]
no inverno im Winter
iogurte der Joghurt [iôgurt]
ir gehen [guê-en]
(de carro, trem etc.) fahren [fâren]
aonde ele foi? wohin ist er gegangen?
aonde você vai? wohin gehen/fahren Sie? [vô-hín]
ela foi embora sie ist gegangen
este ônibus vai para onde? wohin fährt dieser Bus? [féat]

In

eu fui lá na semana passada ich war letzte Woche da
gostaríamos de ir à Floresta Negra wir möchten zum Schwarzwald fahren [vîa möchten tsum]
ir embora weggehen [véc-guê-en]
vá embora! gehen Sie weg!
vamos gehen wir
vamos comer alguma coisa gehen wir etwas essen [guê-en vîa étvas éssen]
Irlanda Irland [îalánt]
Irlanda do Norte Nordirland [nóatîalánd]
irlandês irisch [îairr]
sou irlandês/irlandesa ich bin Ire/Irin [írr bín îre/îrin]
irmã die Schwester [chvésta]
irmão der Bruder [brûder]
isento (de impostos) kostenlos [cóstenlôs]
isqueiro das Feuerzeug [fóiatsóic]
isso: é isso aí genau [guênáu]
isso é...? ist das...?
Itália Italien [itâlien]
italiano (adj) italienisch [itáliênich]
(idioma) Italienisch

J

já schon [chôn]
janeiro der Januar [iánúa]
janela das Fenster [fénsta]
lugar na janela der Fensterplatz [féntsapláts]
perto da janela am Fenster
jantar (refeição) das Abendessen [âbent-éssen]
(verbo) zu Abend essen [tsû]
jaqueta die Jacke [iáque]
jarda* das Yard
jardim der Garten
jarra die Kanne [cáne]
uma jarra de água ein Krug mit Wasser [áin crûc mít vássa]
jazz der Jazz
jeans die Jeans
jeito: de jeito nenhum! auf keinen Fall! [auf cáinen fál]
joalheria das Juweliergeschäft [iúvêlîaguechéft]
joelho das Knie [cnî]
jogar spielen [chpîlen]
(atirar) werfen [véafen]
jogar fora wegwerfen [vécvéafen]
jogging das Joggen [ióguen]
vou fazer jogging ich gehe joggen [írr guê-e]
jogo (esporte) das Spiel [chpîl]
jóias der Schmuck [chmúc]
jornal die Zeitung [tsáitung]
jornaleiro der Zeitungshändler [tsáitúngs-héndla]
jovem jung [iúng]
judeu jüdisch [iüdich]
julho der Juli [iúli]
junho der Juni [iúni]
junto zusammen [tsuzámen]
estamos juntos (em loja etc.) wir sind zusammen [vîa zínt]
podemos pagar juntos?

können wir zusammen bezahlen? [cönen vîa – bêtsâlen]
justo fair
(apertado) eng

K

ketchup der Ketchup, der Tomatenketchup
kit de primeiros socorros die Erste-Hilfe-Ausrüstung [érste hilfe ausrüstung]

L

lá da, dort
lá em cima da oben
lã die Wolle [vóle]
lábios die Lippen [lípen]
lado die Seite [záite]
ao lado de neben [nêben]
no outro lado da cidade das andere Ende der Stadt [ándere énde dêa chtrâsse]
ladrão der Dieb [dîp]
lago der See [zê]
lago Constança der Bodensee [bôdenzê]
lago Lucerna der Vierwaldstätter See [víaváltchtéta zê]
lagosta der Hummer [húma]
lama der Dreck
lâminas de barbear die Rasierklingen [razîaclínguen]
lâmpada die Birne [bîane], die Glühbirne [glübíane], die Lampe [lámpe]
preciso de uma lâmpada nova ich brauche eine neue Birne [írr bráurre áine nóie bîane]
lanche: gostaria de comer só um lanchinho ich möchte nur eine Kleinigkeit [írr mörrte núa áine cláinirrcáite]
lanterna die Taschenlampe [táchenlámpe]
lápis der Bleistift [bláichtíft]
lápis de sobrancelha der Augenbrauenstift [áuguenbráuenchtift]
laranja (fruta) die Apfelsine [ápfelzíne]; die Orange [ôránge]
(cor) orange
largo breit [bráit]
lasca der Splitter [chplíta]
lata die Dose [dôze]
uma lata de cerveja eine Dose Bier
lata de lixo der Abfalleimer [ápfál-áimea]
lavanderia die Wäscherei [vécherái]
lavanderia automática der Waschsalon [váchzálóng]
lavar waschen [váchen]
poderia lavar isto? können Sie die für mich waschen? [cönen zî]
lava-rápido die Autowaschanlage [áutováchánlâgue]
lavatório das Handwaschbecken [hántváchbéquen]

laxante das Abführmittel [ábfüamítel]
legumes das Gemüse [guêmüze]
lei das Gesetz [guezéts]
leite die Milch [mílrr]
leito (em trem) der Liegewagen [lîguevâguen]
lembrar-se: não me lembro ich kann mich nicht erinnern [írr cán mírr nírrt eaírnern]
eu me lembro ich erinnere mich [eaínerne]
você se lembra? erinnern Sie sich? [zî zírr]
lenço das Taschentuch [táchentúrr]
lenço de cabeça das Kopftuch [cópfturr]
lenço de papel die Papiertaschentücher [papîatáchentürra]
lençol das Laken [láquen]
lentamente langsam [lánczâm]
lentes de contato die Kontaktlinsen [contâctlinzen]
lentes de contato gelatinosas die weichen Kontaktlinsen [váirren cóntáctlínzen]
lentes de contato rígidas harte Kontaktlinsen [hâte contact-linzen]
lentes de contato semi-rígidas luftdurchlässige Kontaktlinsen [luftduarr-léssigue]
lento langsam [lánczâm]
leque der Fächer [férrea]
ler lesen [lêzen]
lésbica die Lesbierin [lésbíerin]
leste der Osten
no leste im Osten
Letônia Lettland [létlánt]
levantar(se) aufstehen [auf-chtáiguen]
levar bringen
leva três horas es dauert drei Stunden
pode me levar para o aeroporto? können Sie mich zum Flughafen bringen? [cönen zî mírr tsúm]
posso levar isso? (folheto etc.) kann ich das mitnehmen? [mítnêmen]
quanto tempo leva? wie lange dauert es? [vî láangue dáuert és]
leve leicht [láirrt]
lhes, os, as* (pron obl) sie [zî]
libra* (moeda, peso) das Pfund [pfúnt]
libra esterlina das Pfund Sterling [pfúnt]
lição die Stunde [chtúnde]
licor der Likör [licöa]
ligar (TV, luz etc.) einschalten [áinchálten]
(motor) anlassen
pode ligar o aquecimento? können Sie die Heizung anstellen? [cönen zî dî háitsung anchtélen]
lima die Limone [limône]
limão die Zitrone [tsitrône]
limonada die Limonade [límônâde]
limpador de pára-brisa

der Scheibenwischer [cháibenvícha]
limpar: pode limpar isto para mim? können Sie dies für mich reinigen? [cönen zî dês füa mírr ráiguen]
limpo sauber [záuber]
lindo hübsch [hüpch]
língua die Zunge [tsúngue]
(idioma) die Sprache [chsprârre]
linha (traço) die Linie [lînie]
(de telefone) die Leitung [láitúng]
pode me dar uma linha? könnten Sie mir ein Amt geben? [cönten zî mîa áin ámt guêben]
liso (sem desenho) uni [ûnî]
litoral die Küste [cüste]
litorâneo an der Küste
litro* der Liter [lîta]
um litro de vinho branco ein Liter Weißwein [váisváin]
Lituânia Litauen [lítáuen]
livraria die Buchhandlung [bûrr-hantlung]
livre frei [frái]
livro das Buch [bûrr]
lixo der Abfall [ápfal]
local örtlich [öatlirr]
pode recomendar um restaurante local? können Sie ein Restaurant am Ort empfehlen? [cönen zî áin réstôran am óat émpfêlen]
loção die Lotion [lotsíôn]
loção bronzeadora die Sonnenmilch [zónenmilrr]
loção de limpeza die Reinigungscreme [ráinigungscréme]
loção pós-barba das After-shave
loção pós-sol die Après-Lotion [aprê-lotsiô]
logo bald [bált]
eu volto logo ich bin bald zurück [írr bín bált tsúrüc]
loiro blond [blont]
loja das Geschäft [guêchéft]
loja de alimentos das Lebensmittelgeschäft [lêbensmítelguêchéft]
loja de artesanato der Handwerksladen [hántvércslâden]
loja de departamentos das Kaufhaus [cáufháus]
loja de ferragem die Eisenwarenhandlung [áizenvârenhántlung]
loja de presentes der Geschenkladen [guechencládén]
loja de produtos fotográficos der Fotoladen [fotoladen]
loja de produtos naturais der Bioladen [bîolâden]
Londres London [lóndon]
longe weit [váite]
ao longe weit weg [váit véc]
é longe daqui até...? ist es weit bis nach...? [váit bís nârr]
fica longe? ist es weit? [váit]

diálogo

é longe daqui? ist es weit von hier? [fón hîa]

Li

não, não muito longe nein, nicht sehr weit [nírrt zêa]
quanto? wie weit denn? [vî]
cerca de 10 km es sind etwa zehn Kilometer [étva]

longo lang [láng]
lotado voll [fól]
louça das Geschirr [guechîr]; die Töpferwaren [töpfavaren]
louco verrückt [féarrüct]
lua der Mond [mónt]
lua-de-mel die Flitterwochen [flítavórren]
lugar der Platz [pláts]
(assento) der Sitzplatz [zítspláts]
em outro lugar woanders [vôánders]
este lugar está ocupado? ist dieser Platz besetzt? [dîza – bezétst]
luminoso hell
luta der Kampf
luvas die Handschuhe [hánt-chue]
luxo der Luxus [lúcsús]
luxuoso luxuriös [lúcsúriös]
luz das Licht [lírrt]
luz do sol der Sonnenschein [zónencháin]
luzes laterais (de carro) das Standlicht [chtánt-lírrt]

M

maçã der Apfel
macaco (de carro) der Wagenheber [vâguen-hêba]
maçaneta die Klinke [clínque]
macio weich [váirr]
maço: um maço de cigarros eine Schachtel Zigaretten [chárrtel tsígáréten]
madeira das Holz [hólts]
maduro (fruto) reif [ráif]
mãe die Mutter [múta]
magnífico wundervoll [vúndavól]
magricela dünn [dünn]
maio der Mai [mái]
maiô der Badeanzug [bâde-ánzûc]
maionese die Mayonnaise [maionêze]
maior parte: a maior parte do tempo die meiste Zeit [dî máiste tsáit]
maioria: a maioria dos turistas die meisten Touristen [máisten]
mais* mehr [mêa]
algo mais etwas anderes [étvas ánderes]
fica nesta rua, mais adiante es ist weiter die Straße entlang
mais adiante weiter [váitea]
mais água, por favor? kann ich bitte noch etwas Wasser haben? [cán írr bíte nórr étvas]
mais caro/interessante teurer/interessanter [tóira]
mais de 50 über fünfzig [üba]
mais de 500 über fünfhundert [üba fünfhundert]

mais ou menos einigermaßen [áinigamassen]
mais que isso mehr als das
mais tardar spätester [chpêtésta]
mais um/dois dias ein Tag/ zwei Tage länger [lénga]
muito mais viel mehr [fîl mêa]
o mais tardar, na quarta-feira spätestens bis Mittwoch [chpêtésténs bís mítvórr]

diálogos

quer mais? möchten Sie noch etwas? [mörrten zî nórr étvas]
não, nada mais para mim, obrigado nein danke, das ist genug [náin dánque dás íst guenûc]
e você? und Sie? [únt zî]
não quero mais nada, obrigado ich möchte nichts mehr, danke [nírrts]

quer mais alguma coisa? möchten Sie noch etwas? [mörrten]
não, nada mais, obrigado danke, das ist alles [dánque dás íst áles]

mal schlecht [chlérrt]
eu me sinto mal ich fühle mich krank [írr füle mírr cránc]
mala der Koffer [cófa]
maldito! verdammt! [feadámt]
maldoso gemein [guemáin]
mal-entendido das Missverständnis [mísféachténtnis]
maleta die Aktentasche [áctentáche]
malpassada (carne) nicht gar [nírrt gár]
mamadeira das Fläschchen [fléchrren]
mamãe die Mutter [múta]
manga (de roupa) der Ärmel [éamel]
manhã der Morgen [móaguen]
às sete da manhã um sieben Uhr morgens [um móaguens ûa]
de manhã am Morgen
esta manhã heute morgen [hóit]
mansão die Villa
manteiga die Butter [bútea]
mão die Hand [hánt]
mapa (de ruas) der Stadtplan [chtátplán]
(rodoviário) die Straßenkarte [chtrâssen-carte]
(geográfico) die Landkarte [lánt-carte]
mapa de rede der Nahverkehrsplan [nâféaquéasplân]
maquiagem das Make-up
máquina die Maschine [máchîne]
máquina de lavar roupas die Waschmaschine [váchmáchîne]
máquina de vendas der Automat [automât]

máquina fotográfica die Kamera [câmera]
mar das Meer [mêa]
à beira-mar am Meer
calçada à beira-mar die Strandpromenade [chtrántprômênâde]
mar Báltico die Ostsee [óstzê]
mar do Norte die Nordsee [nóatzê-e]
maravilhoso! das ist toll! [tól]
marca die Marke [marque]
marcha a ré der Rückwärtsgang [rücvéatsgáng]
março der März [méats]
maré alta die Flut [flût]
maré baixa die Ebbe [ébe]
margarina die Margarine [márgarîne]
margem das Ufer [ûfa]
marido der Mann [mán]
mariscos die Schaltiere [cháltîre]
marrom braun [braun]
martelo der Hammer [háma]
mas aber [áber]
matar töten [töten]
mau schlecht [chérrt]
maxilar der Kiefer [quîfa]
mecânico der Mechaniker [mêrranica]
mediano durchschnittlich [dúarrchnitlirr]
medicamento das Medikament [mêdicaménte], die Medizin [medítsîn]
médico der Arzt [artst]
por favor, chame um médico bitte rufen Sie einen Arzt [bíte rûfen zî]
precisamos de um médico wir brauchen einen Arzt [vîa bráurren áinen]

diálogo

onde dói? wo tut es weh? [vô tût és vê]
bem aqui genau hier [guênáu hîa]
está doendo agora? tut es jetzt weh? [iétst]
sim ja [iá]
leve isto à farmácia gehen Sie hiermit zur Apotheke [guê-en zî hîamít tsûr ápôtêque]

médio mittelmäßig [mítelméssirr]
(tamanho) mittlerer [mítlera]
na média im Durchschnitt [dúarrnitt]
meia-calça die Strumpfhose [chtrumpfhôze]
meia-noite die Mitternacht [mítanarrt]
à meia-noite um Mitternacht [ûm]
meias die Socke [zóque]; die Strümpfe [chtrümpfe]
meio* halb [halp]; Mitte [míte]
meia garrafa die halbe Flasche [halbe fláche]
meia hora eine halbe Stunde [áine halbe chtúnde]
meia pensão die Halbpension [halppénzíôn]

meia tarifa der halbe Fahrpreis [halbe fâapráis]
meio litro ein halber Liter [hálba líta]
no meio in der Mitte [déa míte]
no meio da noite mitten in der Nacht [ín déa nárrt]
o do meio der mittlere [déa mítlêre]
meio-dia der Mittag [mítâc]
ao meio-dia mittags [mítacs]
meio rural die Landschaft [lantcháft]
meio seco (vinho) halbtrocken [halptróquen]
mel der Honig [hônirr]
melão die Melone [mêlône]
melhor besser [bésa]
está se sentindo melhor? geht es dir/Ihnen besser? [guêt és dîa/înen]
o melhor beste [béste]
melhorar verbessern [féabésérn]
quero melhorar meu alemão ich möchte mein Deutsch aufbessern [írr mörrte máin dóitch áufbésérn]
mencionar erwähnen [éavênen]
menina das Mädchen [mêtrren]
menino der Junge [iúngue]
menos weniger [vêniga]
ao menos mindestens
menos caro nicht so teuer [nírrt zô tóia]
menos que weniger als
mensageiro der Reiseleiter [ráizeláitea]
mensagem de texto die SMS [és êm és]
menstruação die Periode [pêriôde]
mentir lügen [lüguen]
menu die Speisekarte [chpáizecarte]
pode me trazer o menu, por favor? kann ich bitte die Speisekarte haben? [cán írr bíte dî]
ver Menu pág. 209
menu de preço fixo; prato do dia die Tageskarte [tâguescárte]
mercado der Markt [márct]
mercearia der Lebensmittelhändler [lêbensmítel-hént-lá]
merda! Scheiße! [cháisse]
mês der Monat [mônát]
mesa der Tisch [tích]
uma mesa para dois ein Tisch für zwei Personen [füa tsvái péazônen]
mesmo sogar [zogâr], selbst [zelpst]
eu mesmo faço isso ich mache es selbst [írr márre és zélpst]
mesmo se... selbst wenn... [ven]
o mesmo derselbe [déazélbe]
o mesmo homem/a mesma mulher derselbe Mann/dieselbe Frau [dîzélbe]
o mesmo outra vez, por favor dasselbe nochmal, bitte [nór-rmal bíte]
para mim é tudo a mesma

coisa das ist mir ganz egal [mîa gánts êgal]
metade* halb [halp]
cerca de metade disso etwa die Hälfte [étva dî hélfte]
metade do preço zum halben Preis [tsûm hálben práis]
metal das Metall
metrô die U-Bahn [ubân]
metro* der Meter [mêta]
meu* mein [máin]
é meu es gehört mir [guehöat mîa]
meu quarto mein Zimmer [tsíma]
meus* meine [máine]
meus pais meine Eltern
mexer: não se mexa! stillhalten! [chtíl-hálten]
mexilhões die Muscheln [múcheln]
milha* die Meile [máile]
milímetro* der Millimeter [mílímêta]
milkshake der Milchshake
mim* mich [mírr]
isso é para mim das ist für mich [dás íst füa mírr]
mande isso para mim schicken Sie es mir [chíquen zî és mîa]
para mim também ich auch [írr áurr]
minha* meine [máine]
minha família meine Familie [famîlie]
minúsculo winzig [víntsirr]
minuto die Minute [mînûte]
num minuto gleich [gláirr]
mochila der Rucksack [rúczác]
moda: da moda modisch [môdich]
moderno modern [môdérn]
moeda die Münze [müntse]
moisés die Säuglingstragetasche [zóiglingstrâguetáche]
mola (de carro etc.) die Feder [fêda]
mole weich [váirr]
molhado nass
molho die Soße [zôsse]
molho de salada die Salatsoße [zalâtzôse]
momento: espere um momento Moment mal [mômént mál]
montanha der Berg [bérc]
nas montanhas in den Bergen [dên bérguen]
montanhismo das Bergsteigen [bérc-chtáiguen]
monumento das Denkmal [déncmál]
morango die Erdbeere [éatbêre]
morar leben [lêben]
nós moramos juntos wir wohnen zusammen [vîa vônen tsúzámen]

diálogo

onde você mora? wo wohnen Sie? [vô vônen zî]
eu moro em São Paulo ich wohne in São Paulo [írr vô ne ín sáo páulo]

mordida (de cachorro) der Biss
morrer sterben [chtérben]
morte der Tod [tôt]
morto tot [tôt]
mosca die Fliege [flîgue]
mostarda der Senf [zénf]
mostrar: poderia me mostrar? könnten Sie mir das zeigen? [cönten zî mîa dás tsáiguen]
motocicleta das Motorrad [mótoarât]
motor der Motor [motôr]
motor de arranque (de carro) der Anlasser [ánlassa]
motorhome der Wohnwagen [vônvâguen]
motorista **m/f** der Fahrer; die Fahrerin
mouse (computador) die Maus [máus]
móveis die Möbel [möbel]
muçulmano moslemisch [móslêmich]
mudar bewegen [bêvêguen]
(de casa) umziehen [úmtsîen]
ele se mudou para outro quarto er ist in ein anderes Zimmer gezogen [éa íst ín áin ánderes tsíma guentsôguen]
eu mudei de idéia ich habe es mir anders überlegt [írr hâbe és mîa ándás übalêct]
para onde se mudou? (loja, galeria) wo ist es jetzt? [vô – iétst]
poderia mudar seu carro de lugar? könnten Sie Ihr Auto wegfahren? [cönten zî îa áuto vécfâren]
muito sehr [zêa]; viel [fîl]
é muito bom es ist ganz gut [gánts gût]
eu gosto muito disso ich mag es sehr gern [írr mac és zêa guérn]
gosto muito disso ich mag es sehr
muita gente viele Leute [fîle lóite]
muito tempo eine lange Zeit [áine lángue tsáit]
muito maior viel größer [fîl grössa]
muito mais quente viel heißer [haissa]
muito melhor/pior viel besser/schlechter [béssa/chlérrta]
não muito mais nicht sehr viel [zêa]
não muito nicht sehr viel [nírr zêa fîl]
não muito nicht viel [nírrt fîl]
não quero muito ich mochte nicht so viel [írr mörrte nírrt zô fîl]
para mim, muito pouco nur eine Kleinigkeit für mich [núa áine cláinirrcáit füa mírr]
temos muito tempo wir haben viel Zeit
muitos viele [fîle]
não muitos nicht viele [nírrt]
muletas die Krücken [crüquen]
mulher die Frau [fráu]
multa die Geldstrafe [guéltchtrâfe]
multidão die Menge [méngue]
mundo die Welt [vélt]

Munique München [münrren]
muro die Mauer [máua]
Muro de Berlim die (Berliner) Mauer [(berlînea) máuéa]
museu das Museum [mûzêum]
música die Musik [mûzîc]
música folclórica die Volksmusik [folcsmûzîc]
música pop die Popmusik [póp-mûzîc]
músico der Musiker [mûzíca]

N

nacional national [natsiônâl]
nacionalidade die Staatsangehörigkeit [chtâtsánguehörirrcáit]
nada etwas [étvas]; nichts [nírrts]
nada mais sonst nichts [zónst]
para mim nada, obrigado nichts für mich, danke

diálogos

mais alguma coisa? sonst noch etwas? [zónst nórr étvas]
mais nada, obrigado sonst nichts, danke [nirrts, dánque]

gostaria de beber alguma coisa? möchten Sie etwas trinken? [mörrten zî étvas trínquen]
não quero nada, obrigado ich möchte nichts, danke

nadadeira die Schwimmflossen [chvímflóssen]
nadar schwimmen [chvímen]
vamos nadar gehen wir schwimmen [guê-en vîa]
vou nadar ich gehe schwimmen [guê-e]
namorada die Freundin [fróindin]
namorado der Freund [fróint]
não* nein [náin]; nicht [nírrt]
ah, não! nein!
aquele não; este aqui nicht den; diesen [dê-e – dîzen]
eu não sabia disso das wusste ich nicht [vúste]
não é necessário es ist nicht nötig [nötirr]
não faça isso! tu das/tun Sie das nicht! [tû dás/tûn zî dás nírrt]
não há de quê (quando alguém agradece) gern geschehen [guérn guechê-en]
não quero nada, obrigado ich möchte keine, danke [mörrte cáine dánque]
não tem mais nenhum... es ist kein... übrig [és íst cáin übrirr]
não tenho troco ich habe kein Kleingeld [írr hâbe cáin cláinguélt]
não, não estou com fome nein, ich habe keinen Hunger [cáinen]
naquele momento damals [dâmals]
nariz die Nase [nâze]
sangramento do nariz Nasenbluten [nâzenblûten]

nascer: eu nasci em Manchester ich bin in Manchester geboren [guêb**ô**ren]
nasci em 1960 ich bin neunzehnhundertsechzig geboren
Natal Weihnachten [v**ái**nárrten]
feliz Natal! frohe Weihnachten [fr**ô**-e]
noite de Natal der Heiligabend [háilirr-**â**bent]
natural natürlich [nát**ü**alirr]
naturalmente natürlich [nat**ü**rlirr]
naturalmente/com certeza não natürlich nicht [nírrt]
náusea die Übelkeit [**ü**belcáit]
navio das Schiff [chíf]
de navio mit dem Schiff
neblina der Nebel [n**ê**bel]
tem neblina es ist neblig [n**ê**blirr]
necessário notwendig [n**ô**tvêndirr]
negativo (filme) das Negativ [nêgat**i**f]
negócio (transação) das Geschäft [guêch**é**ft]
negócio fechado abgemacht [**á**pguêmárrt]
nem... nem... weder... noch... [v**ê**da... nórr]
nenhum keiner [c**ái**na]
nenhum: de jeito nenhum! auf keinen Fall [áuf c**ái**nen fál]
nenhum deles keiner (von ihnen) [c**ái**na fón **î**nen]
de maneira nenhuma nicht im mindesten [nírrt ím m**í**ndésten]
neozelandês: eu sou neozelandês/neozelandesa ich bin Neuseeländer [nóiz**ê**-elánda], Neeseeländerin
neta die Enkelin [**é**nquelín]
neto der enkel [**é**nqel]
nevar: está nevando es schneit [és chn**ái**te]
neve der Schnee [chnê]
névoa der Nebel [n**ê**bel]
ninguém keiner [c**ái**na]
lá não tinha ninguém es war keiner da [c**ái**nea]
não tem ninguém ali es ist keiner da
noite (a partir do fim da tarde) der Abend [**â**bent]
à tardinha am Abend
esta noite heute abend [h**ói**te]
noite die Nacht [nárrt]
à noite nachts [nárrts]
boa noite! gute Nacht! [g**û**te nárrt]
o que vai ter hoje à noite? was gibt es heute abend? [vás guípt és h**ói**te **â**bent]

diálogo

tem um quarto de solteiro para uma noite? haben Sie ein Einzelzimmer für eine Nacht? [h**â**ben zî**ái**n **ái**ntseltsíma f**ü**a **ái**ne nárrt]
sim ja [iá]
quanto custa por noite? was kostet es pro Nacht?

[vás cóstet és prô nárrt]
são 150 euros por noite
eine Übernachtung kostet hundertfünfzig Euro
[übanárrtung – húndert- fünftsirr óiro]
obrigado, fico com ele
danke, ich nehme es
[dánque írr nême és]

noiva: minha noiva meine Verlobte [máine fealôpte]
noivo: meu noivo mein Verlobter [máin fealôptea]
nojento widerlich [vîdealirr]
nome der Name [nâme]
meu nome é John ich heiße John [írr háisse]
qual é o nome desta rua? wie heißt diese Straße? [vî háist dîze chtrâsse]
qual é seu nome? wie heißen Sie? [vî háissen zî]
nome de solteira der Mädchenname [mêtrren-nâme]
nora die Schwiegertochter [chvîgueatórrtea]
nordeste der Nordosten [nórtósten]
normal normal [noamál]
noroeste der Nordwesten [nóatvésten]
norte der Norden [nóaden]
ao norte de Leipzig nördlich von Leipzig [nöatlirrfón]
no norte im Norden
Noruega Norwegen [nôavêguen]
norueguês norwegisch [nôavêguich]
nós* uns [úns]; wir [vîa]
conosco mit uns
para nós für uns [füa úns]
nosso* unser [únza]; unserer [únzera]
nota (cédula) der Geldschein [guéltchain]
notícias (rádio, TV etc.) die Nachrichten [nârr-rírrten]
noturna (viagem) über Nacht [üba nárrt]
Nova Zelândia Neuseeland [nóizê-elánt]
novamente wieder [vîdea]
novembro der November
novo neu [nói]
nozes die Nüsse [nússe]
nublado wolkig [vólquirr]
número die Nummer [núma]
disquei o número errado ich habe mich verwählt [hâbe mírr féavêlt]
qual o número do seu telefone? was ist Ihre Telefon-nummer? [îre têlêfôn-núma]
número de telefone die Telefonnummer [-núma]
nunca nie [nî]

diálogo

já esteve em Mainz?
waren Sie schon einmal in Mainz? [vâren zî chón áinmal]
não, nunca estive lá nein, ich war noch nie da [nórr]

Nurembergue Nürnberg [nürbérc]
nuvem die Wolke [vólque]

O

o*(pron obl): eu não o vi ich habe ihn nicht gesehen [în]
o* (art singular) der /das [dêa/dás] (plural) die [dî]
objetiva (máquina fotográfica) das Objektiv [óbiêctif]
obrigado danke [dánque]
muito obrigado vielen Dank [fîlen]
não, obrigado nein danke [náin]
obrigado pela carona danke fürs Mitnehmen [füas mítnêmen]

diálogo

obrigado danke
tudo bem; não há de quê bitte [bíte]

observar ansehen [ánzê-en]
obstruído (estrada, cano) verstopft [feachtápft]
obturação die Füllung [fülung]
obturador (de câmera) der Verschluss [féachlús]
oculista der Augenarzt [áuguenártst]
óculos die Brille [bríle]
óculos de proteção para esqui die Skibrille [chîbríle]
óculos de sol die Sonnenbrille [zónenbrile]
ocupado (banheiro, telefone) besetzt [bezetst]
este lugar está ocupado? ist dieser Platz besetzt? [dîza pláts bêzétst]
estou ocupado amanhã morgen bin ich beschäftigt [bêchéftirr]
odiar hassen [hássen]
oeste der Westen [vésten]
no oeste im Westen
ofensivo anstößig [anchtössirr]
oficina (de carros) die Werkstatt [vérc-chtát]
OK okay [oquê]
olá! hallo! [hálo]
óleo (para carro, salada) das Öl [url]
óleo de bronzear das Sonnenöl [zónenöl]
olhar: pode dar uma olhada nas minhas coisas? könnten Sie auf meine Sachen aufpassen? [cönen zî áuf máine zárren áufpásen]
posso dar uma olhada? kann ich mal sehen? [cán írr mál zê-en]
só estou olhando, obrigado danke, ich sehe mich nur um [dánque írr zê-e mírr núa úm]
olho das Auge [áugue]
pode ficar de olho na minha mala? könnten Sie auf meinen Koffer aufpassen? [cönten zî – áufpassen]
ombro die Schulter [chúlta]

omelete das Omelette [ômlét]
onda (do mar) die Welle [véle]
onde? wo? [vô]
não sei onde fica ich weiß nicht, wo es ist [váis mírrt]

diálogo

onde fica a catedral? wo ist der Dom?
é para lá er ist dort drüben [drüben]
pode me mostrar onde está no mapa? können Sie ihn mir auf der Karte zeigen? [cönen zî în mîa áuf dêa cartetsáiguen]
é bem aqui er ist da

ônibus der Bus [bús]
a que horas sai o último ônibus? wann fährt der letzte Bus? [ván fért dêa létste]
ônibus para o aeroporto der Flughafenbus [flúchafenbûs]
qual é o número do ônibus para...? welcher Bus fährt nach...? [vélrrea bús fért nârr]
quando sai o próximo ônibus para...? wann fährt der nächste Bus nach...? [nécste]

diálogo

este ônibus vai para...? fährt dieser Bus nach...? [fért dîza bús nârr]
não, tem de pegar o número... nein, Sie müssen mit der... fahren [náin zî müssen mít dêa]
de onde ele sai? wo fährt er ab? [vô]

ontem gestern [guéstern]
ontem de manhã gestern morgen [móaguen]
ópera die Oper [ôpa]
operação (cirurgia) die Operation [ôperátsiôn]
oposto: no sentido oposto die entgegengesetzte Richtung [dî éntguêguên-guezétste rírrtung]
orelha das Ohr
orquestra das Orchester [óaquésta]
os, as, lhes* (pron obl) sie [zî]
osso der Knochen [cnórren]
ou oder [ôda]
ouro das Gold [gólt]
outono der Herbst [héapst]
no outono im Herbst
outro andere [ándere]; ein anderer [ine anderer]
estou esperando os outros ich warte auf die anderen [dî ánderen]
o outro der andere
outra cerveja, por favor noch ein Bier, bitte [nórr áin bíte]
outra mesa ein anderer [ándera] Tisch
outro dia neulich [nóilirr]
pode nos dar outro quarto? können wir ein anderes Zimmer haben? [ánderes tsíma]
pode nos servir outro?

können wir noch eins haben? [cönen vîa nórr áines hâben]
tem outros? haben Sie noch andere? [hâben zî nórr]
outubro der Oktober
ouvido das Ohr
ouvir hören [hören]

diálogo

consegue me ouvir? können Sie mich hören? [cönen zî mírr hören]
não consigo ouvi-lo ich kann Sie nicht hören [írr can zî nírrt]

ovo das Ei [ái]
ovo cozido ein gekochtes Ei [guêcórrtes ái]
ovo frito das Spiegelei [chpîguel-ái]
ovo pochê das pochierte Ei [pôchiateái]
ovo quente das weichgekochte Ei [váirrguecórrte ái]
ovos mexidos die Rühreier [rüa-áia]

P

pacote das Paket [páquêt]
pacote de férias die Pauschalreise [páuchálráize]
padaria die Bäckerei [bequerái]
pagar zahlen [tsâlen]
já está pago es ist schon bezahlt [chón betsált]
posso pagar, por favor? kann ich zahlen, bitte? [bíte]

diálogos

quem vai pagar? wer bezahlt? [véa betsâlt]
eu pago ich bezahle
não, você pagou na última vez; eu pago nein, du hast letztes Mal bezahlt; ich bezahle [létstes mâl]

posso lhe oferecer uma bebida? möchtest du/möchten Sie etwas trinken? [möchtest dû/möchten zî étvas]
não, esta rodada eu pago; do que gostaria? nein, das ich meine Runde; was möchten Sie? [máine rúnde]
um copo de vinho tinto ein Glas Rotwein

página die Seite [záite]
pai der Vater [fâtea]
país das Land [lant]
no meu país bei uns [bái úns]
pais: meus pais meine Eltern [máine éltern]
paisagem die Landschaft [lánt-chaft]
Países Baixos die Niederlande [nîdalánde]
palácio der Palast [pálást]
palavra das Wort [vóat]
palavrão der Kraftausdruck [cráftáusdruc]

paletó die Jacke [iáque]
pálido blass
pane die Panne [páne]
panela die Pfanne [pfáne]
pano de limpeza der Lappen
pano de prato das Geschirrtuch [guêchíaturr]
pão branco das Weißbrot [váis-brôt]
pão das Brot [brôt]
um pouco mais de pão, por favor noch etwas Brot, bitte [nórr étvas – bíte]
pão integral das Vollkornbrot [fólcornbrôt]
pão preto das Graubrot [gráubrôt]
pãozinho doce das Brötchen [brötrren]
papai der Vater [fâta]
papel das Papier [pápîa]
um pedaço de papel ein Stück Papier [áin chtüc]
papel de carta das Briefpapier [brîfpápîa]
papel de embrulho das Packpapier [pácpapîa]
papel higiênico das Toilettenpapier [toalétenpapîa]
papel-alumínio die Alufolie [âlufôliê]
paquistanês pakistanisch [páquistánich]
par das Paar [pâr]
um par de... ein Paar... [áine pâr]
para für [fûa]
para a agência do correio zum Postamt [tsúm]
para a Alemanha/o Brasil nach Deutschland/Brasilien [nârr dóitchlánd/brazîlîen]
para as 20 horas für acht Uhr [ûa]
para duas für zwei [tsvái]
para Freiburg nach Freiburg [nârr]
para o Banco zur Bank [tsúa]
tem alguma coisa para...? (dor de cabeça, diarréia etc.) aben Sie etwas gegen...? [hâben zî étvas guêguen]
um hambúrguer para viagem Hamburger zum Mitnehmen [tsúm]

diálogos

para quem é a bratwurst? für wen ist die Bratwurst? [vên]
é para mim das ist für mich [mírr]
e esta? und das hier?
essa é para ela das ist für sie [zî]

onde eu pego o ônibus para Stuttgart? wo fährt der Bus nach Stuttgart ab? [vô fért – nârr]
o ônibus para Stuttgart sai da Schillerstraße der Bus nach Stuttgart fährt von der Schillerstraße

parabéns! herzlichen Glückwunsch! [hertslirren

glücvunch]
pára-brisa die Windschutzscheibe [vínt-chuts-chaibe]
pára-choque die Stoßstange [chtóss-chtángue]
parafuso die Schraube [chráube]
parar anhalten [ánhalten]
para perto do...? halten Sie in der Nähe von...? [nê-e]
pare aqui, por favor (para o taxista etc.) bitte halten Sie hier [bíte hálten zî hîa]
pare com isso! hören Sie auf damit! [hören zîauf dámit]
parecer: você não parece bem du siehst nicht gut aus [dú zîst nírrt gût áus]
parede die Wand [vánt]
parente(s) der/die Verwandte [féavánte]
parque der Park [párc]
parque de diversões der Jahrmarkt [iârmarct]
parte ein Teil [táil]
particular; privado privat [privât]
partida (esporte) das Spiel [chpîl]
(saída) die Abreise [ápráize]
(de avião) der Abflug [ápflûc]
o carro não quer dar partida das Auto springt nicht an [dás áuto chpringt nírrt an]
partido (grupo) die Gruppe [grúpe]
partir verlassen [véalássen]
ele partiu ontem er ist gestern abgereist [éa íst guéstéan ápguêráist]
quando parte o ônibus para Saarbrücken? wann fährt der Bus nach Saarbrücken? [ván féat dêa bûs nârr]
vou partir amanhã ich reise morgen ab [írr ráize móaguen áp]
Páscoa Ostern [ôstern]
passageiro der Passagier [pasagîa]
passagem (de trem, ônibus, barco) die Fahrkarte [fârcarte]
(de avião) das Ticket
passagem aberta die unbeschränkte Fahrkarte [únbechrencte fâcârte]
passagem de ida die einfache Fahrkarte [áinfarre fâcarte]
passagem de ida e volta die Rückfahrkarte [rücfârcarte]
passaporte der Pass [pás]
passar*: no passado in der Vergangenheit [déa féagánguenháit]
assim que passar o centro de informações kurz hinter dem Auskunftsbüro [cúrts]
eu passo amanhã ich komme morgen vorbei [cóme móaguen fôrbái]
pássaro der Vogel [fôguel]
passatempo das Hobby
passe para esquiar der Skipass [chîpás]
passe para teleférico (de esqui) der Liftpass [líftpás]
passe diário/semanal para

teleférico ein Liftpass für einen Tag/eine Woche [füa áinen tâc/áine vórre]
passeio a pé der Rundgang [rúntgang]
passeio turístico die Rundfahrt [rúntfârt]
(a pé) wir machen einen Rundgang [áine rúntgáng]
vamos fazer um passeio turístico wir machen eine Rundfahrt [vîa márren áine rúntfârt]
há algum passeio para...? gibt es eine Führung durch...? [guîpt és áine fürung dúarr]
pasta (maleta) die Aktentasche [áctentáche]
pastilhas para a garganta die Halstabletten [háls tabléten]
patins de gelo die Schlittschuhe [chlít-chûe]
pato die Ente [ente]
pé* der Fuß [fûs]
a pé zu Fuß [tsû]
vou a pé ich gehe zu Fuß [guê-e tsû fûs]
peça (de teatro) das Stück [chtüc]
peça sobressalente das Ersatzteil [éazátstail]
peculiar eigenartig [áiguenartig]
pedaço das Stück [chtüc]
um pedaço de... ein Stück... [áin chtüc fon]
um pedaço grande ein großes Stück [grôsses chtüc]
pedir: eu não pedi isto das habe ich nicht bestellt [dás hâbe írr nírrt bêchélt]
poderia pedir a ele para...? könnten Sie ihn bitten...? [cönten zî în bíten]
já pedi, obrigado danke, ich habe schon bestellt [hábe chói]
já podemos pedir? (restaurante) können wir jetzt bestellen? [cönen vîa iétst bechtélen]
pedir carona trampen [trámpen]
pedra der Stein [chtáin]
pegar fangen
onde pegamos o ônibus para...? wo können wir den Bus nach... bekommen?
você passa para me pegar? werden Sie da sein, um mich abzuholen? [vêrden zî da záin um mírr áptsúhôlen]
peito die Brust [brust]
peixaria der Fischhändler [fich-hentler]
peixe der Fisch [fich]
pele die Haut [háut]
pena: isto é uma pena das ist schade [chắde]
que pena! wie schade! [vî châde]
penhasco die Klippe [clípe]
penicilina das Penizillin [pênitsilîn]
pensão die Pension [pénzíôn]
pensão completa die Vollpension [fólpénzíôn]
pensar denken
vou pensar nisso ich werde darüber nachdenken [véade

darüba nárrdénquen]
pente der Kamm
pepino die Gurke [gúrque]
pequeno klein [cláin]
pêra die Birne [bíane]
perambular: gosto de perambular por aí ich wandere gern einfach so durch die Gegend [írr vándere guérn áinfach zô dúarr dî guêguent]
percurso die Strecke [chtréque]
qual é o melhor percurso? welches ist der beste Weg? [vélrres íst déa béste vêc]
perder verlieren [féalîren]
estou perdido, gostaria de ir para... ich weiß nicht, wo ich bin, ich möchte nach... [írr váis nírrt vô írr bín írr mörrte nârr]
eu me perdi ich habe mich verlaufen [írr hâbe mírr féaláufen]
perdi minha bolsa ich habe meine Handtasche verloren [írr hâbe máine hánt-tache féalôren]
perder (ônibus, trem) verpassen [féapássen]
perdi o ônibus ich habe den Bus verpasst [írr hâbe dên bûs féapast]
perfeito perfekt [péaféct]
perfume das Parfüm [parfüm]
pergunta die Frage [frâgue]
perguntar fragen [frâguen]
perigoso gefährlich [guêférlirr]
período die Zeit [tsáit]
permissão die Genehmigung [guenêmigung]
permitir: é permitido? ist es erlaubt? [ealáupt]
perna das Bein [báin]
persiana die Fensterläden [fénstalêden]; die Jalousie [jaluzî]
perto nah [nâ]
fica perto do centro? ist es nahe dem Stadtzentrum? [nâ dêm chtát-tséntrum]
fica perto da Goethestraße es ist ganz in der Nähe der Goethestraße [gants in déa nê-e]
passa perto do Portão de Brandemburgo? fahren Sie in die Nähe des Brandenburger Tores? [fâren zî ín dî nê-e]
perturbar stören [chtören]
pesado schwer [chvêa]
pescoço der Hals [háls]
peso das Gewicht [guêvírrt]
pêssego der Pfirsich [pfíazich]
pessoa die Person [péazôn]
pessoas die Leute [lóite]
as outras pessoas do hotel die anderen Leute im Hotel
muitas pessoas zu viele Leute [tsû vîle]
pia (de cozinha) die Spüle [chpüle]
piada der Witz [víts]
piano das Klavier [clávîa]
picada (de inseto) der Stich [chtírr]
picar: algo me picou ich bin gestochen worden [guêchtórren vóaden]
picolé das Eis am Stiel [áis ám chtîl]

píer der Steg [chtêc]
pijama der Schlafanzug [chláfánzûc]
pílula die Pille [píle]
estou tomando pílulas ich nehme die Pille [írr nême dî]
pimenta der Pfeffer
pimentão die Paprikaschote [pápricachôte]
pinça die Pinzette [píntséte]; die Zange [tsángue]
pincel der Pinsel [pínzel]
pinheiro der Kiefer [quîfa]
pintura (quadro) das Bild [bílt]
pior: é pior es ist schlimmer [chlíma]
o pior am schlimmsten [ám chlímsten]
piquenique das Picknick
pires die Untertasse [úntatásse]
pirulito der Lutscher [lútcha]
pisca-pisca der Blinker [blínca]
piscina das Schwimmbecken [chvímbéquen]
piscina coberta das Hallenbad [hálenbât]
piscina infantil das Kinderschwimmbecken [quínderchvímbêquer]
pista (de rodovia) die Spur [chpúa]
pista de esqui die Skipiste [chîpiste]
pista para principiantes (esqui) der Anfängerhügel [ánféngahüguel]
pizza die Pizza
placa das Schild [chílt]
(de carro) die Autonummer [áutonúma]
placa de sinalização das Verkehrszeichen [féaquéastsáirren]
planta die Pflanze [pflántse]
plástico das Plastik
plataforma der Bahnsteig [bânchtáic]
qual é a plataforma, por favor? welches Gleis, bitte? [vélrres gláis bíte]
platinado (de carro) die Kontakte [cóntácte]
playground der Spielplatz [chpîlpláts]
pneu der Reifen [ráifen]
pobre arm
poder*: você pode...? kannst du/können Sie...? [du/cönen zî]
eu não posso vielleicht nicht [nírrt]
eu não posso... ich kann nicht... [nírrt]
eu posso vielleicht [fîlairrt]
não posso beber álcool ich darf keinen Alkohol trinken [írr dárf cáinen alcohôl trínquen]
pode me servir outro? kann ich noch eins haben? [cán írr nórr áins hâben]
pode me servir um...? kann ich... haben? [hâben]
pode me servir um...? könnte ich... haben? [cönte írr... hâben]
pode ser que eu queira ficar mais um dia vielleicht bleibe ich noch einen Tag länger [blábe írr nórr áinen tâc lénga]
posso entrar? darf ich

hereinkommen? [dárf írr heráincómen]
posso ver? kann ich es sehen? [cán írr és zê-en]
poderia: poderia nos hospedar por uma noite? könnten Sie uns heute nacht unterbringen? [úns hóite nárrt úntabringuen]
eu não poderia... ich konnte nicht... [írr cónte nírrt]
poderia...? könnten Sie...? [cönten zî]
poeira der Staub [chtáup]
polegada* der Zoll [tsól]
polegar der Daumen [dáumen]
polícia die Polizei [pôlitsái]
chame a polícia! rufen Sie die Polizei! [rûfen zî dî]
delegacia de polícia die Polizeiwache [pólitsáivárre]
policial der Polizist [pôlitsíst]
policial feminina die Polizistin [pôlitsístin]
polonês polnisch
Polônia Polen
poluído verschmutzt [féachmútst]
pomada die Salbe [zalbe]
pônei der Pony [pônî]
ponte (sobre rio) die Brücke [brüque]
ponto de encontro der Treffpunkt [tréfpúnct]
ponto de ônibus die Bushaltestelle [bús-haltestéle]
população die Bevölkerung [bêfölquerung]
pôr tun [tûn]
onde posso pôr...? wo kann ich... hinstellen? [hínchtélen]
por durch [dúarr]; gegen [guêguen]; per
dez euros por garrafa 10 Euro pro Flasche [óiro pro fláche]
passa por...? (trem, ônibus etc) fährt er über...? [féatêa üba]
por cento Prozent [prôtsént]
por noite pro Nacht [nárrt]
por volta das cinco horas gegen fünf Uhr [guêguen fünf]
por volta de quinta-feira bis Donnerstag
quanto custa por dia? was kostet es pro Tag? [tác]
porca (de parafuso) die Schraubenmutter [chráuben-múta]
porção para crianças der Kinderteller [quinderteler]
porcaria der Mist [míst]
por causa de... wegen... [vêguen]
porcelana das Porzellan [portsêlan]
pôr-do-sol der Sonnenuntergang [zónenúntagang]
por favor bitte [bíte]
por favor, não faça isso bitte nicht [nírrt]
por favor, poderia...? könnten Sie bitte...? [cönten zî]
sim, por favor ja bitte [iá]
por quê? warum? [varûm]
por que não? warum nicht? [nírrt]

porque weil [váil]
porta die Tür [tüa]
porta-malas der Kofferraum [cófaraum]
porta-moedas das Portemonnaie [póatmonê]
portão de embarque (em aeroporto) der Flugsteig [flûc-chtáic]
porteiro der Portier [portiê]
(de hotel) der Portier [pôrtiê]
porteiro da noite der Nachtportier [nárrtpôrtiê]
porto der Hafen [hâfen]
possível möglich [möglirr]
é possível...? ist es möglich, zu...?
o mais depressa possível so bald wie möglich [möglirr]
tão... quanto possível so... wie möglich [zô... vî]
posta-restante postlagernd [póst-lâguéat]
pôster das Plakat [plácát]
posto de combustível die Tankstelle [tánc-chtele]
pote das Glas [glás]
pouco: só um pouco, por favor danke, nur ein bisschen [dánque núa áin bísrren]
um pouco caro etwas teuer [étvas]
um pouco de leite etwas Milch [étvas mílrr]
um pouquinho ein bisschen [áin bísrren]
um pouquinho mais ein bisschen mehr [áin bisrren mêa]
poucos ein paar [áin pâr]
poucos dias ein paar Tage
praça der Platz [pláts]
praia der Strand [chtránt]
na praia am Meer [mêa]
prata das Silber [zílba]
prateleira das Brett
praticar: quero praticar alemão ich will mein Deutsch üben [írr víl máin dóitch üben]
prato der Teller [téla]
(do menu) der Gang
(refeição) das Gericht [guêrirrt]
prato principal das Hauptgericht [háupt-guerírrt]
prazer die Freude [fróide]
é um prazer ganz meinerseits [gánts máinazáits]
prazer em conhecê-lo! freut mich! [fróit mírr]
precisar: eu preciso... ich brauche... [írr bráurre]
preciso (adj) genau [guênáu]
preço der Preis [práis]; der Fahrpreis [fârprais]
prédio das Gebäude [guêbóide]
prédio de apartamentos der Wohnblock [vônblóc]
preencher ausfüllen [áusfülen]
preciso preencher isto? muss ich das ausfüllen? [mus]
prefeitura das Rathaus [râtháus]
preferencial (no trânsito) die Vorfahrt [fóafât]
preferir: eu prefiro... ich mag lieber... [írr mâc lîba]; ich würde lieber... [írr vüade lîba]
prego der Nagel [nâguel]

preguiçoso faul [fául]
prendedor de roupa die Wäscheklammer [vécheclâma]
preocupar: estou preocupado ich mache mir Sorgen [írr márre mîa zóaguen]
presente das Geschenk [guechenc]
preservativo das Kondom [condôm]
presidente der Präsident [prêzidént]
pressa: estou com pressa ich habe es eilig [írr hâbe és áilírr]
não há pressa es eilt nicht [ésáîlt nírrt]
prestativo hilfreich [hílf-ráirr]
presunto der Schinken [chínquen]
preto schwarz [chvârts]
prima die Kusine [cuzîne]
primavera der Frühling [früling]
primeira erster [érstea]
a primeira à esquerda die erste Straße links [chtrâsse líncs]
a primeira vez das erste Mal
primeira classe erster Klasse [érstea classe]
primeiro erste [érste]
eu fui o primeiro ich war der/die erste [der/dî érste]
você primeiro nach Ihnen [înen]
primeiro andar der erste Stock [érste chtóc]
primeiro-ministro der Premierminister [premiêmínista]
primeiro nome der Vorname [fôrnâme]
primeiros socorros die Erste Hilfe [érste hílfe]
primo der Vetter [fétea]
primoroso ausgezeichnet [ausguêtsairrnet]
principal Haupt- [háupt-]
principiante m der Anfänger [ánfénguer]; f die Anfängerin
prisão das Gefängnis [gueféngnis]
prisão de ventre die Verstopfung [feachtópfung]
problema das Problem [prôblêm]
qual é o problema? was ist los? [vás íst lôs]
sem problema! kein Problem! [cáin]
procurar suchen [zúrren]
estou procurando... ich suche... [írr zúrre]
professor(a) der Lehrer [lêra]; die Lehrerin
profundo tief [tîf]
programa das Programm
prometer: eu prometo ich verspreche es [féachprérre]
pronto fertig [féatirr]
ainda não estou pronto ich bin noch nicht fertig [nórr nírrt]
está pronto? bist du/sind Sie fertig? [zínt zî]

diálogo

quando ficará pronto? wann ist es fertig? [ván]
deve ficar pronto em dois dias es müßte in ein paar Tagen fertig sein [müste – zái]

pronto-socorro die Unfallstation [únfálchtatsîôn]
pronunciar: como se pronuncia isto? wie spricht man das aus? [vî chprírrt mán dás áus]
proprietário(a) der Besitzer [bezítsa]; die Besitzerin
próprio: meu próprio... mein eigener... [máin áiguena]
protestante evangelisch [êvanguêlirr]
protetor labial der Lippen-Fettstift [lípen-fét-chtift]
protetor solar die Sun-Block-Creme [-crêm]
provador (de roupa) der Anproberaum [anprôberáum]
provar (comida): posso provar? kann ich es probieren? [probîren]
provar roupa: posso provar? kann ich es anprobieren? [ánprobîren]
provavelmente wahrscheinlich [vâcháinelirr]
proximidade in der Nähe [déa nê-e]
próximo nächster [nécsta]
na próxima parada an der nächsten Haltestelle [nécsten háltechtéle]
na próxima semana nächste Woche [nécste vórre]
onde fica o... mais próximo? wo ist der nächste...? [vô íst déa nécste]
próxima esquina/rua à esquerda die nächste Abzweigung/Straße links [nécste – chtrâsse]
pudim der Nachtisch [nárrtich]
pular springen [chprínguen]
pulga der Floh
pulmões die Lungen [lúnguen]
pulôver der Pullover [púlôva]
pulseira das Armband [armbant]
(de relógio) das Uhrarmband [ûa-ármbánt]
pulso das Handgelenk [hántguêlenc]
puxar ziehen [tsîen]

Q

quadra de tênis der Tennisplatz [ténispláts]
quadril die Hüfte [hüfte]
quadro das Gemälde [guêmélde]
qual welcher [vélrra]
qual bar? welche Bar?
qual casa? welches Haus?
qual ônibus? welcher Bus? [vélrra]
qual ônibus é esse? welcher Bus ist das?

diálogo

qual deles? welcher?
esse aí dieser [dîza]
este? dieser?
não, esse nein, dieser [náin]

qualidade die Qualität [cvalitêt]
de baixa qualidade schlecht [chlérrt]
de má qualidade der Mist
qualquer: qualquer um deles egal welcher [êgal vêlrrea]
quando? wann? [ván]
quando nós voltamos als wir zurückkamen [als vîa tsurüruc-câmen]
quando nós voltarmos wenn wir zurückkommen [vén vîa tsurüc cömen]
quando sai o trem/ferryboat? wann fährt der Zug/die Fähre? [féat dêa tsûc/dî fêre]
quantia der Betrag [betrâc]
quantidade die Menge [méngue]
grande quantidade eine ganze Menge [áine gántse méngue]
quanto: quanto tempo leva para consertar isto? wie lange dauert es? [vî láugue dáu éat és]
quanto? wie viel? [fîle]

diálogo

quanto custa isto? was kostet das? [vás cóstet dás]
75 euros fünfundsiebzig Euro [fünf-úntzîptsíc-óiro]
vou levar ich nehme es [írr nême és]

quarentena die Quarantäne [cvarentêne]
quarta-feira Mittwoch [mítrórr]
quarta parte das Viertel [fîatel]
quarto das Zimmer [tsíma]; das Schlafzimmer [chlâftsímea]
no meu quarto in meinem Zimmer [máinem]
serviço de quarto der Zimmer-service [tsíma-séavise]
quarto com duas camas das Zweibettzimmer [tsváibéttsíma]
quarto de casal das Doppelzimmer [dópeltsímea]
quarto de hotel: no meu quarto do hotel in meinem Hotelzimmer [in máinem hôtéltsíma]
quarto de solteiro das Einzelzimmer [áintseltsíma]
quase fast [fast]
quase não kaum [cáum]
quase nunca fast nie [fást nî]
que was [vás]; welche [vélrre]
espero que... ich hoffe, dass... [dás]
o homem que... der Mann, der... [dêa]
o que devo fazer? was soll ich tun? [zól írr tûn]
o que é isso? was ist das?
o que há? was ist los? [vás íst lôs]

o quê? was?
que vista! was für ein Blick! [vás füa áine]

diálogo

de que tipo quer? welche möchtest du/möchten Sie? [vélrre mörrtést dú/mörrten zî]
quero deste/daquele tipo ich möchte diese hier/die da [írr mörrte dîze hîa/dî dá]

quebrado kaputt
quebrar brechen [brérren]
acho que quebrei o pulso ich glaube, ich habe mir das andgelenk gebrochen [írr gláube írr hâbe mir dás ántgueléne guêbrórren]
eu quebrei... mir ist... kaputtgegangen [caput-guêgánguen]
quebrar (carro) eine Panne haben [áine páne hâben]
meu carro quebrou ich habe eine Panne
queijo der Käse [quêze]
queimado de sol einen Sonnenbrand bekommen [áinen zónenbránt]
queimadura die Verbrennung [féabrénung]
queimadura de sol der Sonnenbrand [zónenbránt]
queimar brennen [brénen]
isto está queimado das ist angebrannt [ánguebrant]
queixa die Beschwerde [bêchvêrde]
queixar(se) sich beschweren [zish bêchvêren]
tenho uma queixa ich möchte mich beschweren [mórrte mírr bechveren]
quem? wer? [vêa]
quem é? wer ist da?
quente heiß [háis]
hoje está quente es ist heiß heute [és íst háis hóite]
quente warm [várm]
querer: ele quer... er will...
não quero fazer ich will nicht [víl nírrt]
não quero... ich möchte keinen... [cáinen]
o carro não quer dar partida es will nicht anspringen [víl nírrt ánchpríng uen]
o que você quer? was wollen Sie? [vás vólen zî]
quero ir para casa ich will nach Hause [víl]
querer dizer (significar) bedeuten [bedóiten]
o que quer dizer? was meinen Sie damit? [máinen]

diálogo

o que significa esta palavra? was bedeutet dieses Wort? [vás bedóitet dîzes vóat]
significa... em inglês auf Englisch bedeutet es... [áuf énglich]

quilo* das Kilo [quílo]
quilometragem ilimitada ohne Kilometerbeschränkung [ône quîlomêtabêchréncung]
quilômetro* der Kilometer [quílômêta]
a 3 km da cidade drei Kilometer außerhalb der Stadt [quílômêta áussahálp déa chtát]
são quantos quilômetros até...? wieviel Kilometer sind es nach...? [vífil quílômêta sín és nârr]
quinta-feira Donnerstag [dónastâc]
quiosque der Kiosk [quíósc]
quitanda der Gemüsehändler [guemüze-héntlá]
quitinete die Kochnische [córrníche]

R

radiador (de automóvel) der Kühler [cüla]
(de sistema de aquecimento) die Heizung [háitsúng]
rádio das Radio [rádîo]
no rádio im Radio
raio der Blitz [blíts]
(de roda) die Speiche [chpáirre]
raios X die Röntgenaufnahme [röntguenaufnâme]
ramal (de telefone) der Anschluss [ánchlus]
ramal 21, por favor Anschluss einundzwanzig bitte [bíte]
rapidamente schnell [chnél]
rápido schnell [chnél]
gostaria de algo para beber rápido? wollen wir schnell einen trinken gehen? [vólen vîa – áinen trínquen guê-en]
isso foi rápido das war schnell [vâ]
qual o caminho mais rápido para chegar lá? wie komme ich am schnellsten dorthin? [vî cóme írr ám chnélsten dóathín]
raquete der Schläger [chlága]
raquete de tênis der Tennisschläger [ténis-chlêga]
raso seicht [záirrt]
rato die Ratte [ráte]
razoável vernünftig [féanünftirr]
real wahr [vâr]
realmente wirklich [vîaclirr]
é realmente maravilhoso das ist echt toll [érrt tól]
recado die Nachricht [nárricht]
gostaria de deixar um recado para... ich möchte eine Nachricht für... hinterlassen [írr mörrte]
tem algum recado para mim? ist eine Nachricht für mich hinterlassen worden? [áine – füa mírr]
receita (médica) das Rezept [rêtsépt]
recentemente kürzlich [cüatslirr]

recepção der Empfang [émpfáng]
na recepção am Empfang
recepcionista die Empfangsperson [émpfángs-peazôn]
recheio (de sanduíche etc.) der Belag [bêlâc]
recibo die Quittung [cvítung]
recolher sammeln [zámeln]
eu vim recolher... ich komme, um... abzuholen [írr come um... áptsû-hôlen]
recomendar: poderia recomendar...? könnten Sie... empfehlen? [cönten zî... empfêlen]
reconhecer erkennen [éaquénen]
rede (de esporte) das Netz [néts]
reembolsar erstatten [éachtáten]
pode me reembolsar? kann ich das Geld zurückbekommen? [cán írr dás guélt tsúrüc-becómen]
refeição die Mahlzeit [mâltsáit]
refresco das alkoholfreie Getränk [álcôhôlfraie guêtrénc]
refrigerante der Soft drink
região das Gebiet [guêbît]
registrada: carta registrada per Einschreiben [pea áinchráiben]
regular regeln [rêgueln]
pode regular isto? können Sie das reparieren? [cönen zî dás rêpârîren]
rei der König [cönírr]
Reino Unido (RU) das Vereinigte Königreich [féa-áinirrte cönirrráich]
relâmpago der Blitz [blíts]
religião die Religion [rêliguión]
relógio die Uhr [ûa]
relógio de pulso die Armbanduhr [ármbántûa]
remédio para tosse das Hustenmittel [hûsten-mítel]
Reno der Rhein [ráin]
repetir wiederholen [vidahôlen]
poderia repetir? könnten Sie das wiederholen? [cönten zî dás vîdahôlen]
poderia repetir isso? können Sie das noch einmal wiederholen? [cönen zî dás nórr áin mal vîda-hôlen]
repolho der Kohl
República da Eslováquia die Slowakische Republik [slôváquiche rêpûblîc]
República Tcheca die Tschechische Republik [tchérriche repûblîc]
repugnante ekelhaft [êquêlháft]; widerlich [vîdealirr]
reserva die Reservierung [rêzêavîren]
gostaria de fazer uma reserva ich möchte eine Reservierung vornehmen [mörrte áine rêzêavîrung fóanêmen]

diálogo

tenho uma reserva ich habe eine Reservierung [írr hâbe áine]
sim, senhor; em nome de quem, por favor? auf welchen Namen, bitte? [áuf vélrre nâme]

reservar buchen [bûrren]; bestellen [bêchtélen], reservieren [rêzêavîren]
posso reservar um lugar? kann ich einen Platz reservieren lassen? [rêzervîren]

diálogo

gostaria de reservar uma mesa para duas pessoas ich möchte einen Tisch für zwei Personen bestellen [írr mörrte áinen tich füa tsvái perzônen]
para que horas gostaria de reservar? für wann ist die Reservierung? [rêzesvîrung]
para as 19h30 halb acht [halp arrt]
muito bem das geht in Ordnung [guêt in órtnung]
seu nome, por favor? Ihr Name, bitte? [nâme]

resfriado: estou resfriado ich bin erkältet [írr bín érquéltet]
ressaca der Kater [câta]
estou de ressaca ich habe einen Kater [írr hâbe áinen]

restaurante das Restaurant [rêstôrân]
restaurante de frutos-de-mar das Fischrestaurant [fích-rêstôrân]
resto: o resto do grupo der Rest der Gruppe
retirada de bagagem die Gepäckrückgabe [guêpecrücgabe]
retorno (em rua, estrada) die Abzweigung [aptsváigung]
onde eu faço o retorno? wo muss ich abbiegen? [vô mús írr apbîguen]
reunião die Besprechung [bechprérrung]
Réveillon Silvester [zilvesta]
revelação (de fotos) die Filmentwicklung [fílmentvi-clung]
revelar (fotos) entwickeln [éntvíqueln]

diálogo

poderia revelar estes filmes? können Sie diese Filme entwickeln? [cönen zî dîze filme]
quando ficam prontos? wann sind sie fertig? [fertirr]
amanhã à tarde morgen [móaguen] nachmittag
quanto custa o serviço de quatro horas? was kostet der Vier-Stunden-Service? [chtúnden]

revista die Zeitschrift [tsáit-chrift]
riacho der Bach [bárr]
rico reich [ráirr]
ridículo lächerlich [lérralirr]
rímel die Wimperntusche [vímpérntúche]
rinque de patinação die Schlittschuhbahn [chlitchûbân]
rins die Nieren [nîren]
rio der Fluss [flús]
rir lachen [lárren]
rocha der Felsen [félzen]
rock (música) der Rock
roda das Rad [rât]
rodada: essa rodada é minha das ist meine Runde [máine rúnde]
rodovia die Autobahn [áutobân]
rodoviário: mapa rodoviário die Straßenkarte [chtrâssencárte]
rolha der Korken [cóaquen]
romance (literatura) der Roman [rômân]
rosquinha der Berliner [berlînea]
rosto das Gesicht [guêzírrt]
rotatória der Kreisverkehr [cráisféaquéa]
roubar stehlen [chtêlen]
fui roubado ich bin bestohlen worden [írr bín bechtô vóaden]
roubaram minha bolsa meine Tasche ist gestohlen worden [guêchtôlen vóaden]
roubo com arrombamento der Einbruch [áinebrûrr]
roupa die Kleider [cláider]
roupa de banho der Badeanzug [bâde-ánzûc]
roupa de tricô die Strickwaren [chtrícvâhren]
roupa formal formell
roupa para lavar die Wäsche [véche]
roupão der Bademantel [bâdemantel]
roupas femininas die Damenkleidung [dâmencláidung]
roupas masculinas die Herrenkleidung [hérêncláidung]
roxo violett [vîôlét]
rua die Straße [chtrâsse]
até onde vai esta rua? wohin führt diese Straße? [vôhín füat dîze chtrâsse]
esta é a rua para...? ist dies die Straße nach...? [dîs dî nârr]
mapa de ruas der Stadtplan [chtátplân]
na rua auf der Straße [áuf déa]
nesta rua die Straße entlang
rua principal die Hauptstraße [háupt-chtrâsse]
rubéola die Röteln [röteln]
ruela die Gasse [gásse]
ruínas die Ruinen [ruînen]
rum der Rum [rûm]

S

sábado Samstag [zámstâc]
sabão die Seife [záife]
sabão em pó das Waschpulver

[váchpúlva]
saber wissen [víssen]
eu não sabia disso das wusste ich nicht [dás vúste írr nírrt]
eu não sei ich weiß nicht [írr váis nírrt]
sabe onde posso encontrar...? wissen Sie, wo ich... finden kann?
sabonete die Seife [záife]
sabor der Geschmack [guêchmác]
saca-rolhas der Korkenzieher [corquentsíer]
sacerdote der Geistliche [gáistlirre]
saco de dormir der Schlafsack [chlâfzác]
saco de lixo die Mülltüten [mültüten]
saco de plástico die Plastiktüte [plástictüte]
sacola de plástico die Plastiktüte [plástictüte]
saguão die Diele [dîle]
(de hotel) das Foyer [fóiê]
saia der Rock [róc]
saída der Ausgang [áusgang]
(de avião) der Abflug [ápflûc]
(partida) die Abreise [ápráize]
onde é a saída mais próxima? wo ist der nächste Ausgang? [dêr nécste]
saída de incêndio die Feuertreppe [fóiertrepe]; die Feuerleiter [fóier-láitea]
sair aussteigen [áus-chtáiguen]
saia! gehen Sie weg! [guê-en zî véc]
sair (à noite) ausgehen [áusguê-en]
quer sair hoje à noite? möchten Sie heute abend ausgehen? [mörrten zî hóite âbent]
sal das Salz [zálts]
sala de embarque die Abflughalle [ápflûchále]
sala de estar das Wohnzimmer [vôntsíma]
sala de jantar das Speisezimmer [chpáizetsímea]
salada der Salat [zalât]
salada à parte die Salatbeilage [zalâtbáilâgue]
salada de batata der Kartoffelsalat [cartófelzâlât]
salão (em hotel) die Lounge
(em aeroporto) der Warteraum [várteráum]
salmão der Lachs [lács]
salsicha die Wurst [vúrst]
salto (de sapato) der Absatz [ápzáts]
salva-vidas der Rettungsschwimmer [rétungschvíma]
salvo: a salvo sicher [zírre]
sandálias die Sandalen [zándâlen]
sanduíche das belegte Brot [bêlêcte brôt]
sangue das Blut [blut]
sapataria rápida die Absatzbar [ápzátsbáa]
sapateiro der Schuhmacher [chümarra]
sapato der Schuh [chû]

um par de sapatos ein Paar Schuhe [áin pâ chû]
saquinhos de chá der Teebeutel [têbóitel]
sarampo die Masern [mázern]
sardinhas die Sardinen [zárdînen]
satisfeito: estou satisfeito ich bin satt [írr bín zat]
saudável gesund [guezúnt]
saúde! (ao espirrar) Gesundheit! [guêzúntháite]
(brinde) Prost! [prôst]
sauna die Sauna [záuna]
se wenn [vén]
secador de cabelo der Fön® [fön]
secadora de roupa die Schleuder [chlóida]
seção de informações die Auskunft [áuscúnft]
seco trocken [tróquen]
seda die Seide [záide]
sede: estou com sede ich habe Durst [hâbe dúrst]
seguir folgen [fólguen]
siga-me folgen Sie mir [zî mîa]
segunda classe zweiter Klasse [tsváita clásse]
segunda mão gebraucht [guêbráurrt]
segunda-feira Montag [móntác]
segundo (numeral) zweiter [tsváita]
(tempo) die Sekunde [zêkûnde]
um segundo! Moment mal! [mál]
segurar halten [hálten]
seguro die Versicherung [féazirre-rúng]
seguro contra terceiros die Haftpflichtversicherung [háftpflirrt- féazírrerung]
seio die Brust [brust]
seja... seja... entweder... oder... [éntvêdea... ôdea]
sela der Sattel [zátel]
self-service die Selbstbedienung [zélpstbêdînung]
selo die Briefmarke [brîfmarque]

diálogo

um selo para o Brasil, por favor eine Marke nach Brasilien bitte [áine márque nârr brazîlien bíte]
o que está enviando? was möchten Sie senden? [vás mörrten zî zénden]
este cartão-postal diese Postkarte [dîze póstcarte]

sem ohne [ône]
estou sem dinheiro ich habe kein Geld mehr [írr hâbe cáin guélt mêa]
semáforo die Ampel [ámpel]
semana die Woche [vórre]
daqui a uma semana heute in einer Woche [hóite ín áina vórre]
de amanhã a uma semana morgen in einer Woche

no fim de semana am Wochenende
o fim de semana das Wochenende [vórren-énde]
semestre (na escola) das Halbjahr [hálpíâr]
(na universidade) das Semester [zêmésta]
sempre immer [íma]
sempre em frente es ist geradeaus [guêrâdeaus]
senão sonst [zónst]
Senhora Frau [fráu]
Senhorita Fräulein [fróiláin]
sensual sexy
sentar(se): posso me sentar aqui? kann ich mich hier hinsetzen? [írr mírr hîa hínzétsen]
sente-se sich hinsetzen [zírr hínzétsen]
sente-se, por favor nehmen Sie Platz [némen zî pláts]
tem alguém sentado aqui? sitzt hier jemand? [zítst hîa iêmant]
sentir fühlen [fülen]
como se sente? wie fühlen Sie sich? [vî fülen zî zírr]
eu me sinto bem mir geht's gut [mîa guêts gût]
eu me sinto melhor es geht mir besser [és guêt mîa]
não me sinto bem mir ist nicht gut [nírrt gût]
sinto calor mir ist heiß [mîa íst háiss]
sinto muito tut mir leid [tût mîa láite]
sentir saudade vermissen [féamíssen]
separadamente (pagar, viajar) getrennt
separar: sou separado ich lebe getrennt [írr lêbe guêtrént]
ser* sein [záin]
eu sou ich bin [írr]
tu és du bist/Sie sind [dû.../zî]
nós somos wir sind [vîa zínt]
eles são sie sind [zî]
era... es war... [és vâr]
eu era ich war [írr vâr]
você era du warst [dú vârst]
sério ernst [éanst]
serviço de guincho die Pannenhilfe [pánen-hilfe]
servir: poderia me servir um pouco de água/alguns pãezinhos doces? kann ich etwas Wasser/ein paar Brötchen haben? [étvas vássa/áin pâr bröt-rren hâben]
poderia me servir alguns daqueles? kann ich ein paar davon haben? [dávón]
servir a roupa: não serve em mim es passt mir nicht [mîa nírrt]
setembro der September [zêptémba]
setentrional nördlich [nöatlich]
seu* (familiar: singular) deiner [dáina]
(plural) eurer [óira]
(formal) Ihrer [îra]
sexo der Sex
sexta-feira Freitag [fráitâc]
Sexta-Feira Santa der

Karfreitag [cáafráiatâc]
sexy sexy
shopping center das Einkaufszentrum [áincáufstséntrum]
shorts die Shorts
show die Vorstellung [fóachtélung]
sidra der Apfelwein [ápfelvain]
silêncio die Ruhe [rûe]
sim ja [iá]
você não fuma, não é? – sim Sie rauchen nicht, oder? – doch [zî raurren ôda – dórr]
sim, senhora, para quantas pessoas? ja, für wieviele Personen? [iá füa vîfile pêazônen]
similar ähnlich [ênlirr]
simpático freundlich [fróintlirr]
simples einfach [áinfarr]
um bilhete/uma passagem simples para... eine einfache Fahrt nach... [áine áinfarre fárt]
sinal: ele não fez nenhum sinal (motorista) er hat nicht geblinkt [guêblínct]
(ciclista) er hat keine Richtung angezeigt [êa hát cáine rírrtung ánguetsáict]
snorkel der Schnorchel [chnóarrel]
só nur [núa]
só dois nur zwei [núa tsvái]
só para mim nur für mich [füa mírr]
vejam só! (surpresa) na so was! [na zô vás]
sob unter [únta]
sobrar: não sobrou nenhum es ist alle [ále]
sobre: um filme sobre a Alemanha ein Film über Dóitchland [áin fílm übea dóitchlant]
sobremesa der Nachtisch [nárrtich]
sobrenome der Nachname [nárrnâme]
sobretudo (casacão) der Mantel
sobrinha die Nichte [nírrte]
sobrinho der Neffe [néfe]
sóbrio nüchtern [nürrtern]
socorro! Hilfe!
sofá das Sofa [zôfa]
sogro der Schwieger-vater [chvîguea-fâtea]
sogros die Schwiegereltern [chvígaéltern]
sol die Sonne [zóne]
faz sol die Sonne scheint [dî zónecháint]
longe do sol im Schatten [cháten]
no sol in der Sonne
tomar banho de sol sonnenbaden [zónenbâden]
sola die Sohle [zôla]
poderia trocar as solas? können Sie diese Schuhe neu besohlen? [cönen zî dîze chûe nói bêzôlen]
solário der Ruhesessel [rûezéssel]
soletrar: como se soletra isto? wie schreibt man das? [vî chráipt mán dás]
ver alfabeto

solo der Boden [bôden]
no solo auf dem Boden
solteiro unverheiratet [únféaháiratét]
solução para lentes de contato die Reinigungslösung [ráinîgungslözung]
sombra (cosmético) der Lidschatten [lîtchaten]
sombra Schatten [cháten]
à sombra im Schatten
sonho der Traum [tráum]
sonífero die Schlaftablette [chlâftabléte]
sono: preciso de uma boa noite de sono ich muss mich mal richtig ausschlafen [rírrtirr áuschlâfen]
estou com sono ich bin müde [írr bín müde]
sopa die Suppe [zúpe]
sopé: no sopé do morro am Fuß des Berges [fûs des bergues]
sorrir lächeln [lérreln]
sorte das Glück [glüc]
boa sorte! viel Glück [vîl]
sorvete das Eis [áis]
sorvete de casquinha die Tüte Eiskrem [tüte áiscrem]
sozinho allein [aláin]
estou sozinho ich bin allein hier
você está sozinho? sind Sie allein hier? [zínt zî aláin hîa]
spa der Kurort [cûaóat]
Sr. Herr [héa]
Sra. Frau [fráu]
suave mild [mîlt]
subir (embarcar) einsteigen [áinchtáiguen]
(escada etc.) hinaufgehen [hináufguê-en]
substanciosa (comida) schwer [chvêa]
subúrbio die Vorstadt [fóachtát]
sucesso: um grande sucesso ein großer Erfolg [grôssa éafólc]
suco der Saft [záft]
suco de abacaxi der Ananassaft [ánanaszáft]
suco de frutas der Fruchtsaft [frúrrtzáft]
suco de grapefruit der Grapefruitsaft [-záft]
suco de laranja der Orangensaft [ôrángezáft]
suco de laranja fresco der natürliche Orangensaft [nátürlirreórangenzáft]
suco de limão der Limonensaft [limônenzáft]
suco de tomate der Tomatensaft [tomâtenzaft]
sudeste der Südosten [zütósten]
sudoeste der Südwesten [zütvésten]
Suécia Schweden [chvêden]
sueco schwedisch [chvêdich]
suéter der Pullover [púlova]
suficiente genug [guênúc]
isso é suficiente das genügt [dás guênüct]
não é grande o suficiente es ist nicht groß genug

não tem o suficiente... es ist nicht genug... da [és íst nírrt]
Suíça die Schweiz [chváits]
suíço(a) der Schweizer [chváitsa]; die Schweizerin (adj) schweizerisch [chváitserich]
os suíços die Schweizer
sujeira der Schmutz [chmúts]
sujo schmutzig [chmútsirr]
sul der Süden [zǘden]
no sul im Süden
para o sul nach Süden
sul-africano südafrikanisch [zütafricânich]
eu sou sul-africano/africana ich bin Südafrikaner [zütafricâna]; Südafrikanerin
supermercado der Supermarkt [zûpamárct]
suplemento (taxa extra) der Zuschlag [tsúchlâg]
supreendente erstaunlich [éachtáunlirr]
surdo taub [táup]
sutiã der BH [bêhâ]
suvenir das Souvenir

T

talão de cheques das Scheckheft [chéc-heft]
talco der Körperpuder [cöapapûda]
talheres das Besteck [bêchtéc]
talvez vielleicht [vîláirrt]
talvez não vielleicht nicht
tamanho die Größe [grösse]
tamanho médio mittelgroß [mitelgrôs]
tâmaras **fpl** die Datteln
também auch [áurr]
este também diesen auch [dîzen áurr]
eu também ich auch [írr]
eu também não ich auch nicht [áurr nírrt]
tampa der Deckel [déquel]
tampões (absorventes internos) die Tampons [támpons]
tanque (de carro) der Tank
tão: é tão bom es ist so gut [zô gût]
não tão depressa nicht so schnell
tão grande quanto so groß wie [zô grôs vî]
tapete der Teppich [tépirr]
tarde (depois do almoço) der Nachmittag [nárrmitâc]
à tarde am Nachmittag
esta tarde heute Nachmittag [hóite]
tarde (adv): está ficando tarde es wird spät [és víat chpêt]
até mais tarde bis später [bís chpêta]
mais tarde später [chpêta]
volto mais tarde ich komme später wieder [írr cóme – vîda]
tarifa der Fahrpreis [fârprais]
taxa de câmbio der Wechselkurs [vécselcurs]
taxa de serviço (restaurante) die Bedienung [bêdînung]
táxi das Taxi
o ponto de táxi der Taxistand

[tácsi chtánt]
onde posso encontrar um táxi? wo bekomme ich ein Taxi? [vô bêcóme írr]
pode me chamar um táxi? können Sie mir ein Taxi bestellen? [cönen zî mía]
taxista der Taxifahrer

diálogo

para o aeroporto/o Hotel..., por favor zum Flughafen/zum Hotel... bitte [tsúm]
quanto vai custar? was kostet das?
30 euros dreißig Euro [dráissirr óiro]
pode parar aqui mesmo, obrigado bis hierhin, danke [hîa hín]

tchau! tschüs! [tchüs]
tcheco tschechisch [tchérrich] (idioma) Tschechisch
teatro das Theater [têata]
tecido der Stoff [chtóf]
teleférico der Sessellift [zésselift]
teleférico para esquiadores der Skilift [chîlíft]
telefonar anrufen [ánrufen]
eu ligo de volta mais tarde ich komme später noch einmal wieder [írr cóme chpétea nórr áinmâl vîdea]
eu telefono para você ich rufe Sie an [írr rûfe zî an]
por favor, ligue para mim amanhã, às 7h30 könnten Sie mich morgen früh um sieben Uhr dreißig wecken? [cönten zî mírr móaguen frü véquen]
por favor, peça a ele que me telefone sagen Sie ihm bitte, er möchte mich anrufen [zâguen zî îm – mírr anrûfen mörrte]
telefonar de volta zurückrufen [tsúrüc-rûfen]
telefone das Telefon [têlêfôn]
telefone de cartão das Kartentelefon
telefone público der Münzfernsprecher [müntsvéanchprérra]
telefonema interurbano das Ferngespräch [férnguesprêrr]
telefonista die Vermittlung [féarmítlung]
televisão das Fernsehen [férnzê-en]
telhado das Dach [dárr]
temperatura die Temperatur [temperatua]
tempero de salada die Salatsoße [zâlâtzôsse]
tempestade der Sturm [chtúrm]
tempo* die Zeit [tsáit]
tempo das Wetter [véta]

diálogo

qual é a previsão do tempo? wie ist die Wettervorhersage? [vî íst dî véta-vóahéa-zâgue]

vai fazer tempo bom es gibt schönes Wetter [guîpt chônes]
vai chover es gibt Regen [rêguen]
vai melhorar mais tarde es wird sich später aufklären [és víat zírr chpäta aufclêren]

temporal das Gewitter [guêvíta]
tenda das Zelt [tsélt]
tênis (calçado) die Turnschuhe [túrnchûe]
tênis das Tennis
tênis de mesa das Tischtennis [tíchténis]
ter* haben [hâben]
eu tenho de ir embora agora ich muss jetzt gehen [mús iétst guê-en]
eu tenho de...? muss ich...?
sinto muito, não tenho tut mir leid, ich habe keine [tût mîa láit, írr hâbe cáine]
tem pão/tomate? haben Sie Brot/Tomaten? [hâben zî]
você tem...? hast du/haben Sie...? [hást dú/... zî]
vocês têm...? haben Sie...? [hâben zî]
terça-feira Dienstag [dînstâc]
terminal (ferroviário) die Endstation [ént-chtatsion]
(de ônibus) der Busbahnhof [búsbânhof]
terminar beenden [bê-énden]
ainda não terminei ich bin noch nicht fertig [írr bín nórr nírrt fértirr]
quando termina? wann ist es zu Ende? [ván íst és tsû énde]
termômetro das Thermometer [têamômêta]
terno (roupa) der Anzug [ántsúc]
terraço der Balkon [balcôn]
um quarto com terraço ein Zimmer mit Balkon [áin tsímea]
térreo das Erdgeschoss [éatguechós]
terrível furchtbar [fúarrtba]
tesoura eine Schere [chêre]
testa die Stirn [chtírn]
testemunha m/f der Zeuge [tsóiguê], die Zeugin
você aceita ser minha testemunha? würden Sie für mich als Zeuge zur Verfügung stehen? [vüaden zî füa mírr als tsóique zúa féafügung chtê-en]
teto die Decke [déque]
teto solar (de carro) das Schiebedach [chîbedárr]
teu* (fam, sing) dein [dáin]
(plural) euer [óiea]
(formal) Ihr [îa]
tigela der Teller
time das Team
tímido schüchtern [chürrtern]
tinta die Farbe [fárbe]
tinturaria die chemische Reinigung [rrêmíche ráinigung]
tio der Onkel
típico typisch [tüpich]
tipo die Art
que tipo de...? welche Art

von...? [vélrre árt fón]
um tipo diferente de... eine andere Art von... [áine ándere]
tira-gosto die Vorspeise [fôrchpáize]
Tirol Tirol [tîrol]
toalha de banho das Badehandtuch [bâdehántûrr]
toalha de mão das Handtuch [hántturr]
toalha de mesa das Tischtuch [tíchturr]
toda: a semana toda die ganze Woche [dî gántse vórre]
em toda parte überall [über-al]
todos, todas alle [ále]
todas as meninas alle Mädchen [mêtrren]
todos os meninos alle Jungen [iúnquen]
tomada die Steckdose [chtécdôze]
tomada para barbeador die Steckdose für Rasierapparate [chtéc-dôze füa razîa-aparâte]
tomara (ter esperança) hoffentlich [hófentlirr]
tomate die Tomate [tomâte]
tônico (cosmético) die Tönungslotion [tönungslótsion]
tonto: estou tonto mir ist schwindlig [mîa íst chvíntlirr]
topless oben ohne [ôben ône]
torcedor der Fan [fen]
torcer: torci meu tornozelo ich habe mir den Fuß vertreten [írr hâbe mîa dên fûs véatrêten]
tornar-se werden [vérden]
torneira der Wasserhahn [vássahâm]
tornozelo der Knöchel [cnörrel]
torrada (pão) der Toast
torta (doce) der Kuchen [cûrren]
tosse der Husten [hûsten]
total die Endsumme [éntzúme]
no total, deu quanto? was macht das zusammen? [vás márrt dás tsúzámen]
totalmente ganz [gánts]
totalmente correto ganz recht [rérrt]
tóxico giftig [guíftirr]
trabalhar: eu trabalho em... ich arbeite in... [árbáite]
trabalho (subs) die Arbeit [á-abait]
tradicional traditionell [traditsionél]
tradução die Übersetzung [übazétsung]
tradutor(a) der Übersetzer [übazétser], die Übersetzerin
traduzir übersetzen [übazétsen]
poderia traduzir isto? könnten Sie das übersetzen? [cönten zî]
tráfego der Verkehr [féaquéa]
trailer der Anhänger [án-hénga]
trampolim das Sprungbrett [chprungbrét]
tranquilo friedlich [frîtlirr]
trânsito der Verkehr [féaquéa]
travessa die Seitenstraße [záitenchtrâse]
travesseiro das Kopfkissen
travessia (marítima) die Überfahrt [übéafârt]

travessia de pedestres der Fußgängerüberweg [fûsguêngaübavêc]

trazer bringen

trarei de volta mais tarde ich bringe es später zurück [bríngue és chpéter tsûrüc]

trem der Zug [tsûc]

de trem mit dem Zug [dêm]

este trem vai até...? fährt dieser Zug nach...?

diálogo

este é o trem para...? fährt dieser Zug nach...? [féat dîza tsûc nârr]

sim ja [iá]

não, você deve ir para aquela plataforma nein, gehen Sie zu dem Bahnsteig da [náin, guê-en zî tsû dêm bânchtáic dá]

tremendo fantastisch [fantástich]

triste traurig [tráurirr]

trocar (dinheiro) wechseln [vecseln]

não tenho nenhum dinheiro trocado ich habe kein Kleingeld [hâbe cáin cláin guélt]

pode me trocar uma nota de 50 euros? können Sie einen 50-Euro-Schein wechseln? [cönen zî áinen óiro-chain]

posso trocar isto por...? kann ich das gegen... umtauschen? [guêguen... úmtáuchen]

trocar uma reserva umbuchen [úmbûrren]

diálogo

temos de trocar de trem/ônibus? müssen wir umsteigen? [müssen vîq úmchtáiguen]

sim, em Düsseldorf ja, Sie müssen in Düsseldorf umsteigen

não, é direto nein, das ist eine Direktverbindung [diréctfeabindung]

trocar(se) sich umziehen [zirr úmtsî-en]

troco (dinheiro) das Wechselgeld [vécselguélt]

tu/você* (familiar: singular) du [dú]

(plural) ihr [îa]

(formal) Sie [zî]

isto é para ti/você das ist für dich/euch [dás ist füa dírr/óirr/zî]/Sie

tua* (fam, sing) deine [dáine]

(plural) eure [óire]

(formal) Ihre [îre]

tua câmera deine/Ihre Kamera [dáine/îre]

tudo alles [áles]

isso é tudo, obrigado das ist alles, danke [dás ist áles dánque]

tudo bem okay

tudo bem para você? ist das in Ordnung? [ortnug]

tudo bem se eu...? kann ich... ?

tudo bem, obrigado danke, das ist in Ordnung
tudo bem? sind Sie okay? [zínt zî]
túnel der Tunnel [túnel]
turco (adj) türkisch [türquich]
(idioma) Türkisch
turista m/f der Tourist [turist]; die Touristin
Turquia die Türkei [türcái]
TV das Fernsehen [férnzêa]

U

UE die EU [êû]
uísque der Whisky
uísque puro ein Whisky pur [púa]
úlcera das Geschwür [guêchvüa]
último letzter [létsta]
a que horas sai o último trem para Hamburg? wann fährt der letzte Zug nach Hamburg? [ván féat dêa létste tsûc nârr hám búrc]
na última noite gestern abend [guéstern âbént]
na última semana letzte Woche [létste vórre]
na última sexta-feira letzten Freitag [létsten fráitâc]
último andar der oberste Stock [ôbaste chtóc]
ultrapassar überholen [übahôlen]
um (algarismo) eins [áins]
um* ein [áin]
uma* eine [áine]
úmido feucht [fóirrt]
unha der Nagel [nâguel]
universidade die Universität [univêazitêt]
urgente dringend [drínguent]
usar benutzen [bênútsen]
eu posso usar...? kann ich... benutzen?
utensílios de cozinha das Kochgeschirr [córrguechía]
útil nützlich [nútslirr]
uvas die Trauben [tráuben]

V

vaca die Kuh [cû]
vacinação die Impfung [ímpfung]
vaga: vocês têm vaga? (hotel) haben Sie Zimmer frei? [hâben zî tsíma frái]
vagão der Wagen [vâguen]
vagão-leito der Schlafwagen [chlâfvâguen]
vagão-restaurante der Speisewagen [chpáievâguen]
vale das Tal [tâl]
valer: não vale a pena es hat keinen Sinn [cáinen zín]
vale uma visita? lohnt sich ein Besuch dort? [lônt zírr áin bêzûrr dort]
válido (bilhete etc.) gültig [gültirr]
é válido por quanto tempo? wie lange ist es gültig? [vî lángue]
valioso wertvoll [vértvól]

valor der Wert [vért]
posso deixar aqui meus objetos de valor? kann ich meine Wertsachen hierlassen? [máine vértzachen hîalasen]
van der Lieferwagen [lîfarvâguen]
varal de roupa die Wäscheleine [vécheláine]
variar: isso varia es ist unterschiedlich [úntachîtlírr]
varicela die Windpocken [vintpoquen]
vaso die Vase [vâze]
vassoura der Besen [bessen]
vazar lecken [léquen]
vazio leer [lêa]
vegetariano(a) der Vegetarier [vêguêtária], die Vegetarierin
vela die Kerze [quértse]
(de barco) das Segel [zêguel]
(de carro, para iluminação) die Zündkerze [tsüntquéatse]
velho alt
velocidade die Geschwindigkeit [guêchvíndirrcáit]
limite de velocidade die Geschwindigkeitsbeschränkung [guêchvíndirrcáits-bêgréntsung]
velocímetro der Tachometer [tárrômêta]
venda: à venda zu verkaufen [tsú féacáuten]
vender verkaufen [féacáuten]
vocês vendem...? haben Sie...? [hâben zî]
venenoso giftig [guíftirr]
ventar: está ventando muito es ist so windig [zô víndirr]
ventilador der Ventilator [ventilâtor]
vento der Wind [vínt]
ver sehen [zê-en]
a gente se vê! bis später! [chpêta]
eu o vi esta manhã ich habe ihn heute morgen gesehen [hóite móaguen chpêta]
posso ver? kann ich mal sehen?
você viu...? haben Sie... gesehen? [hâben zî... guêzê-en]
verão der Sommer [zóma]
no verão im Sommer
verdade: isso não é verdade das stimmt nicht [chtímt nírrt]
verdadeiro echt [érrt]; wahr [vâr]
verde grün [grün]
verduras das Gemüse [guêmüze]
verificar überprüfen [übeaprüfen]
poderia verificar o..., por favor? könnten Sie die... überprüfen, bitte? [cönten]
vermelho rot [rôt]
vermelho-claro hellrot [hélrôt]
vespa die Wespe [véspe]
vestido das Kleid [cláit]
vestir-se sich anziehen [zirr ántsîen]
vez: desta vez diesmal [dîsmal]
próxima vez nächstes Mal [nécstes mâl]
quatro vezes viermal [fîa mâl]

última vez letztes Mal [létstes mâl]
uma vez einmal [áinemâl]
via über [üba]
via aérea: por via aérea per Luftpost [péa lúftpost]
viagem die Reise [ráize]
boa viagem! gute Reise! [gûte]
viajar reisen [ráizen]
estamos viajando por aí wir machen eine Rundreise [vîa márren áine rúnt-ráize]
viajamos amanhã wir reisen morgen ab [vîa ráizen móaguen]
vida das Leben [lêben]
vídeo das Video
Viena Wien [vîn]
vilarejo das Dorf
vinagre der Essig [ésirr]
vinhedo der Weinberg [váinbéac]
vinho der Wein [váin]
poderia nos trazer mais vinho? können wir noch etwas Wein haben? [cönen vîa nórr étvas váin hâben]
vinho branco der Weißwein [váisváin]
vinho da casa der Tafelwein [tâfelváine]
vinho de mesa der Tafelwein [tâfelváin]
vinho do Porto der Portwein [pôrtváin]
vinho rosê der Roséwein [rôzêváin]
vinho tinto der Rotwein [rôtváin]
violão die Gitarre [guitáre]
vir kommen [cómen]

diálogo

de onde você vem? woher kommen Sie? [vô-héa]
vim de São Paulo ich komme aus São Paulo [írr cóme áus]

virar: vire à esquerda/direita biegen Sie links/rechts ab [bîguen zî líncs/rerrts ap]
vírgula: dois vírgula cinco zwei Komma fünf
visitar besuchen [bêzûrren]
eu gostaria de visitar... ich möchte... besuchen [mörrte]
vista der Blick
visto das Visum [vîzum]
vitela das Kalbfleisch [cálpfláich]
vitrine das Schaufenster [cháufénsta]
vitrine: na vitrine im Schaufenster [cháufénsta]
voar fliegen [flîguen]
vodca der Wodka [vôdca]
Volksfest (evento alemão que combina diversas atividades, tipo Oktoberfest) das Volksfest [fólcsfest]
voltagem die Spannung [chpánung]
voltar zurückkommen [tsúrüccómen]
voltarei amanhã ich komme morgen zurück

[cóme móaguen tsûrüc]
vomitar erbrechen [éabrérren]
vou vomitar ich muss mich übergeben [írr mús mírr übaguêben]
vontade: estou com vontade de caminhar mir ist nach einem Spaziergang [nârr - chpátsîagang]
vôo der Flug [flûc]
número do vôo die Flugnummer [flûcnumea]
vôo de conexão der Anschlussflug [anchlússflûc]
vôo doméstico der Inlandflug [ínlantflûc]
vôo regular der Linienflug [lîniênflûc]
votos (cumprimento): com os melhores votos mit besten Wünschen [vünchen]
voz die Stimme [chtíme]

W

walkman® der Walkman
windsurfe das Windsurfbrett [vínt-surfbrit]
praticar windsurfe das Windsurfen [vínt-surfen]

X

xadrez Schach [chárr]
xampu das Shampoo
xerez der Sherry
xícara die Tasse [tásse]
uma xícara de..., por favor eine Tasse..., bitte [áine – bíte]

Z

zangado böse [böze]
zelador der Hausmeister [háusmáister]
zero null [núl]
zíper der Reißverschluß [ráisféachlûs]
poderia colocar um zíper novo? könnten Sie einen neuen Reißverschluß anbringen? [cönten zî áinen nóien - ánbringuen]
zoológico der Zoo [tsô]

Alemão → Português

Coloquialismos

Pode ser que você escute estas palavras. Não se sinta tentado a usar as expressões mais fortes, a não ser que saiba muito bem com quem está falando.

Arschloch n [árchlórr] cu; rabo
aufs Kreuz legen ter relações sexuais; trepar
blau [bláu] de saco cheio; drogado
Bulle m [búle] tira; policial
bumsen [búmzen] ir para a cama com
Bumslokal n [búmsslôcâl] antro; espelunca
das ist Jacke wie Hose [iáque vî hôze] não faz nenhuma diferença
das ist mir scheißegal [mîa cháissêgâl] não dou a mínima
du kannst mich mal vá se danar; vá para o inferno [mírr]
du spinnst ja você pirou
einen Scheißdreck werd' ich tun [áine cháissdréc vérd írr tûn] nem a pau
ficken foder; trepar
geil [gáil] excitado; lascivo
kotzen vomitar
leck mich am Arsch cai fora!
Mensch! [ménch] cara!; ei!
Mist m besteira; merda
Nutte f [núte] prostituta
Puff m [púf] bordel
Scheißdreck m [cháissedréc] merda
Scheiße f [cháisse] merda
Scheißkerl m [cháissequerl] filho da puta
scheißvornehm [cháissfôrnêm] mauricinho de merda; metido
Spinner m [chpíner] doidão; maluco
stark [chtár] genial
verdammte Scheiße [feadámte cháice] maldito
verdammt noch mal maldito dos infernos [feadámt nórr]
verpiss dich [feapis] vê se não enche

A

ab **[ap]** a partir de; fora
abbiegen **[ap-bîguen]** desligar
Abblendlicht **n [apblentlírrt]** faróis baixos
Abend **m [âbent]** noite
zu Abend essen jantar; fazer a refeição da noite
Abendessen **n [âbentessen]** jantar
Abendkleid **n [abentcláit]** vestido de noite
abends **[âbents]** à noite
aber **[âbea]** mas
Abf. (Abfahrt) part., partida
Abfahrt **f [apfârt]** partida(s)
Abfall **m [apfál]** lixo; refugo
Abfälle lixo
Abfalleimer **m [apfáláimer]** lata de lixo
Abfertigung **f [apfértigung]** check-in
Abflug **m [apflûc]** partida(s)
Abführmittel **n [apfürmitel]** laxante
abgefüllt in... engarrafado em...
abgezähltes Geld **[apguêtsêltes guélt]** preço exato
abheben **[ap-heben]** levantar vôo; retirar(-se)
Abhebung **f [ap-hêbung]** retirada
abholen **[ap-hôlen]** apanhar; pegar
Abkürzung **f [ap-cürtsung]** abreviação; atalho
ablehnen **[ap-lênen]** recusar
abnehmen **[ap-nêmen]** tirar do gancho (fone); remover; emagrecer
abreisen **[apráizen]** partir; sair
abschließen **[apchlîssen]** fechar; trancar
Absender **m [apzender]** remetente
absichtlich **[apzirrtlirr]** deliberadamente
absolutes Halteverbot parada proibida
absolutes Parkverbot estacionamento proibido
absolutes Rauchverbot proibido fumar
Abstand **m [apchtant]** distância
Abtei **f [aptái]** abadia
Abteil **n [aptáil]** compartimento; recinto
Abteilung **f [aptáilung]** departamento
Abtreibung **f [aptráibung]** aborto
abtrocknen **[aptrócnen]** secar a louça
Abwasch **m [apvach]** louça para lavar
abwaschen **[apvachen]** lavar a louça
Achse **f [acse]** eixo
ach so **[arr zo]** compreendo
acht **[árrt]** oito
Achtung! **[ártung]** cuidado!; atenção!
Achtung! Straßenbahn cuidado com os bondes
achtzehn **[árrtsên]** dezoito
achtzig **[árrtsirr]** oitenta

ADAC (Allgemeiner Deutscher Automobil-Club) [âdeâtsê] Automóvel Clube Alemão
Adressbuch n [adressbûrr] caderno de endereços
Affe m [áfe] macaco
Agentur f [aguentûr] agência
ähneln [êneln] parecer
ähnlich [ênlirr] parecido
Aktentasche f [actîentache] maleta
Aktie f [actsîe] ação (finanças)
Akzent m [actsent] acento; sotaque
akzeptieren [actseptîren] aceitar
albern bobo
alle [ále] tudo; todos; terminado
allein [aláin] só
alle Kassen aceitam-se todos os sistemas de saúde
alle Rechte vorbehalten todos os direitos reservados
Allergie f [álerguî] alergia
allergisch gegen [alérguich guêguen] alérgico a
Allerheiligen n [álerháiliguen] Dia de Todos os Santos (1º de novembro)
alles [áless] tudo
alles Gute [áless gûte] melhores votos; tudo de bom
alles klar! [áless clar] excelente!; ótimo!
allgemein [ál-guemáin] geral; geralmente
Alpen Alpes
als [álss] quando; do que; como
also [álzô] portanto
als ob [álss op] como se
alt [alt] antigo; velho
Altbau m [altbáu] edifício antigo
Altenheim n [alten-háim] asilo de idosos
Alter n [alter] idade
Altersheim n [alters-háim] asilo de idosos
altmodisch [altmôdich] antiquado; fora de moda
Altstadt f [alt-chtát] cidade velha
Alufolie f [alu-fôlîe] papel-alumínio
a.M. (am Main) sobre o Main
am ao; em; sobre (o)
am schnellsten (o) mais rápido
am Apparat [am aparât] ao telefone
Ambulanz f [ambulants] ambulância; ambulatório itinerante
Ameise f [âmáize] formiga
Amerikaner m [americâner]; **Amerikanerin f** americano(a)
amerikanisch [americânich] americano
Ampel f semáforo
amüsieren: sich amüsieren [zirr amü-zî-ren] divertir-se
an em; para; sobre
anbieten [anbîten] oferecer
Andenken n suvenir
andere [andere] outro(s)
andere Orte outros destinos
anderthalb [andert-halp] um e meio

Änderung **f** [énderung] alteração; mudança
Anfall **m** [anfál] acesso; ataque
Anfang **m** início
anfangen iniciar
Anfänger **m** [anfenguer], Anfängerin **f** iniciante
Anfassen der Waren verboten não toque na mercadoria
Angeklagte **m/f** [anguê-clâcte] acusado; réu
Angeln **m** [angueln] pesca
Angeln verboten proibido pescar
angenehm [anguênêm] prazeroso; prazer em conhecê-lo
Angestellte **m/f** [anguêchtélte] empregado; funcionário
Angst **f** medo
anhalten parar
Anhalter: per Anhalter fahren pedir carona
Anhänger **m** [an-hénguer] pingente; seguidor; trailer
Ank. (Ankunft) cheg.; chegada
Ankauf... nós compramos...
ankommen [ancómen] chegar
ankreuzen [ancróitsen] atravessar; cruzar
Ankunft **f** [ancúnft] chegada(s)
Ankunftshalle **f** [an-cúnfts-há-le] sala de desembarque
Anlieger frei apenas para moradores
Anmeldung **f** [an-meldung] recepção
anprobieren [anprobîren] experimentar; provar
Anruf **m** [anrûf] chamada; ligação; telefonema
anrufen [anrûfen] ligar; telefonar
ans [anss] ao
anschalten [anchalten] acender; ligar
Anschluss **m** [anchlúss] conexão
Anschluss an... conectar com...
Anschrift **f** [anchrift] endereço
ansehen [anzêen] olhar
Ansicht **f** [anzicht] opinião; vista
Ansichtskarte **f** [anzichtscarte] cartão-postal
anstatt [anchtát] em vez de
ansteckend [anchtéquent] contagioso
Antenne **f** [anténe] antena
Antiquitäten [antîcvitêten] antiguidade
Antwort **f** [antvort] resposta
antworten [antvorten] responder
Anwalt **m** [anvalt], Anwältin [anvéltin] **f** advogado
Anwohner frei apenas para moradores
Anzahlung **f** [antsâlung] depósito
anziehen [antsîen] vestir
sich anziehen [zírr] vestir-se
Anzug **m** [antsûc] terno; traje
anzünden [antsünden] acender
AOK (Allgemeine Ortskrankenkasse) [âôcâ] sistema de seguro-saúde alemão

Apotheke f [âpotêque] drogaria; farmácia
Apparat m [aparât] telefone; aparelho (telefônico)
Appetit m [apetît] apetite
a.R. (am Rhein) sobre o Reno
Arbeit f [árbáit] emprego; trabalho
arbeiten [árbáite] trabalhar
Arbeiter m [árbáiter], **Arbeiterin f** trabalhador(a)
arbeitslos [árbáiteslôs] desempregado
ARD (Arbeitsgemeinschaft der Rundfunkanstalten Deutschlands) [âérdê] primeiro canal de TV alemão
Ärger m [érguer] aborrecimento; perturbação; problema
ärgerlich [érguerlirr] aborrecido; zangado
ärgern: sich ärgern [zirr érguern] aborrecer-se; zangar-se
arm pobre
Arm m braço
Armaturenbrett n [armatûren-brét] painel
Armband n [armbant] pulseira
Armbanduhr f [armbant-ûr] relógio de pulso
Arschloch! [árch-lórr] filho da mãe!
Art f espécie; tipo
Arzt m [ártst] médico
Ärztin f [értstin] médica
Ärztlicher Notdienst m [értst-lirrer nôtdînst] serviço médico de emergência
Asche f [áche] cinza (resíduo)
Aschenbecher m [achen-bérrer] cinzeiro
Aschermittwoch m [ácher-mítvórr] Quarta-Feira de Cinzas
aß [âss], **aßen** [âssen], **aßt** [âsst] alimentado
atmen [âtmen] respirar
Attentat n [átentât] assassinato; atentado
Attest n atestado; certificado
auch [áurr] também
auf [áuf] em; para; sobre
auf deutsch em alemão
Aufbewahrungslösung f [áuf-bê-vârungslözung] solução para lentes de contato
Aufenthalt m [áuf-enthalt] estada; permanência
Aufenthaltsraum m [áuf-enthaltsráum] saguão
Aufführung f [áuf-fürung] apresentação
aufgeben [áufgêben] desistir; pôr no correio; postar
aufhören [áuf-hören] parar
aufpassen [áufpássen] prestar atenção
aufpassen auf [áuf] cuidar; prestar atenção
aufregend [áufrêguent] emocionante
aufs [áufs] no; para o
Aufsicht f [áufzirrt] supervisão
aufstehen [áufchtêen] levantar (se)
aufwachen [áufvárren] acordar
Aufzug m [áuf-tsûc] elevador
Auge n [áugue] olho

Augenarzt **m** [**áu**guen-artst] oculista; oftalmologista
Augenblick **m** [**áu**guenblic] momento
Augenbraue **f** [**áu**guen-bráu-e] sobrancelha
Augenoptiker **m** [**áu**guen-óptiquer] oculista; óptico
Augenzeuge **m** [**áu**guen-tsóigue], Augenzeugin **f** testemunha ocular
aus [**áu**s] de; feito de; fora; terminado
Ausfahrt **f** [**áu**sfârt] saída
Ausfahrt freihalten mantenha a saída livre
Ausfahrt Tag und Nacht freihalten mantenha a saída livre dia e noite
Ausflug **m** [**áu**sflûc] passeio
ausfüllen [**áu**sfülen] preencher
Ausgang **m** [**áu**sgang] saída; partida; portão
ausgeben [**au**sguêben] gastar
ausgenommen [**áu**sguênómen] exceto
ausgezeichnet [**áu**sguêtsáirrnet] excelente
Auskunft **f** [**áu**scúnft] informações; balcão de informações; seção de informações
Ausland **n** [**áu**slant] internacional; no exterior
Ausländer **n. m** [**áu**sléndér], Ausländerin **f** estrangeiro(a)
ausländisch **adj** [**áu**sléndich] estrangeiro
ausländisches Erzeugnis produtos estrangeiros
ausländische Währungen **fpl** [**áu**sléndiche v**é**rungen] moedas estrangeiras
Ausland: im/ins Ausland [**áu**slant] no exterior
Auslandsflüge partidas internacionais
Auslandsgespräche chamadas /ligações internacionais
Auslandsporto **n** [**áu**slantsporto] correio internacional
Ausnahme **f** [**áu**snâme] exceção
auspacken [**áu**spáquen] desfazer a mala
Auspuff **m** [**áu**spúf] cano de escapamento
ausruhen: sich ausruhen [zírr **áu**s-rûen] descansar; relaxar
ausschalten [**áu**schalten] apagar; desligar
ausschl. (ausschließlich) excl., exclusivo
aussehen [**áu**szêen] observar; olhar
Aussehen **n** aparência; aspecto
außen [**áu**ssen] fora; do lado de fora
außer [**áu**sser] exceto
außer Betrieb enguiçado
außerhalb [**áu**sser-halp] fora (de)
äußerlich anzuwenden apenas para uso externo
außer sonntags [**áu**ssea z**ó**ntacs] exceto aos domingos
Aussicht **f** [**áu**ss-zirrt] vista
Aussichtspunkt **m** [**áu**ss-zirrts-púnct] paisagem; panorama

aussprechen [**áu**ss-chprerren] pronunciar
aussteigen [**áu**s-chtáiguen] descer; desembarcar
Ausstellung f [**áu**s-chtélung] exposição
Australien n [**áu**stralîen] Austrália
australisch [**áu**strâlich] australiano
Ausverkauf m [**áu**sfeacáuf] liquidação
ausverkauft [**áu**sfeacáuft] vendido
Auswahl f [**áu**svâl] opção; seleção
Ausweis m [**áu**sváis] passe; carteira de identidade; identificação
Auszahlungen retiradas; saques; caixa (de banco)
ausziehen: sich ausziehen [zirr **áu**stsîen] despir-se
Auto n [**áu**to] carro
mit dem Auto de carro
Autobahn f [**áu**tobân] rodovia
Autobahndreieck entroncamento rodoviário; interligação de rodovias
Autobahnkreuz cruzamento rodoviário
Autobahnraststätte posto de combustível
Autobus m [**áu**tobús] ônibus
Autofähre f [**áu**toférе] ferryboat para carros
Autofahrer m [**áu**tofârer], **Autofahrerin f** motorista
Automat m máquina de vendas
dieser Automat nimmt folgende Banknoten an esta máquina aceita as seguintes cédulas/notas
automatisch [**áu**tomâtich] automático
Autoradio n [**áu**torâdîo] rádio de carro
Autoreparaturen consertos de carro
Autotelefon n [**áu**totêlêfôn] telefone de carro
Autounfall m [**áu**to-únfal] acidente de carro
Autovermietung f [**áu**tofeamîtung] aluguel de carro
Autowäsche f [**áu**toveche] lava-rápido

B

Babyartikel artigos para bebês
Bach m [bárr] riacho
Bäcker m [bérrer] padeiro
Bäckerei f [béquêr**ái**] padaria
Bad n [bât] banheiro; banho
Badeanzug m [**bâ**de-antsûc] maiô; roupa de banho
Badehose f [**bâ**dehôze] calção de banho
Bademantel m [**bâ**demantel] roupão; penhoar
baden [**bâ**den] tomar banho
Badesalz n [**bâ**de-zalts] sais de banho
Badewanne f [**bâ**deváne] banheira
Badezimmer n [**bâ**detsímer] banheiro

Badezimmerartikel móveis e utensílios de banheiro
Badezimmerbedarf para o banheiro
Bahnhof m [bân-hôf] estação
Bahnhofsmission f [bân-hôfs-missiôn] escritório que oferece ajuda a viajantes em dificuldades
Bahnhofspolizei polícia ferroviária
Bahnkilometer quilômetros de trilhos
Bahnsteig m [bânchtáic] plataforma
Bahnübergang m [bân-übergang] passagem de nível
bald [bált] logo
Balkangrill m [bálcân-gríl] restaurante com pratos da região dos Bálcãs
Balkon m [balcôn] balcão; terraço
Band n [bánt] fita cassete
Bank f banco (finanças e móvel)
Bankkonto n conta bancária
Bankleitzahl f [báncláit-tsâl] código de identificação do banco
Bankomat m [bancomât] caixa automático
bar zahlen [tsâlen] pagar em dinheiro
Bardame f [bârdâme] mulher que prepara bebidas em bar
Bargeld n [bârguélt] dinheiro vivo
Barmann m [bârmán] barman
Bart m barba
Basel n [bâzel] Basiléia
bat [bât], **baten** [bâten] pedido
Bauch m [báurr] barriga; estômago
Bauer m [báuer] fazendeiro
Bauernhof m [báuern-hôf] fazenda
Baum m [báum] árvore
Baumwolle f [báumvóle] algodão
Baustelle f [báuchtéle] canteiro de obras; obras na pista
Baustellenausfahrt saída da fábrica; saída de prédio de escritórios
Bayern [báiern] Baviera
bayrisch [báirich] bávaro
Beamter m [bêámter], **Beamtin f** servidor(a) público(a)
Bedarf m necessidades; requisitos; exigências
bedeuten [bedóiten] significar
bedeutend [bedóitent] importante
bedienen [bedînen] servir
bedienen Sie sich! [zî zírr] sirva-se!
Bedienung f [bedînung] serviço (taxa)
Bedienung inbegriffen serviço incluído
Bedienungsanleitung instruções para uso
Bedingung f [bedíngung] condição
beeilen: sich beeilen [zírrrr bêáilen] apressar(-se)
beeilen Sie sich! [zî zírr] apresse-se!
beenden [be-énden] acabar

Beerdigung f [be-**é**rdigung] funeral
Beerdigungsunternehmen agência funerária
befehlen [bef**ê**len] pedir
Beginn der Vorstellung um... [d**ê**a f**ô**rchtélung úm] a apresentação começa às...
begleiten [begl**ái**ten] acompanhar
behalten [be-h**a**lten] guardar; manter
behandeln cuidar; tratar
Behandlung f [be-h**a**ntlung] tratamento
behaupten [be-h**áu**pten] reclamar
Behauptung f [be-h**áu**ptung] reclamação
behindert [be-h**í**ndert] deficiente físico
Behinderte m/f [beh**í**nderte] pessoa com necessidades especiais
bei [b**ái**] ao lado de; em; perto; por
bei Peter na casa do Peter
beide [b**ái**de] ambos
Bei Frost Glatteisgefahr congelado no clima frio
beim [b**ái**m] em
Bein n [b**ái**n] perna
Beinbruch m [b**ái**nbrûrr] perna quebrada
Beispiel n [b**ái**chpîl] exemplo
zum Beispiel [tsúm] por exemplo
Bei Störung Taste drücken pressione a chave em caso de defeito técnico
bekannt conhecido
Bekannte m/f [bec**á**nte] conhecimento
Bekleidung f [becl**ái**dung] roupa
bekloppt [becl**ó**pt] louco
bekommen apanhar; pegar
belegt [bel**ê**ct] lotado; ocupado; sem vagas
beleidigen [bel**ái**diguen] ofender
Beleuchtung f [bel**ói**rr tung] iluminação; luzes
Beleuchtungsartikel lâmpadas e iluminação
Belgien n [b**é**lguîen] Bélgica
belgisch [b**é**lguich] belga
Belichtungsmesser m [bel**í**rr-tungs-mésser] fotômetro
bellen latir
Belohnung f [bel**ô**nung] recompensa
bemerken [bem**é**rquen] notar; reparar
Bemerkung f [bem**é**rcung] observação
Benehmen n [ben**ê**men] comportamento
benehmen: sich benehmen [zírr ben**ê**men] comportar-se
Benutzung f [ben**ú**tsung] uso
Benutzung auf eigene Gefahr uso por sua conta e risco
Benzin n [béntsín] gasolina
Benzinkanister m [béntsín-canister] lata de gasolina
Benzinuhr f [béntsîn-ûr] medidor de combustível

beobachten [be-**ô**bárrten] observar
bequem [becv**ê**m] confortável
bereit [ber**ái**t] pronto
Bereitschaftsdienst **m** [ber**ái**t chaftsdînst] médico de plantão; farmácia de plantão
Berg **m** [bérc] montanha
Bergsteigen **n** [b**é**rc-chtáiguen] montanhismo
Bergwacht **f** [b**é**rcvárrt] resgate na montanha
Bericht **m** [ber**í**rrt] relatório
beruhigen: sich beruhigen [zírr ber**û**-iguen] acalmar; tranquilizar
Beruhigungsmittel **n** [ber**ûi**gungs mítel] tranquilizante
berühmt [ber**ü**mt] famoso
berühren [ber**ü**ren] tocar
Berühren der Waren verboten não toque
Besatzung **f** [bezatsung] tripulação
beschädigen [bech**ê**diguen] danificar
Bescheid **m** [bech**ái**t] informação
Bescheid sagen contar; dizer
Bescheid wissen saber
Bescheinigung **f** [bech**ái**nigung] atestado; certificado
bescheuert [bech**ói**ert] doido; maluco
beschreiben [bêchr**ái**ben] descrever
Beschreibung **f** descrição
beschweren: sich beschweren [zírr bechv**ê**ren] reclamar; queixar-se

besetzt [bez**é**tst] noivo; ocupado
Besetztzeichen **n** [bes**é**tst-tsáirren] sinal de ocupado
Besichtigung **f** [bez**i**rrtigung] excursão
Besitzer **m** [bez**i**tser] dono; proprietário
besoffen [bez**ó**fen] drogado; de saco cheio; zangado
besonders [bez**ó**nders] principalmente
besorgt [bez**ó**rct] preocupado
besser melhor
Bestandteile ingredientes; partes componentes
bestätigen [becht**ê**tiguen] confirmar
Bestattungen agente funerário
beste [b**é**ste] o melhor
Bestechung **f** [becht**é**rrung] suborno
Besteck **n** [becht**é**c] talheres
bestellen [becht**é**len] ordenar; pedir
Bestellung **f** [becht**é**lung] pedido
Bestimmungsort **m** [becht**í**mungs órt] destino
bestrafen [bechtr**â**fen] punir
Besuch **m** [bez**û**rr] visita
besuchen [bez**û**rren] visitar
Besuchszeit **f** [bez**û**rrs-tsáit] horário de visita
Besuchszeiten **fpl** [bez**û**rrs-tsáiten] horário de visitação
Betäubung **f** [bet**ói**bung] anestesia
Beton **m** [bêt**ô**n] concreto

Betrag **m** [betrâc] quantidade; volume
Betreten auf eigene Gefahr entre por sua conta e risco; mantenha distância
Betreten der Baustelle verboten proibida a entrada no recinto do prédio
Betreten der Eisfläche verboten não pise no gelo
Betreten des Rasens nicht gestattet não pise na grama
Betreten verboten proibida a entrada
Betrieb **m** [betrîp] agitação; atividade; empresa; firma
außer Betrieb enguiçado
betriebsbereit pronto para usar
Betriebsferien [betrîps férîén] férias
Betrug **m** [betrûc] fraude
betrunken [betrúnquen] bêbado
Bett **n** cama
Bettdecken roupa de cama
Betteln und Hausieren verboten proibido para pedintes e vendedores ambulantes
Bettwäsche **f** [bétvéche] roupa de cama
Bettzeug **n** [bét-tsóic] roupa de cama
Be- und Entladen erlaubt permitido para carga e descarga
bevor [befôr] antes
bewegen: sich bewegen [zírr bevêguen] mover
Beweis **m** [beváis] prova
Bewohner **m** [bevôner], **Bewohnerin** **f** habitante; morador
bewölkt [bevölct] nublado
bezahlen [betsâlen] pagar
Bezahlung **f** [betsâlung] pagamento
Bezahlung mit Kreditkarte möglich aceitam-se cartões de crédito
beziehungsweise ou
Bf. (Bahnhof) estação
BH (Büstenhalter) **m** [bê-hâ] sutiã
Bierkeller **m** [bîa-quéler] cervejaria
Bild **n** [bílt] fotografia; retrato
billig [bílirr] barato
Billigpreise preços reduzidos
bin [bín] sou
Bindemittel amido
Bio-Laden **m** [bîo lâden] loja de produtos naturais
biologisch abbaubar biodegradável
Birne **f** [bírne] lâmpada; pêra
bis até; por
bis morgen até amanhã
bis später [chpêter] até mais tarde
Biss **m** [bíss] mordida
bisschen: ein bisschen [áin bíssrren] um pouquinho (de)
bist são
bitte [bíte] por favor; não há de quê
bitte? como?; posso ajudá-lo?
bitte anschnallen apertem os cintos de segurança

bitte einordnen pista para (motoristas) iniciantes
bitte eintreten ohne zu läuten por favor, entre sem tocar a campainha
bitte einzeln eintreten por favor, entre um de cada vez
bitte entwerten por favor; carimbe seu bilhete/sua passagem
bitte Karte einführen por favor, introduza o cartão
bitte klingeln por favor, toque a campainha
bitte klopfen por favor, bata na porta
bitten [bíten] perguntar
bitte nicht... [nírrt] por favor, não...
bitte nicht stören por favor, não perturbe
bitte schließen por favor, feche a porta
bitte schön/sehr [bíte chön/zêa] seja bem-vindo
bitte schön/sehr? o que deseja?; posso ajudá-lo?
bitte Schuhe abtreten por favor, limpe os pés
bitte warten por favor, aguarde
Blase f [blâze] bexiga; bolha
blass claro; pálido
Blatt n folha
blau [bláu] azul
blauer Fleck m [bláu-er] contusão
Blei n [blái] chumbo
bleiben [bláiben] ficar; permanecer
bleiben Sie am Apparat [zî ám aparât] aguarde na linha
Bleichmittel n [bláirr mitel] alvejante
bleifrei [bláifrái] sem chumbo
Bleistift m [bláichtift] lápis
Blick m olhada; vista
mit Blick auf... [áuf] contemplar...
blieb [blîp], bliebst, blieben permanecer; permanência
Blinddarmentzündung f [blint-darm-ént-tsündung] apendicite
blinder Passagier m [blínder passagîa] passageiro clandestino
Blinker m pisca-pisca
Blitz m [blits] flash; raio
blockiert [bloquîrt] bloqueado
Blödmann m [blötmán] tonto
Blödsinn m [blötzín] besteira, bobagem
Blume f [blûme] flor
Blumenhandlung f [blûmen-hantlung] floricultura
Bluse f [blûze] blusa
Blut n [blût] sangue
Blutdruck m [blût-drúc] pressão sanguínea
bluten [blûten] sangrar
Blutgruppe f [blûtgrúpe] grupo sanguíneo
Blutübertragung f [blût-übertrâgung] transfusão de sangue
BLZ (Bankleitzahl) código de identificação do banco
Boden m [bôden] chão; fundo
Bodenpersonal n [bôden-

perzonal] pessoal de terra
Bodensee: der Bodensee [bôden-zê] lago Constança
Bohrer m furadeira
Boje f [bóie] bóia
Bolzen m [bóltsen] parafuso
Boot n [bôt] barco
Bootsverleih m [bôts fealái] aluguel de barcos
Bordkarte f [bórt carte] cartão de embarque
böse [böze] zangado
Botschaft f [botchaft] embaixada
brachte [brárrte], **brachtest, brachten** trazido
Branchenverzeichnis n [brangen-featsáirr-nis] páginas amarelas
Brand m [brant] fogo; incêndio
Brandstiftung f [bránt-chtifttung] incêndio criminoso
Bratpfanne f [brât pfáne] frigideira
Bräu n [brói] fazer cerveja
Brauch m [bráurr] costume; uso
brauchen [bráurren] precisar
Brauerei f [bráuerai] cervejaria
Brauereiabfüllung engarrafado na cervejaria
braungebrannt [bráunguebránt] bronzeado
BRD (Bundesrepublik Deutschland) [bê ér dê] RFA (República Federal da Alemanha)
breit [bráit] amplo; largo
Breite f [bráite] largura
Bremse f [brémze] freio
bremsen [brémzen] frear
Bremsflüssigkeit f [brémsflüssirrcáit] fluido de freio
brennbar combustível
brennen queimar
Brief m [brîf] carta
Brieffreund m [brîf fróint], **Brieffreundin f** correspondente
Briefkasten m [brîfcásten] caixa de cartas
Briefmarke f [brîfmárque] selo
Brieftasche f [brîftáche] carteira
Briefträger m [brîftrêguer], **Briefträgerin f** [brîftrêguerin] carteiro(a)
Brille f [brí-le] óculos
bringen trazer
Brosche f [brôche] broche
Broschüre f [bróchüre] folheto
Bruch m [brûrr] fratura
Brücke f [brüque] ponte
Bruder m [brûder] irmão
Brunnen m [brúnen] fonte
Brust f [brúst] peito; tórax
Buch n [bûrr] livro
buchen [bûrren] reservar
Bücherei f [bürrerái] biblioteca
Bücher und Zeitschriften livros e revistas
Buchhandlung f [bûrr-handlung] livraria
Bucht f [búrrt] baía
Bügeleisen n [bügueáizen] ferro
Bügelfalte f [büguelfálte] dobra; prega
bügeln [bügueln] passar a ferro
Bühne f [büne] palco

Bundesautobahn [búndes-autobân] rodovia federal
Bundesgesundheitsminister m Ministro da Saúde da Alemanha
Der Bundesgesundheitsminister: Rauchen gefährdet Ihre Gesundheit o governo adverte: fumar faz mal à saúde
Bundeskanzler m [búndes-cántsler] chanceler
Bundesrepublik Deutschland f [búndes republîc dóitchlant] República Federal da Alemanha
Bundesstraße f [búndes-chtrâsse] rua principal
Bundestag m [búndes tâc] Parlamento alemão
Burg f [búrc] castelo
Bürgersteig m [bürguer-chtáic] calçada; passeio
Büro n [bürô] escritório
Büroartikel material de escritório
Bürste f [bürste] escova
Busbahnhof m [búsbân-hôf] terminal de ônibus
Bushaltestelle f [bús-hálte-chtéle] ponto de ônibus
bzw. (beziehungsweise) ou

C

Café n [câfê] cafeteria que serve bolos, café, chá etc.
Campingbedarf equipamento para acampar
Campingliege f [quémpinlîgue] cama de campanha
Campingplatz m [quémpinplats] camping; camping para motor home/trailer
CD-Spieler m [tsê-dê-chpîler] CD player
Charterflug m [tchárter flûc] vôo fretado (charter)
Chauvi m [chôvi] porco chauvinista
Chef m [chéf], Chefin f chefe; patrão
chemische Reinigung f [quêmiche ráinigung] tinturaria
Chinarestaurant n [rrîna-réstôran] restaurante chinês
chinesisch [rrînêzich] chinês
Chirurg m [rrirúrc], Chirurgin f cirurgião; cirurgiã
Coiffeur m [cvoá för] cabeleireiro

D

da lá; como; já que
Dach n [dárr] telhado
Dachboden m [dárrbôden] sótão
Dachgepäckträger m [dárrguepáctrêguer] bagageiro
dafür [dafür] a favor; considerando; de novo; nisso; por isso; sobre isso
daher [dahêr] assim; por isso
Dame f [dâme] senhora
Damen toalete feminino
Damenbinde f [dâmenbínde] absorventes higiênicos

Damenkleidung f [dâmencláidung] roupas femininas
Damenmoden moda feminina
Damensalon m [dâmenzalông] cabeleireiro feminino
Damentoilette f [dâmentoáléte] toalete feminino
Damenunterwäsche f [dâmenúntervéche] lingerie
damit para que
Dampfer m vapor
danach [danárr] de acordo com; por isso
Dänemark n [dênemárc] Dinamarca
dänisch [dênich] dinamarquês
dankbar [dánc-ba] agradecido
danke [dánque] obrigado
danke gleichfalls [gláirrfals] obrigado para você também
danken agradecer
dann depois; então
darf tenho permissão para; permite-se que eu... ; eu posso
darfst eles têm permissão para; eles podem
Darlehen n [dârlêen] empréstimo
darum [darúm] sobre isso; é por isso que
das o; quem; que; cujo
dass que
Datum n [dâtum] data
Dauerwelle f [dáuervéle] permanente (cabelos)
Daumen m [dáumen] polegar
davon a partir daqui; deles; disso
DB (Deutsche (Bundes)bahn) Estradas de Ferro da Alemanha
Decke f [déque] cobertor; teto
Deckel m tampa
defekt enguiçado; quebrado
dein(e) [dáin(e)] seu
denken pensar
Denkmal n [dénc-mâl] monumento
denn por causa; porque; do que
deprimiert [deprimîrt] deprimido
der [dêa] o; quem; que
deshalb [déss-halp] portanto
Desinfektionsmittel n [dessinféctsîonsmitel] desinfetante
deutsch [dóitch] alemão
Deutsche m/f [dóitche] alemão
deutsches Erzeugnis feito na Alemanha
Deutschland n [dóitch-lánt] Alemanha
Deutschlandlied n [dóitch-lánt-lît] hino nacional alemão
d.h. (das heißt) isto é
Dia n [dîa] diapositivo
Diabetiker m [dîabêtiquer], **Diabetikerin** f diabético(a)
Diamant m [dîamánt] diamante
Diät f [dîêt] dieta
dich [dírr] a ti/lhe; te/lhe
Dichter m [dírrter] poeta
dick gordo; grosso
die [dî] o; quem; que; cujo
Dieb m [dîp] ladrão
Diebstahl m [dîpchtâl] roubo

Dienstag **m** [dînstâc] terça-feira
dienstbereit [dînstberáit] em funcionamento; ocupado
dies [dîs] esse; aquele
diese [dîze] esse(s); este(s)
dieser [dîzer] esse; aquele
dieses [dîzes] esses; aqueles
diesseits [dîssáits] deste lado
Ding **n** coisa
dir [dîr] (para) ti/você
Direktflug **m** [dîréctflûc] vôo direto/sem escala
diskutieren [discutîren] discutir
DJH (Deutsche Jugendherberge) Associação Alemã de Albergues da Juventude
DLRG (Deutsche Lebensrettungsgesellschaft) [dêélérguê] Associação de Salva-Vidas Alemães
DM (Deutsche Mark) MA, marco alemão
doch! [dórr] sim, é isso aí!
Dolmetscher **m** [dólmetcher], Dolmetscherin **f** intérprete
Dom **m** [dôm] catedral
Donau **f** [dônáu] Danúbio
Donner **m** trovão
Donnerstag **m** [dónerstác] quinta-feira
doof [dôf] estúpido
Doppelbett **n** duas camas
doppelt duplo
Doppelzimmer **n** [dópeltsímer] quarto com duas camas
Dorf **n** vilarejo
dort lá
dort drüben [drüben] lá em cima; por ali
dort oben [ôben] lá em cima; por ali
Dose **f** [dôze] lata
Dosenöffner **m** [dôzen-öfner] abridor de latas
Dragees **spl** [dragês] drágeas; pastilhas cobertas de açúcar
Draht **m** [drât] arame; fio
Drahtseilbahn **f** [drâtzáilbán] bondinho; teleférico
Dreck **m** sujeira
drehen [drêen] virar
drei [drái] três
dreimal täglich einzunehmen para tomar três vezes ao dia
dreißig [dráissirr] trinta
dreizehn [dráitsên] treze
dringend [drínguent] urgente
dritte(r,s) [dríte,-er,-es] terceiro
Droge **f** [drôgue] droga
Drogerie **f** [drôguerî] drogaria; farmácia
Druck **m** [drúc] pressão
drücken [drúquen] empurrar
Drucker **m** [drúquer] impressora
Drucksache **f** impressos
DSD (Duales System Deutschland) sistema de reciclagem
du [dû] tu/você
du lieber Gott! [lîber gót] meu bom Deus!
du liebe Zeit! [lîbe tsáit] minha nossa!
Duft **m** [dúft] aroma; fragrância

dumm [dúm] estúpido
Dummheit f [dúmháit] estupidez
Dummkopf m [dúmcópf] idiota
Dünen fpl [dünen] dunas
dunkel [dúnquel] escuro
Dunkelheit f [dúnquelháit] escuridão
dünn [dün] fino; magricela
durch [düarr] através; por; bem-feito
Durcheinander n [dûarráinander] bagunça; desordem
Durchfall m [dûrrfal] diarréia
Durchgang m [dûarrgang] passagem
Durchgangsverkehr [dûarrgancsfeaquêa] trânsito
durchgehend geöffnet aberto 24 horas
Durchschnitt m [dûarr-chnít] média
durchstreichen [dûarr-chtráirren] apagar; deletar
Durchsuchung f [dûarrzûrrung] busca
Durchwahl [dûarrvâl] discagem direta
dürfen [dürfen] ter permissão para
Durst m [dúrst] sede
Durst haben [hâben] estar com sede
Dusche f [dûche] chuveiro
duschen [dûchen] tomar banho de chuveiro
Düsenflugzeug n [düzen-flûc-tsóic] avião a jato
Dutzend n [dútsent] dúzia
duzen: sich duzen [zírr dûtsen] uso da forma familiar "du"
D-Zug [dêtsûc] trem expresso

E

Ebbe f [ébe] maré baixa
echt [érrt] autêntico
Ecke f [éque] canto; esquina
Edelstein m [êdelchtáin] pedra preciosa
EG (Europäische Gemeinschaft) [êguê] CE, Comunidade Européia
ehe [ê-e] antes
Ehe f [ê-e] casamento
Ehefrau f [ê-efráu] esposa; mulher
Ehemann m [ê-emán] esposo; marido
ehrlich [êrlírr] honesto; sincero
Ehrlichkeit f [êrlírrcáit] honestidade
Eiche f [áirre] carvalho
Eieruhr f [áiea-ûr] temporizador para cozinhar ovos
eifersüchtig [áiferzürrtirr] ciumento
eigen [áiguen] próprio
eigenartig [áiguen-artirr] estranho
eigentlich [áiguentlirr] real; realmente
Eigentümer m [áiguentümer], **Eigentümerin f** proprietário(a)

Eilzug m [**ái**ltsûc] trem local rápido
Eimer m [**ái**mer] balde
ein(e) [**ái**n(e)] um(a)
Einbahnstraße f [**ái**nebânchtrâsse] rua de mão única
Einbrecher m [**ái**nebrérrer] assaltante
Einbruch m [**ái**nebrûrr] assalto
einchecken [**ái**ntchéquen] fazer check-in
Eindruck m [**ái**ndrúc] impressão
eine [**ái**ne] uma
einfach [**ái**nfárr] (bilhete/ passagem) de ida/simples
einfache Fahrt viagem de ida
Einfahrt f [**ái**nfârt] entrada
Einfahrt freihalten mantenha a entrada livre
Eingang m [**ái**ngang] entrada
Eingang um die Ecke entrada na esquina
eingeschränktes Halteverbot estacionamento restrito
eingetragenes Warenzeichen marca registrada
Einheit f [**ái**n-háit] unidade
Einheitspreis [**ái**n-háitsprais] preço fixo
einige [**ái**nigue] algum; um pouco
Einkauf m [**ái**ncáuf] compras
einkaufen: einkaufen gehen [**ái**ncáufen guê-en] fazer compras
Einkaufskorb m [**ái**ncáufs-córp] cesta de compras
Einkaufstasche f [**ái**ncáufstáche] sacola de compras
Einkaufswagen m [**ái**ncáufsvâguen] carrinho de compras
Einkaufszentrum n [**ái**ncáufstséntrum] shopping center
einladen [**ái**nlâden] convidar
Einladung f [**ái**nlâdung] convite
Einlass m [**ái**nláss] acesso; entrada
einmal [**ái**nmâl] uma vez
nicht einmal nem mesmo
einmalig [**ái**nmâlirr] único
einpacken [**ái**npáquen] embrulhar
einreiben [**ái**nráiben] esfregar
Einrichtung f [**ái**nrrirrtung] mobília; organização
eins [**ái**ns] um
einsam [**ái**nzâm] isolado; solitário
einschalten [**ái**nchalten] acender; ligar
einschenken [**ái**nchénquen] verter
einschlafen [**ái**nchlâfen] adormecer
einschl. (einschließlich) incl., inclusive
einschließlich 15% Bedienung taxa de serviço de 15% incluída
Einschreiben n [**ái**nchráiben] carta registrada
Einschreibsendungen correspondência registrada
einsteigen [**ái**nchtáiguen]

embarcar; subir
Einstieg hinten embarque por trás
Einstieg nur mit Fahrausweis adquira o bilhete/a passagem antes de embarcar
Einstieg vorn embarque pela frente
eintreten in [áintrêten] entrar
Eintritt m [áintrít] entrada
Eintritt frei ingresso livre/grátis
Eintrittskarte f [áintrítscárte] bilhete, passagem
Eintrittspreise ingresso
einverstanden! [áinfeachtanden] OK!; tudo bem!
einwerfen [áinvérfen] introduzir
Einzahlungen depósito
Einzelbett n [áintselbét] cama de solteiro
Einzelfahrkarte f [áintsel-fârcárte] bilhete/passagem simples; bilhete/passagem de ida
Einzelhändler m [áintsel-hentler] comerciante; varejista
Einzelheit f [áintsel-háit] detalhe
Einzelpreis m [áintselpráis] preço unitário
Einzelzimmer n [áintsel-tsímer] quarto de solteiro
Eiscafé n [áiscáfê] sorveteria (também serve café e licores)
Eisenbahn f [áisenbân] ferrovia
Eisenwarenhandlung f [áizenvâren-hantlung] loja de ferragens
Eisstadion n [áis-chtâdîon] rinque de patinação
Eiter m [áiter] pus; mau-caráter
Elektriker m [êléctriquer] eletricista
Elektrizität f [êléctritsitêt] eletricidade
Elektroartikel mpl [êléctro-artíquel] produtos elétricos
Elektrogeräte spl [êléctro-guerête] equipamento elétrico
elf onze
Elfmeter m [elfmêter] punição
Ellbogen m [élbôguen] cotovelo
Eltern [éltern] pais
Eltern haften für ihre Kinder os pais são responsáveis pelos filhos
Empfang m recepção
Empfänger m [empfénguer] destinatário
empfehlen [empfêlen] recomendar
Ende der Autobahn fim da rodovia
Ende der Vorfahrtsstraße fim da preferencial
endlich [éntlirr] finalmente; por fim
Endstation f [éntchtatîon] terminal
eng estreito; justo
Engländer m [éngléndder] inglês
Engländerin f [éngléndderin] inglesa
englisch [énglich] inglês; malpassada (carne)
Enkel m neto
Enkelin f neta
entdecken descobrir

entfernt [entférnt] distante; longe
Entfernung **f** [entférnung] distância
entführen [entfüren] abduzir; raptar
Entgleisung **f** [entgláizung] descarrilamento
enthält... contém...
entlang ao lado; ao longo
entscheiden [entcháiden] decidir
entschlossen [entchlóssen] determinado
entschuldigen: sich entschuldigen [zirr entchúldigen] desculpar-se
entschuldigen Sie bitte [zî bíte] desculpe-me
Entschuldigung [entshúldigung] desculpe-me; sinto muito
entsetzlich [ent-zétslirr] horrível
enttäuscht [ent-tóicht] decepcionado
Enttäuschung **f** [ent-tóichung] decepção
entweder... oder... [entvêder ôder] ou... ou...
Entwerter **m** [entvérter] máquina automática de bilhetes/ passagens
entwickeln [entvíqueln] revelar (filme)
Entzündung **f** [ent-tsündung] infecção
er [êa] ele
Erde **f** [érde] terra
Erdgeschoss **n** [értguechôs] térreo
Erfahrung **f** [éafârung] experiência
Erfolg **m** [éafólc] sucesso
Erfrischung **f** [éafríchung] refeição leve; refresco
ergibt die doppelte/dreifache Menge fazer o dobro/o triplo
erhalten [éa-halten] receber
erholen: sich erholen [zírr éa-hôlen] recuperar
Erholungsgebiet **n** [éa-hôlungsguebît] área de recreação
erinnern: sich erinnern an [zírr érínern] lembrar
Erinnerung **f** [érínerung] lembrança; memória
erkälten: sich erkälten [zírr erquélten] pegar um resfriado
erkältet: erkältet sein [erquéltet] resfriar-se
Erkältung **f** [eaquéltung] resfriado
erkennen [erquénen] reconhecer
erklären [ercléren] explicar
erlauben [erláuben] permitir
Erlaubnis **f** [erláupnís] permissão
Erlebnis **n** [erlêpnis] experiência
Ermäßigte Preise preços com desconto
Ermäßigungen abatimentos; descontos
ermorden [ermórden] assassinar
ernst [érnst] grave; sério
Ersatzreifen **m** [erzáts-ráifen] estepe
Ersatzteile **spl** [erzáts-táile] peças sobressalentes
erschießen [erchîssen] atirar (e matar)

Ersparnisse **fpl** [erchpârnisse] economias
erst [érst] só
erstatten [erchtáten] reembolsar
erstaunlich [erchtáunlirr] impressionante
erste(r,s) [érste, -er, -es] primeiro
Erste Hilfe **f** [érste hílfe] primeiros socorros
erste Klasse [érste clásse] primeira classe
erstens [érstens] primeiramente; primeiro
erster Stock **m** [érster chtóc] primeiro andar
ersticken [erchtíquen] sufocar
ertrinken [ertrínquen] afogar
Erwachsene **m/f** [ervácsene] adulto
erwähnen [ervênen] mencionar
es [és] isso
essbar [éssbar] comestível
essen comer [éssen]
Essen **n** comida
Esslöffel **m** [éssiöfel] colher de sopa
Etage **f** [êtâge] andar; piso
Etagenbett **n** [êtâgenbét] beliches
Etat **m** [êtâ] orçamento
Etikett **n** etiqueta
etwa [étva] cerca de; talvez
etwas [étvas] algo; um pouco
etwas anderes [ánderess] algo mais
euch [óirr] se/vos
euer [óier] seu
eure [óire] seu
europäisch [óiropêich] europeu
Euroscheck **m** [óirochéc] eurocheque
ev. (evangelisch) protestante
evangelisch [êvanguêlich] protestante
Explosionsgefahr **f** [ecsplosiôns-guefâr] perigo de explosão

F

Fabrik **f** [fabríc] fábrica
Fach **n** [fárr] assunto; compartimento; recinto
Facharzt **m: Facharzt für...** [fárr-ártst für] especialista em...
Fachmann **m** [fárrmán] especialista
Faden **m** [fâden] barbante; fio
Fahne **f** [fâne] bandeira
Fahrausweis **m** [fâr-áusváis] bilhete/passagem
Fahrausweise sind auf Verlangen vorzuzeigen os bilhetes devem ser apresentados quando forem solicitados
Fahrbahn **f** pista de rodovia
Fähre **f** [fêre] ferryboat
fahren [fâren] dirigir; ir
Fahrer **m** motorista
Fahrgäste passageiros
Fahrkarte **f** [fârcárte] bilhete, passagem
Fahrkartenautomat **m** [fârcártenautomât] máquina automática de bilhetes/passagens
Fahrkartenschalter **m**

[fârcártenchálter] bilheteria
Fahrplan m [fârplân] horário
Fahrpreise mpl [fârpráise] tarifas
Fahrrad n [fâr-rât] bicicleta
Fahrräder bicicletas
Fahrradkarte f [fâr-râtcárte] bilhete para bicicletas
Fahrradverleih m [fâr-rât-fealái] aluguel de bicicletas
Fahrradweg m [fâr-rât-vêc] ciclovia
Fahrschein m [fâr-cháin] bilhete, passagem
Fahrscheinkauf nur beim Fahrer adquira seu bilhete/sua passagem com o motorista
Fahrstuhl m [fâr-chtûl] elevador
Fahrt f viagem
Fahrtziele destinos
Fahrzeug n [fâr-tsóic] veículo
Fall m [fál] caso; queda
fallen [fálen] cair
fallenlassen [fálenlássen] deixar cair; soltar
falls [fáls] se
falsch [fálch] errado; falso
falten dobrar
Familie f [famílîe] família
Familienpackung f pacote para a família
fand [fant], fanden achado
fangen agarrar; pegar
Farbe f [fárbe] cor; tinta
Farben und Lacke tintas e vernizes
Farbfilm m [fárp-film] filme colorido
Fasching m [fáching] carnaval realizado antes da Quaresma, com desfiles de fantasias e grandes festas
Fasse dich kurz! seja breve!
fast [fást] aproximadamente; quase
faul [fául] podre; preguiçoso
Feder f [fêder] mola; pluma
Federbett n [fêderbét] edredom
Fehler m [fêler] erro; defeito
fehlerhaft [fêler-haft] defeituoso
Feierabend m [fái-er-âbent] horário de fechar; hora de parar
Feiertag m [fáiertâc] feriado
Feinkostgeschäft n [fáincóstguechéft] delicatéssen
Feinschmecker m [fáinchméquer], Feinschmeckerin f gourmet
Feld n [felt] campo
Felsen m [félzen] pedra
Fenster n janela
Fensterläden mpl [fenster-lêden] veneziana
Ferien fpl [fêrien] férias
Ferienwohnung f [fêrienvônung] apart-hotel
Ferngespräch n [férnguechprêrr] ligação interurbana
Fernlicht n [férnlírrt] farol alto
Fernschreiben n [férnchráiben] telex
Fernsehen n [férnzêen] televisão
Fernsprecher m telefone
Ferse f [férze] calcanhar; salto
fertig [fértirr] pronto; acabado
fest definitivo; firme; fixado

festnehmen [féstnêmen] prender
Fete f [fête] festa
fett gorduroso
Fett n gordura
Fettgehalt conteúdo de gordura
feucht [fóirrt] úmido
Feuchtigkeitscreme f [fóirrtic-cáitscrêm] creme hidratante
Feuer n [fóiea] fogo; incêndio
Feuergefahr f [fóieaguefâr] risco de incêndio
Feuerlöscher m [fóiealöcher] extintor de incêndio
Feuertreppe f [fóieatrépe] saída de incêndio
Feuerwehr f [fóieavêr] corpo de bombeiros
Feuerwehrausfahrt saída para o corpo de bombeiros
Feuerwerk n [fóieavérc] fogos de artifício
Feuerzeug n [fóieatsóic] isqueiro
Fieber n [fîbea] febre
Filmmusik f [fílm-muzîc] trilha sonora
Filzstift m [filts-chtift] caneta hidrográfica
finden [fínden] encontrar
Fingernagel m [fínguernâguel] unha
Firma f [fírma] empresa
Fischgeschäft n [fíchguechéft] peixaria
FKK [éfcâcâ] nudismo
flach [flárr] liso; plano
Flasche f [fláche] garrafa
Flaschenöffner m [flächen-öfner] abridor de garrafas
Fleck m mancha
Fleischerei f [fláicherái] açougue
Fliege f [flîgue] mosca; gravata-borboleta
fliegen [flîguen] voar
fließend [flîssent] fluente
Flitterwochen fpl [flíter-vórren] lua-de-mel
Flucht f [flúrrt] fuga
flüchten [flürrten] fugir
Flug m [flûc] vôo
Flugdauer f [flûc-dáuer] horário do vôo
Flügel m [flûguel] asa
Fluggast m [flûcg-ast] passageiro de avião
Fluggeschwindigkeit f [flûcguechvindirr-cáit] velocidade do vôo
Fluggesellschaft f [flûcguezélcháft] empresa aérea
Flughafen m [flûc-hafen] aeroporto
Flughafenbus m [flûc-hafen-bús] ônibus para o aeroporto
Flughöhe f [flûc-höe] altitude do vôo
Flugkarte f [flûc-cárte] passagem aérea
Fluglinie f [flûc-línie] empresa aérea
Fluglotse m [flûc-lôtse] controlador de vôo
Flugplan m [flûc-plân] horário dos vôos
Flugsteig m [flûc-chtáic] portão
Flugzeug n [flûc-tsóic] avião
Flugzeugabsturz m [flûc-tsóic-ápchturts] desastre de avião

Flur **m** [flûr] corredor
Fluss **m** [flúss] rio
Flut **f** [flût] maré alta
fl.W. (fließendes Wasser) água corrente
folgen [**fó**lguen] seguir
folgende [**fó**lguende] próximo; seguinte
Fön® **m** [**fö**n] secador de cabelos
fönen: sich fönen lassen [zírr **fö**nen] fazer escova (cabelos)
fordern pedir
Formular **n** [formul**âr**] formulário
Foto **n** [**fô**to] fotografia
Fotoartikel **mpl** [**fô**toartíquel] equipamento fotográfico
Fotograf **m** [fôtogr**âf**] fotógrafo
fotografieren [fôto-grafîren] fotografar
Fotografin **f** [fôtogr**â**fin] fotógrafa
Fr. (Frau) Sra.
Frage **f** [**frâ**-gue] pergunta
fragen [**frâ**-guen] perguntar
Frankreich **n** [fránc-ráirr] França
Franzose **m** [frants**ô**ze] francês
Französin **f** [frants**ö**zin] francesa
französisch [frants**ö**zich] francês
Frau **f** [**fráu**] esposa; mulher; senhora; Sra.
Frauenarzt **m** [**fráu**enartst] ginecologista
Fräulein **n** [**frói**láin] senhorita
frech [frerr] atrevido; descarado; insolente
frei [frái] desocupado; grátis; livre
frei von Konservierungsstoffen não contém conservantes
frei von künstlichen Aromastoffen não contém aromatizantes artificiais
Freibad **n** [**frá**ibât] piscina ao ar livre
freigegeben ab... Jahren adequado para maiores de... anos
Freikörperkultur **f** [frái-c**ö**apea-cultûa] nudismo
Freitag **m** [**frá**itâc] sexta-feira
freiwillig [**frá**i-vílirr] voluntário; voluntariamente
Freizeichen **n** [**frá**i-tsairren] tom do toque de telefone
Freizeit **f** [**frá**i-tsait] lazer; tempo livre
Freizeitzentrum **n** [**frá**itsáit-tséntrum] centro de lazer
fremd [fremt] estrangeiro; estranho
Fremde **m/f** [**fré**mde] estrangeiro; estranho
Fremdenzimmer **spl** [**fré**mdentsímer] alugam-se quartos
freuen: sich freuen [zirr **fró**ien] ficar feliz
Freund **m** [**fró**int] amigo; namorado
Freundin **f** [**fró**indin] amiga; namorada
freundlich [**fró**intlirr] amável; simpático
freut mich! [fróit mirr] prazer em conhecê-lo!
Frieden **m** [frîden] paz

Friedhof **m** [frît-hôf] cemitério
frisch [fрích] fresco
frisch gestrichen tinta fresca
Frischhaltepackung **f** embalagem a vácuo
Friseur **m** [frizör] barbeiro; cabeleireiro
Frisur **f** [frizur] penteado
Frittenbude **f** [fríten-bûde] barraca de batatas fritas
Frl. (Fräulein) Srta.
froh alegre; contente
frohes neues Jahr [frô-es nói-es iâr] feliz Ano-Novo!
frohe Weihnachten! [frô-e váinarrten] feliz Natal!
Frostschaden **m** [fróst-châden] estragos das nevascas
Frostschutzmittel **n** [fróst-chúts-mítel] anticongelante
früh [frü] cedo
Frühling **m** [frü-ling] primavera
Frühstück **n** [frü-chtúc] café-da-manhã
frühstücken [frü-chtüquen] tomar café-da-manhã
fühlen: (sich) fühlen [(zirr) fülen] sentir
fuhr [fûr], **fuhren** foi; foi de carro; viajou
führen [füren] conduzir; armazenar
wir führen... nós armazenamos...
Führer **m** [fürea] guia; livro guia
Führerin **f** [fürerin] guia
Führerschein **m** [fürercháin] habilitação para dirigir
fuhrst [fûast] foi; foi de carro
Führung **f** [fürung] visita guiada
füllen [fülen] encher
Fundbüro **n** [fúntbürô] seção de achados e perdidos
fünf [fünf] cinco
fünfzehn [fünftsên] quinze
fünfzig [fünftsirr] cinquenta
Funktaxi **n** [fúnc-tassi] radiotáxi
funktionieren [fúnctsionîren] trabalhar
für [füa] para
Furcht **f** [fúr-rrt] medo
furchtbar [fúr-rrtbâr] terível
fürchten: sich fürchten [zirr für-rrten] temer
fürs [fürs] para o
Fuß **m** [fûs] pé
zu Fuß a pé
Fußball **m** [fûs-bál] futebol
Fußballplatz **m** [fûs-bál-pláts] campo de futebol
Fußballstadion **n** [fûs-bal-chtadion] estádio de futebol
Fußgänger **m** [fûs-guénguer], **Fußgängerin** **f** pedestre
Fußgänger bitte andere Straßenseite benutzen pedestres, por favor, usem o outro lado da rua
Fußgängerüberweg **m** [fûs-guénguer-übea-vêc] travessia de pedestres
Fußgängerzone **f** [fûs-guénguer-tsône] área de pedestres; calçadão

G

gab [gâp] deu
Gabel **f** [gâbel] garfo; gancho
gaben [gâben], gabst [gâpst] deram
gähnen [guênen] bocejar
Gang **m** caminhada; corredor; curso; engrenagem
ganz [gánts] bastante; muito; todo
den ganzen Tag o dia todo
ganz gut [gût] muito bom
Garderobe **f** [gardêrôbe] chapelaria
für Garderobe wird nicht gehaftet a gerência não se responsabiliza pelos itens deixados na chapelaria
Garten **m** jardim
Gaspedal **n** [gâspedâl] acelerador
Gast **m** convidado; hóspede
Gastarbeiter **m** [gást-arbáitea], Gastarbeiterin **f** operário(a) estrangeiro(a)
Gästebuch **n** [guéste-bûrr] registro de hóspede
Gastfreundschaft **f** [gást-fróint-cháft] hospitalidade
Gastgeber **m** [gástguêbea] anfitrião; hospedeiro
Gastgeberin **f** [gástguêberin] anfitriã; hospedeira
Gasthaus **n** [gást-haus] hospedaria
Gasthof **m** [gást-hof] hospedaria; restaurante
Gaststätte **f** [gást-chtéte] hospedaria; restaurante; pub
Gastwirtschaft **f** [gástvirt-chaft] pub
geb. (geboren) nascida
Gebäude **n** [guêbóide] prédio
geben [guêben] dar
Gebiss **n** [guebîs] dentadura
geblieben [gueblîben] mantido
geboren: geboren sein [guebôren záin] nascer
gebracht [guebrárrt] trazido
Gebrauch **m** [guebráurr] uso; costume
vor Gebrauch schütteln agite antes de usar
gebrauchen [guebráurren] usar
Gebrauchsanleitung instruções para o uso
Gebrauchsanweisung beachten siga as instruções para o uso
gebraucht [guebráurrt] segunda mão; usado
gebrochen [geebrórren] quebrado
gebt [guêpt] dar
Gebühren **fpl** [guebüren] cobranças; débitos
gebührenpflichtig sujeito a cobranças; sujeito a débitos
Geburt **f** [guebúrt] nascimento
Geburtsort **m** [guebúrtsórt] local de nascimento
Geburtstag **m** [guebúrtstâc] aniversário
Gedächtnis **n** [guedérrtnis] lembrança; memória

Gedanke m [guedánque] pensamento
Gefahr f [guefâr] perigo
gefahren percorrido de carro; viajado
gefährlich [gueférlirr] perigoso
Gefährliche Einmündung cruzamento perigoso; perigo: saída mal sinalizada
Gefährliche Kurve curva perigosa
gefallen: das gefällt mir [dâs guefélt mía] eu gosto disso
Gefangene m/f [guefángue] prisioneiro
Gefängnis n [gueféngnis] prisão
Gefriertruhe f [guefríatrûe] congelador; freezer
gefroren [guefrôren] congelado
Gefühl n [guefül] emoção
gefunden [guefúnden] achado
gegangen [guegánguen] ido; consumido
gegeben [gueguêben] dado
gegen [guêguen] contra
Gegenanzeige contra-indicações
Gegend f [guêguent] área
Gegenstand m [guêguen-chtánt] objeto
Gegenteil n [guêguen-táil] oposto
gegenüber [guêguen-übea] oposto
gegessen consumido
Gegner m [guêgnea], **Gegnerin** f oponente
gehabt [guehâpt] teve
geheim [gueháim] segredo
Geheimnis n [guêháimnis] segredo
Geheimzahl eingeben digite a senha
gehen [guê-en] ir; caminhar
geht das? está bem assim?
das geht nicht não está comigo
Gehirn n [gue-hírn] cérebro
Gehirnerschütterung f [guehírneachüterung] concussão
Gehör n [guehör] audição
gehören [guehören] pertencer
Geisel f [gáizel] refém
Geistlicher m [gáist-lirrea] sacerdote
gekommen vir
gekonnt ser capaz de; habilmente
gekühlt haltbar bis... na geladeira, dura até...
gelassen sossegado
gelb [guélp] amarelo
Gelbe Seiten [guélbe záiten] páginas amarelas
Geld n [guélt] dinheiro
Geldautomat m [guélt-automât] caixa automático
Geld einwerfen introduza o dinheiro
Geldeinwurf introduza o dinheiro
Geldrückgabe moedas devolvidas
Geldschein m [guélt-cháin] cédula; nota
Geldstrafe f [guélt-chtrâfe] multa
Geldwechsel m [guélt-vécsel] casa de câmbio

Gelegenheitskauf m [guelêguen-háits-cáuf] oferta; pechincha
Gelenk n articulação; junta
Gemälde n [guemê-lde] pintura; quadro; tela
gemocht [guemórrt] apreciado
Gemüsehändler m [guemüse-héndlea] verdureiro
gemusst [guemúst] precisou
genau [guenáu] exato; exatamente
Genf [guénf] Genebra
genommen levado; pego
genug [guênûc] bastante; suficiente
genug haben (von) ficar cheio (com/de)
geöffnet [gue-öfnét] abrir; aberto
geöffnet von... bis... aberto das... até as...
Gepäck n [guepéc] bagagem
Gepäckaufbewahrung f [guepéc-aufbevârung] controle de bagagem
Gepäckausgabe f [guepéc-aus-gâbe] retirada de bagagem
Gepäckkontrolle f [guepéc-contróle] controle de bagagem
Gepäckschließfach n [guepéc-chlîsfárr] guarda-volumes/bagagem
Gepäckträger m [guepéc-tréguea] carregador
gepflegt [guepflêct] bem cuidado; refinado
gerade [guerâde] reto; justamente
geradeaus [guerâde-áus] sempre em frente
Gerät n [guerét] aparelho; dispositivo
gerecht [gueréct] justo
Gericht n [guerírrt] corte; prato
gern(e) [guéan(e)] alegremente
etwas gern(e) tun gostar de fazer algo
Geruch m [guerûrr] cheiro
Gesamtpreis m [guezánt práis] total
Geschäft n [guechéft] loja; negócio
Geschäftsfrau f [guechéftsfráu] mulher de negócios
Geschäftsführer m [gechéfts-fürer], **Geschäftsführerin** f [gechéfts-fúrerin] gerente
Geschäftsmann m [gechéftsmân] homem de negócios
Geschäftsreise f [gechéfts-ráize] viagem de negócios
Geschäftszeiten [gechéfts-tsáiten] horário comercial
geschehen [guechê-en] acontecer; ocorrer
Geschenk n [guechénc] presente
Geschenkartikel presentes
Geschichte f [guechírrte] história
geschieden [guechîden] divorciado
Geschirr n [guechír] louça
Geschirrtuch n [guechír-tûrr] pano de prato
Geschlecht n [gueelérrt] sexo, gênero
Geschlechtskrankheit f

[gueelérrt scránc-háit] doença venérea
geschlossen fechado
geschlossen von... bis... fechado das... até as...
Geschmack m [guechmác] gosto; sabor
geschrieben [guechrîben] escrito
Geschwindigkeit f [guechvíndirrcáit] velocidade
Geschwindigkeitsbeschränkung f [guechvíndirr-cáits-bechréncung] limite de velocidade
Geschwindigkeitsbeschränkung beachten observe o limite de velocidade
geschwollen [guéchvólen] inchado
gesehen [guezê-en] olhado; visto
Gesellschaft f [guezélchaft] empresa; sociedade comercial
Gesetz n [guezéts] lei
Gesicht n [guezírrt] face; rosto
Gesichtscreme f [guezírrts-crême] creme facial
gesperrt fechado; proibida a entrada
Gesperrt für Fahrzeuge aller Art fechado a todos os veículos
Gespräch n [guechprêrr] telefonema; conversa
Gestalt f [guechtált] aparência; forma
gestattet [guechtáten] permitido
gestern [guéstern] ontem
gestorben [gueditórben] morto
gesund [guezúnt] saudável
Gesundheit f [guezúnt háit] saúde
Gesundheit! saúde!
getan [guetân] feito; pronto
Getränkekarte f [guetrénque-cârte] menu de bebidas
getrennt [guetrént] separado; separadamente
Getriebe n [guetrîbe] caixa de câmbio
getrunken [getrúnquen] bêbado
Gewehr n [guevêa] arma de fogo
gewesen [guevêzen] estado; sido
Gewicht n [guevírrt] peso
Gewichtsverlust durch Erhitzen perda de peso por meio do calor
Gewinn m [guevín] lucro; prêmio
gewinnen [guevínen] ganhar; vencer
Gewitter n [guevíta] temporal
Gewohnheit f [guevôn-háit] hábito
gewöhnlich [guevön-lirr] comum; habitual; habitualmente
geworden [guevórden] tornar-se
gewünschten Betrag wählen separe a quantia necessária
gewünschte Rufnummer wählen digite o número desejado
gewusst [guevúst] sabido
Gezeiten [guetsáiten] marés
gibst [guîpst] dou

gibt [guîpt] dá
gibt es...? existe/existem...?
es gibt... existe/existem...
Gift n tóxico; veneno
giftig [guíftirr] tóxico; venenoso
ging, gingen [guíne], gingst foi
Gips m gesso
Gipsverband m [guíps-féabant] gesso (para fraturas etc.)
Girokonto n [gîro-cónto] conta corrente
Giroverkehr m [gîro-feaquêa] transferência de crédito bancário
Gitarre f [guitáre] guitarra; violão
Glas n [glâs] copo; vidro
glatt escorregadio; liso
Glatteis n [glát-áis] lâmina de gelo; regelo
Glatteisgefahr [glát-áisguefâr] lâmina de gelo; regelo
Glatze f [glátse] careca
glauben [gláuben] acreditar
gleich [gláirr] igual; mesmo; num instante
Gleis n [gláis] plataforma
zu den Gleisen para as plataformas
Glocke f [glóque] campainha; sino
Glück n [glüc] sorte; felicidade
zum Glück [tsúm] por sorte
glücklich [glüclirr] feliz; sortudo
Glücksbringer m [glücs-bringa] mascote
Glühbirne f [glübíane] lâmpada
GmbH (Gesellschaft mit beschränkter Haftung) [guê -ém bê-hâ] Ltda., empresa de capital limitado
Gott n Deus
Gottesdienst m [gótes-dînst] culto; missa
Grab n [grâp] túmulo
Grammatik f gramática
Gras n [grâs] grama
gratis [grâtis] livre
grau [gráu] cinza (cor)
grausam [gráuzam] cruel
Grenze f [grértsa] fronteira
Grenzkontrolle f [grénts-contróle] controle de fronteira
Griechenland n [grîrren-lant] Grécia
griechisch [grîrrich] grego
Griff m alça; cabo
grinsen [grínzen] sorrir com ironia
Grippe f [grípe] gripe
Groschen m [gróchen] moeda de 10 pfennig
groß [grôs] alto; amplo; grande
Großbritannien n [grôs-británien] Grã-Bretanha
Größe f [grösse] tamanho
Großmutter f [grâs-múta] avó
Großpackung f [grâs-pácung] tamanho grande
Großvater m [grâs-fâta] avô
grün [grün] verde
der grüne Punkt adequado para reciclagem
Grund m [grúnt] base; motivo
Grundierungscreme f [grundîrungs-créme] base (cosmético)
Grundschule f [grúnt-chûle]

escola primária
Gruppe f [grúpe] grupo; partido
Gruppenreise f [grúpen-ráize] excursão em grupo
Gruss m [grûs] cumprimento
schöne Grüße an... [chöne grüse an] dê meus parabéns a...
grüßen [grüssen] cumprimentar; dizer alô para
grüß Gott [grüs] alô (alemão do sul)
gültig [gültirr] válido
Gummi n [gúmi] borracha
Gummiband n [gúmibánt] elástico (de escritório)
günstig [günstirr] barato; conveniente; favorável;
Gürtel m [gürtel] cinto
gut [gût] bem; bom
gutaussehend [gût-áuse-ent] bonito; vistoso
gute Besserung! [gûte bésserunc] sare logo!
guten Abend [gûten âbent] boa-noite
gute Nacht [gûte nárrt] boa-noite
guten Appetit! [gûten apetît] bom apetite!
guten Morgen [gûten] bom-dia
guten Tag [gûten tâc] bom-dia
guten Tag, freut mich [gûten tâc fróit mírr] bom-dia, prazer em conhecê-lo
gute Reise [gûte ráize] boa viagem
Güterzug m [gütea-tsûc] trem de carga
gutmütig [gût-mütirr] afável
Gutschein m [gût-cháin] vale; voucher
Gymnasium n [güm-nâziúm] escola secundária

H

H (Haltestelle) ponto de ônibus/de bonde
Haar n [hâr] cabelos
Haarfestiger m [hâr-festiguer] condicionador
Haarschnitt m [hâr-chnít] corte de cabelos
Haarstudio n [hâr-chtûdio] cabeleireiro
haben [hâben] ter
Hafen m [hâfen] porto
Hafenpolizei f [hâfen-politsái] polícia portuária
Hafenrundfahrt f [hâfen-runt-fârt] passeio de barco pelo porto
Haft f [háft] detenção; prisão
Häftling m [héftling] prisioneiro
Hagel m [hâguel] granizo
Haken m [hâquen] gancho
halb [hâlp] meio; metade
halbe Stunde f [hâlbe chtúnde] meia hora
Halbpension f [hálp-pensiôn] meia pensão
Hälfte f [hélfte] meio; metade
Hallenbad n [hállenbât] piscina coberta
Hals n [háls] pescoço
Halskette f [háls-quete] colar
Hals-Nasen-Ohren-Arzt m [háls nâzen ôren ártst] especialista em

ouvido, nariz e garganta
Halsschmerzen [**há**ls-chmértsen] dor de garganta
Halstabletten fpl [**há**ls-tabl**é**ten] pastilhas para a garganta
halt! [hált] pare!
Haltbar bis... prazo de validade...
Haltbarkeitsdatum data de validade
Halte deine Stadt sauber mantenha sua cidade limpa
halten deter; parar
Haltestelle f [**há**lte-cht**ê**lle] escala; parada
Halteverbot sem escalas; sem espera
hält nicht in... não pára em...
Handarbeit f [h**á**nt-arbáit] trabalho de agulha (bordado etc.)
Handbremse f [h**á**nt-brémze] freio de mão
Handel m comércio; negócio
Handelsgesellschaft f empresa comercial
Handelsbank f banco mercantil
Handgelenk n [h**á**nt-gueléne] pulso
Handgepäck n [h**á**nt-guepéc] bagagem de mão
Handlung f [h**á**ntlung] ação; loja
Handschuhe mpl [h**á**nt-chûe] luvas
Handtasche f [h**á**nt-táche] bolsa
Handtuch n [h**á**nt-tûrr] toalha
Handwerk n [h**á**nt-vérc] artesanato
Handzettel m [h**á**nt-tsétel] folheto
Hansaplast® n [h**a**nzaplast] curativo adesivo
hart duro
Hase m [h**â**ze] coelho; lebre
Hass m ódio
hassen odiar [h**á**-sen]
hässlich [h**é**sslirr] feio
hast tens
hat tem
hatte [h**á**te] teve
hätte [h**é**te] teria
hatten tiveram
hattest tiveste
Haupt- [h**á**upt] principal
Hauptbahnhof m [h**á**upt-bân-hôf] estação central
Hauptpost f [h**á**upt-póst] correio central
Hauptprogramm n [h**á**upt-prográm] característica principal
Hauptsaison f [h**áu**pt-zêzon] alta estação/temporada
Hauptstraße f [h**áu**pt-chtrâsse] rua principal
Haus n [h**á**us] casa
zu Hause [tsû h**áu**se] em casa
nach Hause gehen [narr-guê-en] ir para casa
Haushaltsgeräte spl [h**áu**s-hálts gueret] eletrodomésticos
Haushaltwaren [h**áu**s-hált-vâren] utensílios domésticos
Hausmeister m [h**áu**smáistea] zelador
Hausnummer f [h**áu**s-númea] número da casa

Hausordnung f [háus-órtnung] administração da casa
Hausschuhe [háus-chûe] chinelo
Haustier n [háus-tîa] animal de estimação
Hauswirt m [háus-viat] senhorio
Hauswirtin f [háus-vírtin] senhoria
Haut f [háut] pele
Hautreiniger m [háut-ráiniguea] produto para limpeza de pele
Hbf (Hauptbahnhof) estação central
Heft n caderno de exercícios
Heftzwecke f [heft-tsvéque] percevejo; tachinha
Heißlufttrockner m [háisluft-trócnea] secador manual de cabelos
heilen [háilen] curar
Heiligabend m [hailirr-âbent] noite de Natal
Heimwerkerbedarf material para você mesmo fazer algo
Heirat f [háirat] casamento
heiraten [háiraten] casar(-se)
heiß [háiss] quente
heißen [háissen] chamar
wie heißen Sie? [vî] como você se chama?; qual é o seu nome?
Heißwachs m [háiss-vács] cera quente
Heizdecke f [háits-déque] cobertor elétrico
Heizgerät n [háits-guerêt] aquecedor
Heizung f [háitsung] aquecimento
helfen ajudar
hell brilhante; claro
Hemd n [hémt] camisa
herabgesetzt [hérapguezetst] reduzido
zu stark herabgesetzten Preisen preços reduzidos
Herbergsmutter f [herbercs-múta] administradora; diretora
Herbergsvater m [herbercs-fâta] administrador; diretor
Herbst m [hérpst] outono
herein! [heráin] entre!
hergestellt in... feito em...
Herr m [hér] Sr.; cavalheiro
Herren toalete masculino
Herrenkleidung f [héren-cláidung] roupas masculinas
Herrenmoden moda masculina
Herrensalon m [héren-zalon] barbearia; cabeleireiro masculino
Herrentoilette f [héren-toaléte] toalete masculino
herrlich [hérlirr] encantador
Hersteller m fabricante
Herz n [hérts] coração
Herzinfarkt m [hérts-infárct] ataque do coração; infarto
herzlich willkommen [hértslirr vílcómen] bem-vindo
herzlichen Glückwunsch! [hértslirren glüc-vúnch] parabéns!; feliz aniversário!
heute [hóite] hoje

heute abend [âbent] hoje à noite
heute geschlossen fechado hoje
hier [hîa] aqui
hier abreißen rasgue aqui
hier abschneiden corte aqui
hier einreißen rasgue aqui
hier einsteigen entre aqui
hierher [hîa-hêa] aqui
hierhin aqui
hier öffnen abra aqui
hier Parkschein lösen adquira aqui a permissão para estacionar
Hilfe f [hílfe] ajuda
Himmel m céu
hinlegen: sich hinlegen [zirr-hín-lêguen] deitar-se
hinsichtlich [hínzirrtlirr] no que diz respeito a; quanto a
hinten atrás
hinter por trás
Hintergrund m [híntea-grúnt] cenário; fundo
Hinterhof m [híntea-hôf] quintal
Hintern m traseiro
Hinterrad n [híntea-rât] roda traseira
Hirsch m [hírch] carne de veado
Hitzewelle f [hítse-véte] onda de calor
hoch [hôrr] alto
Hochschule f [hôrr-chûte] faculdade; universidade
höchste [hörrste] o mais alto
Höchstgeschwindigkeit velocidade máxima
Hochzeit f [hórr-tsáit] casamento
Hochzeitstag m [hórrs-tâc] aniversário de casamento
hoffen esperar
hoffentlich [hófentlirr] com sorte
Hoffnung f [hófnung] esperança
höflich [höflirr] bem-educado
Höhe f [hö-é] altura
höher [hö-es] mais alto
höhere Schule f [hö-ere chûle] escola secundária
Höhle f [hôle] caverna
holen [hôlen] arranjar; trazer
holländisch [hóléndich] holandês
Holz n [hólts] bosque; madeira
hören [hören] ouvir
Hörer m [hörer] ouvidor; ouvinte; receptor
Hörer abnehmen tire o fone do gancho
Hörer einhängen recoloque o fone no gancho
Hörerin f [hörerin] ouvinte
Hörgerat n [hörguerêt] aparelho auditivo
Höschen n [hö-rren] calcinha
Hose f [hôze] calça
Hr. (Herr) Sr.
hübsch [hüpch] lindo
Hubschrauber m [hûp-chráubea] helicóptero
Hüfte f [hüfe] quadril
Hügel m [hüguel] monte
Hund m [húnt] cachorro
Hunde bitte anleinen cachorros devem ficar com a guia
hundert [húndeat] cem

Hundertmarkschein **m** [húndeat-marc-cháin] nota de cem marcos
Hunde sind an der Leine zu führen cachorros devem ficar com a guia
Hunger: Hunger haben [húnguea hâben] estar com fome
Hupe **f** [hûpe] buzina
Hupen verboten proibido buzinar
Husten **m** [hûsten] tosse
Hut **f** [hût] chapéu
Hypothek **f** [hüpotêc] hipoteca

I

i.A. (im Auftrag) em nome de
ich [írr] eu; me
Idee **f** [idê] idéia
i.d.T. (in der Trockenmasse) unidade para medir mercadorias secas
ihm [îm] o; lhe; a ele
ihn [în] o; lhe; a ele
ihnen os; lhes; a eles
Ihnen [înen] te; a ti
ihr [eer] a; lhe; a ela; seu(s); sua(s)
Ihr [îr] teu; tua; vosso; vossa
ihre [îre] dela; seu; sua
Ihre [îre] teu; tua; vosso; vossa
Illustrierte **f** [ilustrîte] revista
im em (+o/a)
immer sempre
Immobilienmakler **m** [imobîlî-en-mâcla] corretor de imóveis
Impfung **f** [ímpfung] vacinação
indem [indêm] tão; como; por
Industriegebiet **n** [industrî-guebît] zona industrial
infolge [infôlgue] como resultado de
Infopostsendung **f** [ínfôpóstzéndung] impressos
Informationsschalter **m** [infóamatsîôns-chálter] balcão de informações
Inh. (Inhaber) proprietário
Inhalt conteúdo; sumário
Initialen **fpl** [initsiálen] iniciais
Inland doméstico; interno; nacional
Inlandsflüge vôos domésticos
Inlandsgespräch **n** [ínlants-guechprêrr] chamada telefônica nacional
Inlandsporto **n** [ínlants-pórto] correio interno
innen (im/in) lado de dentro
innerhalb [ínneahálp] dentro
ins na direção de; para o
Insektenschutzmittel **n** [ínzécten-chutsmitel] repelente de insetos
Insel **f** [ínzel] ilha
insgesamt o conjunto; o todo
Installateur **m** [instalatör] encanador
Intensivstation **f** [intenzîf-chtatsiôn] unidade de tratamento intensivo - UTI
interessant interessante
Interesse **n** [interésse] interesse
irgend etwas [írguent étvas] algo; qualquer coisa
irgend jemand [iêmant]

alguém; qualquer um
irgendwo [írguent-vô] em algum lugar
irisch [îrich] irlandês
isst comer; come
ist é
Italien n [itâli-en] Itália
italienisch [italiênich] italiano

J

ja [iá] sim
Jacht f [iárrt] iate
Jachthafen m [iárrt-hâfen] marina
Jacke f [iáque] blusão; cardigã
Jahr n [iâr] ano
Jahreszeit f [iâres-tsáit] estação do ano
Jahrhundert n [iâr-húndeat] século
Jahrmarkt m [iâr-márct] feira
Jalousie f [jaluzî] veneziana
Jausenstation f [iáuzen-chtatsiôn] lanchonete
je [iê] sempre
jede [iêde] cada; todo
jeden Tag [iêdentâc] cada/todo dia
jeder [iêdea] todo mundo; todos
jedes [iêdes] cada
jedesmal [iêdesmâl] cada/toda vez
je... desto... [iê-désto] o... o...
jemals [iêmals] sempre
jemand [iêmant] alguém
jenseits [iênzáits] do outro lado (de); além
jetzt [iétst] agora
JH (Jugendherberge) albergue da juventude
joggen: joggen gehen [djógnen guêen] fazer jogging
Jucken n [iúquen] coceira
jüdisch [iüdich] judeu
Jugendherberge f [iûguentherbergue] albergue da juventude
Jugendklub m [iûguent-clúb] clube de jovens
Jugendliche: für Jugendliche ab... Jahren para jovens com mais de... anos
Juli m [iûli] julho
jung [iúnc] jovem
Junge m [iúnque] menino
junge Leute [iûngue lóite] jovens
Junge Mode moda jovem
Junggeselle m [iúnc-guezéle] solteiro
Juni m [iûni] junho
Juwel m [iûvêl] jóia
Juwelier m [iûvelîr] joalheria

K

Kabel n [câbel] cabo
Kabine f [cabîne] camarote (navio)
Kaffeefilter m [cafê-filter] filtro de café
Kaffeehaus n [cafê-háus] café
kahl careca
Kai m [cái] cais
Kalender m calendário; agenda
kalt frio

kam [câm], kamen veio, vieram
Kamin m [camîn] chaminé; lareira
Kamm m pente
Kampf m luta
kämpfen [quémpfen] lutar
kamst [câmst] vieste
Kanadier m [canâdiea], Kanadierin f canadense
kanadisch [canâdich] canadense
Kanal m [canâl] canal; Canal da Mancha
Kaninchen n [canînrren] coelho
kann poder
Kännchen n [quénrren] pote
Kanne f [cáne] caneca (chá/café)
kannst podes
Kanu n [canû] canoa
Kapitän m [capitên] capitão
Kappe f [cápe] boné
kaputt [capút] quebrado
Karfreitag m [carfráitâc] Sexta-Feira Santa
Karneval m [cárneval] carnaval realizado antes da Quaresma, com desfiles de fantasias e grandes festas
Karte f [cárte] bilhete; cartão
Karten bilhetes
Kartenleser m [cárten-lêzer] leitor de cartões
Kartenspiel n [cárten-chpîl] jogo de cartas
Kartentelefon n [cárten-têlêfôn] telefone com cartão
Kasse f [cásse] caixa; o caixa; bilheteria
Katalysator m [catalüzâtor] catalisador
Kater m [câter] gato macho; ressaca
kath. (katholisch) católico
Katze f [cátse] gato
kaufen [cáufen] comprar
Kaufhaus n [cáufháus] loja de departamentos
kaum [cáum] dificilmente
Kaution f [cautsiôn] depósito
Kehle f [quêle] garganta
Keilriemen m [cáil-rîmen] correia do ventilador
kein(e)... [cáine] não...; nem...
keine Ahnung [cáine ânung] nem imagino
ich habe keine [írr hâbe cáine] não tenho nada
keine... mehr [cáine mêa] não mais...
kein... mehr [cáin mêa] não mais...
kein Ausstieg sem saída
keine heiße Asche einfüllen não coloque cinzas quentes neste recipiente
kein Einstieg proibida a entrada
keine Selbstbedienung sem self-service
keine Zufahrt proibida a entrada
kein Trinkwasser água não potável
kein Verkauf an Jugendliche unter... Jahren venda proibida para menores de... anos

kein Zugang proibida a entrada
kein Zutritt proibida a entrada
kein Zutritt fur Jugendliche unter... Jahren proibida a entrada de menores de... anos
Keller **m** adega; porão
Kellner **m** garçom
Kellnerin **f** garçonete
kennen saber
Keramik **f** [querâmic] porcelana
Kerze **f** [quértse] vela
Kette **f** [quéte] corrente
Keuchhusten **m** [cóirr-hûsten] coqueluche
Kiefer **m** [quîfer] maxilar; pinheiro
Kind **n** [quínt] criança
Kinder **spl** crianças
für Kinder ab... Jahren para crianças de... anos
Kinderarzt **m** [quínder-ártst], Kinderärztin **f** pediatra
Kinderbett **n** berço
Kinderkleidung **f** [quínder-cláidung] roupas infantis
Kindermoden moda infantil
Kindersitz **m** [quínder-zíts] assento para criança; cadeirinha
Kinderspielplatz **m** [quínder=chpîlpláts] playground
Kindervorstellung **f** [quínder-forchtélung] espetáculo para crianças
Kinderwagen **m** [quínder-vâguen] carrinho de bebê
Kinn **n** queixo
Kino **n** [quîno] cinema
Kinocenter **n** [quîno-sénter] cinema multiplex
Kirche **f** [quír-rre] igreja
Klang **m** som
klar certo; claro; tudo bem
Klasse **f** [clásse] classe
klebrig [clêbrirr] adesivo; colante
Kleid **n** [cláit] vestido
Kleider [cláider] roupas
Kleiderbügel **m** [cláiderbüguel] cabide
klein [cláin] pequeno
Kleinbus **m** [cláinbús] van
Kleingeld **n** [cláinguét] troco
Klempner **m** encanador
Klima **n** [clîma] clima
Klimaanlage **f** [clîma-ánlâgue] ar-condicionado
klimatisiert [climatizîrt] ar-condicionado
Klingel **f** campainha; sino
klingeln tocar a campainha
Klippe **f** [clípe] penhasco
Klo **n** toalete
Kloster **n** [clôsta] convento; mosteiro
klug [clûc] inteligente
Kneipe **f** [cnáipe] pub; bar
Knie **n** [cnî] joelho
Knöchel **m** [cnörrel] tornozelo
Knochen **m** [cnórren] osso
Knopf **m** [cnópf] botão
Knoten **m** [cnôten] nó
Koch **m** [córr] cozinheiro
Kochgeschirr **n** [córr-guechír] utensílios de cozinha
Köchin **f** [cörrin] cozinheiro

Kochnische f [córrnîche] quitinete
Kochtopf m [córr-tópf] caçarola
Koffer m mala; maleta
Kofferkuli m [cófa-cûli] carrinho de bagagem
Kofferraum m [cófa-ráum] porta-malas
Kohle f [côle] carvão
Kollege m [cólêgue], **Kollegin f** colega
Köln [cöln] Colônia
Kölnisch Wasser [cölnich vássa] água-de-colônia
komisch [cômich] engraçado
kommen vir [cómen]
das kommt darauf an [dáráuf] isso depende
Komödie f [comödîe] comédia
kompliziert [complitsîrt] complicado
Konditorei f [condîtorái] confeitaria
Kondom n [condôm] camisinha; preservativo
König m [cönirr] rei
Königin f [cöniguin] rainha
Konkurrenz f [concurénts] concorrência; competição
können [cönen] poder; ser capaz de
können Sie...? [zî] você pode...?
könnte [cönte], **könnten, könntest** poderia
Konservierungsstoffe camisinhas; preservativos
Konsulat n [conzulât] consulado
Kontaktlinsen fpl [contáct-línzen] lentes de contato
Konto n conta
Kontrolle f [contróle] controle
kontrollieren [contrólîren] controlar
Konzert n [contsêrt] concerto
Kopf m cabeça
Kopfkissen n travesseiro
Kopfschmerzmittel n [cópf-chmeats-mítel] aspirina
Kopfstütze f [cópf-chtûtse] apoio de cabeça
Kopftuch n [cópf-tûrr] echarpe
Kopfweh n [cópf-vê] dor de cabeça
Kopie f [copî] cópia
kopieren [copîren] copiar
Korb m [corp] cesto
Korkenzieher m [córquen-tsî-ea] saca-rolhas
Körper m [cöpea] corpo
Körperpuder m [cöpea-pûdea] talco
Kosmetika spl [cosmêtica] cosméticos
kostbar [cóstbar] caro
kosten custar
kostenlos [cósten-lôs] isento; livre de taxas
köstlich [cöstlirr] delicioso
Kostüm n [costüm] tailleur
Kragen m [crâguen] colarinho
Krampf m cãibra
krank doente
Kranke m/f [cránque] pessoa doente
Krankenhaus n [cránquen-háus] hospital

Krankenkasse **f** [cránquen-cásse] seguro-saúde
Krankenpfleger **m** [cránquenp-flêguea] enfermeiro
Krankenschein **m** [cránquen-cháin] comprovante do seguro-saúde
Krankenschein nicht vergessen não se esqueça de seu comprovante do seguro-saúde
Krankenschwester **f** [cránquen-chvéstea] enfermeira
Krankenwagen **m** [cránquen-vâguen] ambulância
Krankheit **f** [cránque-háit] doença
Krawatte **f** [craváte] gravata
Krebs **m** [crêps] câncer
Kreditabteilung departamento de crédito
Kredite [credîte] empréstimos
Kreditkarte **f** [crêdît-cárte] cartão de crédito
Kreis **m** [cráis] círculo
Kreisverkehr **m** [cráis-feaquêa] rotatória
Kreuz **n** [cróits] cruz
Kreuzfahrt **f** [cróitsfârt] cruzeiro
Kreuzung **f** [cróitsung] cruzamento
Kreuzworträtsel **n** [cróitsvort-rêtsel] palavras cruzadas
Kriechspur pista de baixa velocidade
Krieg **m** [crîc] guerra
kriegen [crîguen] conseguir
Krücken **fpl** [crüquen] muletas
Krug **m** [crûc] jarro
Küche **f** [cürre] cozinha; culinária
Küchenbedarf para a cozinha
Kugel **f** [cûguel] bola
Kugelschreiber **m** [cûguelchráibea] caneta esferográfica
Kuh **f** [cû] vaca
kühl [cül] fresco
Kühler **m** [cülea] radiador (carro)
kühl lagern manter em local fresco
Kühlschrank **m** [cülchránc] geladeira
kühl servieren servir gelado
Kultur **f** [cúltûr] cultura
Kulturbeutel **m** [cúltûr-bóitel] frasqueira; nécessaire
Kumpel **m** [cúmpel] camarada; companheiro
Kunde **m** [cúnde], Kundin **f** cliente
Der Kunde ist König o cliente sempre tem razão
Kundenparkplatz estacionamento para clientes
Kunst **f** [cúnst] arte
Kunstgalerie **f** [cúnst-galerî] galeria de arte
Kunsthalle **f** [cúnst-hále] galeria de arte
Künstler **m** [cünstlea]; Künstlerin **f** artista
künstlich [cünstlirr] artificial
Kupplung **f** [cúplung] embreagem
Kurbelwelle **f** [cúrbelvéle] eixo de manivela
Kurort **m** [cûr-órt] spa

Kurs **m** [cúrs] câmbio; cotação do câmbio; curso
Kurswagen **m** [cúrs-vâguen] trem direto
Kurve **f** [cúrve] curva
Kurvenreiche Strecke curvas
kurz [cúrts] baixo; curto
kurz nach [nârr] logo depois
kurz vor [fôr] logo antes
kurzsichtig [cúrts-zírrtirr] míope
Kurzstrecke **f** [cúrts-chtréque] viagem curta
Kurzwaren **fpl** [cúrts-vâren] loja de armarinhos
Kusine **f** [cuzîne] primo
Kuss **m** [cús] beijo
küssen [cüssen] beijar
Küste **f** [cüste] costa; litoral
Küstenwacht **f** [cüsten-várrt] guarda costeira

L

l (Liter) litro
Labor **n** [labôr] laboratório
lächeln [lérreln] sorrir
Lächeln **n** sorriso
lachen [lárren] rir
lächerlich [lérrerlirr] ridículo
Laden **m** [lâden] loja
Ladenstraße **f** [lâdenchtrâse] rua de comércio
Laken **n** [lâquen] lençol
Lampe **f** [lámpe] lâmpada
Land **n** [lánt] país
landen aterrissar
Länder **spl** [léndea] distritos administrativos da Alemanha, cada qual com sua assembléia legislativa
Landeskennzahl **f** [lándes-quéntsâl] código de área do país
Landkarte **f** [lánt-cârte] mapa
Landschaft **f** [lánt-cháft] paisagem; panorama; zona rural
Landstraße **f** [lánt-chtrâsse] estrada rural
Landtag **m** [lánt-tâc] assembléia legislativa regional
Land- und forstwirtschaftlicher Verkehr frei apenas para veículos agrícolas e florestais
lang comprido; longo
lange [lángue] por um longo tempo
Länge **f** [léngue] comprimento
langsam [lángzam] lento; lentamente; devagar
Langsam fahren dirija devagar
langweilig [lánc-váilirr] chato; entediante
Lärm **m** [lerm] barulho
lassen deixar; sair
lässig [léssirr] relaxado; tranqüilo
Laster **m** caminhão
Lastwagen **m** [lást-vâguen] caminhão
Latzhose **f** [láts-hôze] jeans
laufen [láufen] correr
Läufer **m** [lóifea] corredor; tapete
laut [láut] alto; barulhento
lauwarm [láuvarm] desanimado
Lawine **f** [lavîne] avalanche
Lawinengefahr perigo de

avalanches
Leben n [lêben] vida
leben viver
lebendig [lebéndirr] vivo
Lebensgefahr f [lêbens-guefâr] perigo
Lebenshaltungskosten pl [lêbens-háltungscósten] a custo de vida
Lebenslauf m [lêbens-láuf] currículo; curriculum vitae
Lebensmittel spl [lêbens-mítel] mantimentos
Lebensmittelhandlung f [lêbens-mítel-hantlung] mercearia
Lebensmittelvergiftung f [lêbens-mítel-feaguíftung] intoxicação alimentar
Leber f [lêbea] fígado
Leck n vazamento
lecker gostoso; saboroso
Leder n [lêdea] couro
Lederwaren artigos de couro
ledig [lêdirr] solteiro
leer [lêa] vazio
Leerung f [lêrung] coleção
Nächste Leerung próxima coleção
legen [lêguen] pôr
Lehrer m [lêrea], **Lehrerin** f instrutor(a); professor(a)
leicht [láirrt] fácil; leve
leicht verderblich perecível
leiden [láiden] sofrer
leider [láidea] infelizmente
leid: tut mir leid [tût mîa láit] sinto muito
leihen [láien] emprestar; pedir emprestado
Leihgebühr f [láiguebür] aluguel
Leim m [láim] cola
Leiter f [láita] escada
Leiter m, **Leiterin** f chefe; gerente
Lenkrad n [léncrât] direção; volante
Lenkung f [léncung] direção
lernen [lérnen] aprender
lesen [lêsen] ler
Leser m [lêsea], **Leserin** f leitor(a)
letzte(r,s) [létste,-er,-es] último
Leute pl [lóite] pessoas
Licht n [lírrt] luz
Licht einschalten acender a luz
Lichtspiele cinema
Lidschatten m [lît-cháten] sombra para os olhos
Liebe f [lîbe] amor
lieben [lîben] amar
lieber [lîbea] antes; preferir
Liebhaber m [lîb-hâbea], **Liebhaberin** f amante; namorado(a)
Lieblings- [lîplings] favorito
Lied n [lît] canção
Lieferant m [lîferánt] fornecedor
liefern entregar
liegen [lîguen] encontrar-se; estar
Liegestuhl f [lîguechtûl] espreguiçadeira
Liegewagen f [lîguevâguen] beliche; leito (trem)
lila [lîla] lilás; roxo
Limousine f [limuzîne] limusine
Linie f [lînie] linha; empresa aérea

Linienflug m [lîni-enflûc] vôo regular
links esquerdo(a)
links (von) [fón] a esquerda (de)
Linksabbieger fluxo de trânsito pela esquerda
Links halten mantenha-se à esquerda
linkshändig [líncs-héndirr] canhoto
Linse f [línse] lente; objetiva (câmera)
Lippe f [lípe] lábios
Lippenstift m [lípenchtift] batom
Liste f [líste] lista
Lkw m [él-câ-vê] caminhão; veículo de carga
Loch n [lórr] buraco; orifício
Locke f [lóque] anel/cacho de cabelos
Lockenwickler m [lóquen-víclea] aparelho para encrespar cabelos
Löffel m [löfel] colher
los [lôs] solto; frouxo
los! vamos!
was ist los? o que é que há?
Löwe m [löve] leão
Lücke f [lüque] brecha; espaço em branco; lacuna
Luft f [lúft] ar
luftdicht verpackt embalagem a vácuo
Luftdruck m [lúftdrúc] pressão do ar
Luftkissenboot n [lúftquissenbôt] hovercraft
Luftpost: per Luftpost [péa lúftpóst] por via aérea
Luftpostsendungen correspondência por via aérea
lügen [lüguen] mentir
Lunge f [lúngue] pulmão
Lungenentzündung f [lúnguenentsündung] pneumonia
Lust haben auf [lúst hâben áuf] ter vontade de
Luxus m [lúcsus] luxo

M

machen [márren] fazer
mach schon! [márr chôn] tudo bem!
mach's gut [gût] tome cuidado
Mädchen n [mêtrren] menina
Mädchenname m [mêtrren-nâme] nome de solteira
mag [mâc] parecido; como; possível
Magen m [mâguen] estômago
Magenschmerzen mpl [mâguen-chmértsen] dor de estômago
Magenverstimmung f [mâguen-feachtímung] indigestão
magst [mácst] tu gostas, você gosta
Mahlzeit f [mâltsáit] refeição
nach den Mahlzeiten einzunehmen tome após as refeições
vor den Mahlzeiten einzunehmen tome antes das refeições
Mai m [mái] maio
Mal n [mâl] vez
zum ersten Mal [tsúm éasten] pela primeira vez

malen [mâlen] pintar
man se
man spricht Englisch fala-se inglês
manchmal [mánrrmal] às vezes
Mandelentzündung f [mándel-entsündung] amigdalite
Mandeln fpl amígdala
Mangel m deficiência; falta
Mann m homem; marido
Mann! cara!; rapaz!
männlich [ménlirr] masculino
Mannschaft f [mánchaft] time; tripulação
Mantel m casacão, sobretudo
Markt m mercado
Markthalle f [márct-hálle] mercado coberto
März m [mérts] março
Masern [mâzern] sarampo
Massenmedien spl [mássen-mêdi-en] meios de comunicação de massa
Matratze f [matrátse] colchão
Mauer f [máuea] muro; parede
Maus f [máus] camundongo; mouse
maximale Belastbarkeit carga máxima
Mechaniker m [mérrâniquer] mecânico
Medikament n medicamento
Meer n [mêa] mar
mehr [mêa] mais
mehrere [mêrere] diversos
Mehrfachstecker m [mêrfarr-chtéquer] adaptador
Mehrfahrtenkarte f [mêr-fârtencârte] bilhete para muitos dias
Mehrheit f [mêr-háit] maioria
Mehrwertsteuer f [mêr-vért-chtóia] Imposto sobre Valor Agregado, IVA
mein [máin], meine [máine] meu; minha
Meinung f [máinung] opinião
meiste: das meiste (von) [máiste (fon)] a maioria (de)
Melone f [melône] melão; chapéu-coco
Menge f [méngue] multidão
Mensch m [ménch] pessoa
Mensch! uau!
Menschen pessoas
menschlich [ménchlirr] humano
Messe f [mésse] feira (de negócios)
Messegelände n [mésse-gueléndé] feira (recinto)
Messer n faca
Meter m [mêtea] metro
Metzger m [métsga] açougueiro
Metzgerei f [métsguerái] açougue
mich [mírr] me; mim
Mietauto n [mît-áuto] carro alugado
Miete f [mîte] aluguel
mieten [mîten] alugar
Mietkauf m [mîtcáuf] contrato de arrendamento
Militärisches Sperrgebiet mantenha distância: área militar
Milliardär m [miliardêr (-in)], Milliardärin f multimilionário(a)

Millionär **m** [milionêr (-in)], Millionärin **f** milionário(a)
min. (Minute) minuto
Minderheit **f** [mínder-háit] minoria
mindestens ao menos
Mindestens haltbar bis... dura até...
Mineralölsteuer **f** [mineral-ölchtóiea] imposto sobre petróleo
Minirock **m** minissaia
mir [mîa] mim; para mim
mir geht's gut [guêts gût] estou bem
Mischung **f** [míchung] mistura
Missbrauch strafbar multa por uso indevido
Missgeschick **n** [míss-guechíc] azar; infortúnio
Missverständnis **n** [míss-feachténdnis] equívoco
Mist! merda!
Miststück **n** [míst-chtüc] puta
mit com
Mitbringen von Hunden nicht gestattet proibida a entrada de cachorros
Mitfahrzentrale **f** [mitfâr-tsentrâle] agenciamento de caronas
Mitleid **n** [mítláit] pena
mitnehmen [mítnêmen] dar carona a; levar
zum Mitnehmen levar embora; ir
Mittag **m** [mítâc] meio-dia
Mittagessen **n** [mítac-éssen] almoço
mittags [mítâcs] ao meio-dia
mittags geschlossen fechado para almoço
Mitte **f** [míte] meio
Mitteilung **f** [mít-táilung] mensagem; recado
Mittel **n** meios; recursos
Mittelalter **n** [mítel-áltea] Idade Média
mittelgroß [mítel-grôs] tamanho médio
Mittelmeer **n** [mítel-mêa] mar Mediterrâneo
Mitternacht **f** [míternárrt] meia-noite
Mittwoch **m** [mítvórr] quarta-feira
Möbel **pl** [möbel] móveis
möbliert [möblîrt] mobiliado
möchte [mörrte] gostaria de
ich möchte gern [guéan] eu gostaria
Mode **f** [môde] moda
Modeartikel artigos da moda
modisch [môdich] elegante; que segue a moda
Mofa **n** [môfâ] bicicleta motorizada pequena
mögen [möguen] gostar
möglich [möglirr] possível
Möglichkeit **f** [möglirrcáit] possibilidade
Monat **m** [mônat] mês
Monatskarte **f** [mônats-cârte] bilhete mensal
Monatsraten [mônats-râten] investimentos mensais
Mond **m** [mônt] lua

Montag m [môntâc] segunda-feira
Mord m [mórt] assassinato
Mörder m [mörda], Mörderin f assassino(a)
morgen amanhã [móaguen]
Morgen m manhã
morgens de manhã
Motor abstellen desligue o motor
Motorboot n [môtôr bôt] barco a motor
Motorhaube f [môtôr-háube] capô
Motorrad n [môtôr-rât] motocicleta
Möwe f [möve] gaivota
müde [müde] cansado
Mühe f [mü-e] problema
Müll abladen verboten proibido jogar lixo
Mülltonne f [müll-tóne] lata de lixo
München [münrren] Munique
Mund m [múnt] boca
Münzeinwurf introduza a moeda aqui
Münzen [müntsen] moedas
Münztank m [münts tánc] bomba que funciona com moedas
Muschel f [múchel] concha; mexilhão
Muskel m [músquel] músculo
muss [múss] necessidade
müssen [müssen] precisar (dever)
musst [músst], müßt [mûsst] preciso
musste [músste], mussten, musstest precisam
Muster n [mústea] exemplo; modelo; padrão
mutig [mûtirr] corajoso
Mutter f [múta] mãe
Mutti f [múti] mamãe
Mütze f [mütse] boné; quepe
MWSt (Mehrwertsteuer) IVA

N

nach [nârr] depois; para; conforme...
Nachbar m [nárrbar], Nachbarin f vizinho
nachdem [nârrdêm] depois; posteriormente
nachher [nârr-hêa] mais tarde
Nachmittag m [nárrmitâc] a tarde
Nachmittags geschlossen fechado à tarde
Nachname m [nârrnâme] sobrenome
Nachricht f [nârr-rirrt] mensagem; recado
Nachrichten fpl [nârr-rirrten] notícias
nachsenden [nârr-zenden] despachar; enviar
nächste [nêrrste] próximo; o mais próximo
nächstes Jahr próximo ano
Nacht f [nárrt] noite
Nachtdienst m [nárrt-dînst] farmácia aberta até tarde
Nachteil m [nârr-táil] desvantagem

Nachthemd **n** [nárrt-hémt] vestido de noite
Nachtportier **m** [nárrt-portiê] porteiro da noite
Nachtruhe **f** [nárrt-rû-e] sono
nachts [nárrts] à noite
Nacken **m** nuca
nackt despido; nu
Nadel **f** [nâdel] agulha; alfinete
Nagel **m** [nâguel] prego; unha
Nagelfeile **f** [nâguel-fáile] lixa de unha
Nagellack **m** [nâguel-lác] esmalte de unha
Nagellackentferner **m** [nâguel-lác-entféanea] removedor de esmalte
Nagelschere **f** [nâguel-chêre] cortador de unha
nah(e) [nâ-e] perto
Nähe: in der Nähe [in dêa nê-e] perto daqui
nähen [nê-ên] costurar
nahm, nahmen, nahmst pegado; tomado
Nahschnellverkehrszug **m** [nâ-chnél-feaquêrs-tsûc] trem local
Nahverkehrszug **m** trem local
Narkose **f** [narcôze] anestésico
Nase **f** [nâze] nariz
Nasenbluten **n** [nâzenblûten] sangramento de nariz
nass molhado
natürlich [natüalirr] é claro; naturalmente
Naturprodukt **m** produto natural
Nebel **m** [nêbel] neblina; névoa
Nebelschlussleuchte **f** [nêbel-chlúss-lóirrte] farol de neblina traseiro
neben [nêben] próximo a
Nebenstraße **f** [nêben chtrâsse] estrada secundária
nee [nê] neca; neres (gíria)
Neffe **m** [néfe] sobrinho
nehmen [nêmen] aceitar; pegar
Neid **m** [náit] inveja
neidisch [náidich] invejoso
nein [náin] não
Nerven **mpl** [nérfen] nervosismo
Nervenzusammenbruch **m** [nérfen-tsuzámen-brûrr] colapso nervoso
nervös [néavös] nervoso
nett amável; bonito
Nettogewicht **n** peso líquido
Nettoinhalt **m** conteúdo líquido
Netz **n** [néts] rede
Netzkarte **f** [néts-cárte] cartão de viagem; bilhete aberto
neu [nói] novo
Neubau **m** [nóibau] prédio novo
Neujahr **n** [nói-iâr] Ano-Novo
neulich [nóilirr] há poucos dias; recentemente
neun [nóin] nove
neunzehn [nóintsên] dezenove
neunzig [nóintsirr] noventa
nicht [nírrt] não
nicht... não faça...
nicht berühren não toque
nicht betriebsbereit não está pronto
nicht bügeln não use o ferro de passar
Nichte **f** [nírrte] sobrinha

Nichtgefallen: bei Nichtgefallen Geld zurück a sua satisfação ou o seu dinheiro de volta
nicht hinauslehnen não se apóie; não debruce
nicht hupen proibido buzinar
nicht in der Maschine waschen não use a máquina de lavar roupas
nicht rauchen proibido fumar
Nichtraucher não-fumante
Nichtraucherabteil **n** [nírrt-ráurrea-aptáil] recinto para não-fumantes
nichts [nírrts] nada
nicht schleudern não use a secadora de roupas
nicht stürzen frágil
nicht zur innerlichen Anwendung para uso externo
Nichtzutreffendes bitte streichen por favor, apague se for conveniente
nie [nî] nunca
Niederlage **f** [nîdealâgue] derrota
Niederlande **pl** [nîdealánde] Países Baixos
niederländisch [nîdealéndich] holandês
niemals [nîmals] nunca
niemand [nîmant] ninguém
Niere **f** [nîre] rim
niesen [nîzn] espirrar
nimmst tomo
nimmt toma
nirgends [nírguents] em lugar nenhum
noch [nórr] ainda; até; mais
noch ein(e)... [áine] outro...
noch nicht [nírrt] ainda não
nochmal [nórrmâe] de novo
Norden **m** norte
Nordfriesische Inseln **fpl** [nórtfrîzicha ínzeln] Ilhas Frísias do Norte
nordirisch [nórt-îrich] irlandês do norte
Nordirland **n** [nórt-îrlant] Irlanda do Norte
nördliche Stadtteile ao norte da cidade
nördlich von [nörtlirr fon] ao norte de
Nordsee **f** [nórtzê] mar do Norte
Normal **n** [nórmâl] gasolina comum
Norwegen **n** [nórvêguen] Noruega
norwegisch [nórvêguich] norueguês
Notarzt **m** [nôt-artst] médico de pronto-socorro
Notaufnahme **f** [nôt-aufnâme] pronto-socorro
Notausgang **m** [nôt-ausgánc] saída de emergência
Notausstieg **m** [nôt-aus-chtîc] saída de emergência
Notbremse **f** [nôt-brémze] freio de emergência
Notfall **m** [nôt-fál] emergência
im Notfall Scheibe einschlagen quebre o vidro em caso de emergência
Notfälle [nôt-féle] emergências

nötig [**nö**tirr] necessário
Notizbuch n [no**tí**ts-bûrr] caderno
Notruf m [**nô**trûf] chamada de emergência
Notrufsäule f [**nô**trûf-zóile] telefone de emergência
notwendig [nôtnéndirr] necessário
Nr. (Nummer) n°, número
nüchtern einzunehmen ficar de barriga vazia
null [núl] zero
Nummer f [**nú**mea] número
Nummernschild n [**nú**mernchilt] placas (de carro)
nun [nûn] agora
nur [nûa] apenas; só
nur begrenzt haltbar dura por período limitado
nur für Anlieger acesso apenas para moradores
nur für Bedienstete apenas pessoal autorizado
nur für Busse apenas ônibus
nur für Erwachsene apenas adultos
nur für Gäste apenas para os hóspedes (do hotel)
nur gegen Voranmeldung apenas com hora marcada
nur im Notfall benutzen apenas para uso de emergência
nur mit der Hand waschen apenas para lavar as mãos
nur solange der Vorrat reicht apenas enquanto durar o estoque
nur werktags apenas nos dias de semana
nur zur äußerlichen Anwendung apenas para uso externo
nützlich [**nü**tslirr] útil

O

ob [óp] no caso de; se
oben [**ô**ben] alto; em cima; no andar de cima
Obergeschoss n último andar
Oberweite f medida do busto; medida do peito
Obst und Gemüse frutas e verduras
obwohl [óp**vôl**] apesar; embora
oder [**ô**dea] ou
oder? não é?; você não?; tudo bem?
offen aberto
offensichtlich [**ó**fenzírrt-lirr] óbvio
öffentlich [**ö**fentlirr] público
Öffentlichkeit f [**ö**fentlirr-cáit] público
öffnen [**ö**fnen] abrir
Öffnung f [**ö**fnung] abertura
Nach Öffnung nur beschränkt haltbar dura por tempo limitado só depois de aberto
Öffnungszeiten [**ö**fnungs-tsáiten] horário de funcionamento
oft com frequência; muitas vezes
ohne [**ô**ne] sem
ohne Konservierungsstoffe sem conservantes

ohne künstliche Aromastoffe sem aromatizantes artificiais
Ohnmacht: in Ohnmacht fallen [ônmárrt] desmaiar
Ohr n [ôa] orelha; ouvido
Oktoberfest n [óctôberfést] festival da cerveja de Munique (em setembro)
Ölstand m [ölchtant] nível do óleo
Ölwechsel sofort troca de óleo enquanto você espera
Oma f [ôma] vovó
Omnibus m [ómnibús] ônibus
Onkel m tio
Opa m [ôpa] vovô
Oper f [ôpea] ópera
Operationssaal m [operatsiôns-zâl] sala de cirurgia
Opfer n vítima
Optiker m oculista
Ordner m [órtnea] folheto dobrado; comissário de bordo
Ordnung f [órtnung] ordem
in Ordnung tudo bem
Ort m cidade; lugar
örtliche Betäubung f [ötlirre betóibung] anestesia local
Ortsgespräch n [órts-guechprêrr] ligação local
Ortsnetz n [órtsnéts] rede local
Ortszeit f [órts-tsite] hora local
Ossi m [ósi] alemão oriental
Osten m leste
Ostern n [ôstern] Páscoa
Österreich n [östearáirr] Áustria
Österreicher m [östearáirrea], Österreicherin f [östearáirrea-in] austríaco(a)
österreichisch [östearáirrich] austríaco
Ostfriesische Inseln fpl [óstfrîziche ínzeln] Ilhas Frísias Orientais
östliche Stadtteile leste da cidade
östlich von [östlirr fón] leste de
Ostsee f [óstzê] Báltico

P

Paar n [pâr] par
paar: ein paar... alguns...
Päckchen npl [pécrren] pedaços pequenos
packen fazer a mala
Packung f [pácung] embalagem
Paket n [paquêt] embrulho; pacote
Paketannahme f [paquêt-ánnâme] guichê para pacotes
Palast m palácio
Panne f [páne] pane
Pannendreieck n [pánen-drái-éc] triângulo de sinalização
Pannenhilfe f [pánen-hilfe] serviço de guincho
Papier n [papîr] papel; lixeira
Papier(hand)tücher spl [papîr-hantûrr] lenço de papel
Pappe f [pápe] papelão
Parfüm n [parfüm] perfume
Parkausweis m [párc-ausváis] permitido estacionar
Parkbucht f [párc-bûrrt] área de estacionamento
Parkdauer permitido estacionar para...

parken estacionar
Parken nur mit Parkscheibe apenas para quem tem disco de estacionamento
Parken nur mit Parkschein estacione apenas com permissão
Parken verboten proibido estacionar
Parkett **n** primeiras filas no teatro
Parkhaus **n** [párc-háus] edifício-garagem
Parkplatz **m** [párc-plats] estacionamento
Parkscheinautomat **m** [párc-cháin-áutomât] máquina de vendas de tíquete de estacionamento
Parkschein entnehmen pegue um tíquete
Parkuhr **f** [párc-ûa] parquímetro
Parkverbot proibido estacionar
Pass **m** [pás] passaporte; passe
Passagier **m** [passagîr] passageiro
Passkontrolle **f** [páss-contróle] controle de passaporte
Pauschalreise **f** [pauchâl-ráize] pacote de viagem
Pause **f** [páuze] intervalo; pausa
Pech **n** [pérr] má sorte
peinlich [páinlirr] constrangedor
Pelz **m** [pélts] pele
Pelzmantel **m** [péltsmantel] casaco de pele
Pension **f** [penziôn] hospedaria; pensão
Personalausweis **m** [pérzonâlausváis] carteira de identidade
Personaleingang **m** entrada de funcionários
Personenzug **m** [perzônentsûc] trem de passageiros; trem que faz paradas
Perücke **f** [perüque] peruca
Pf. (Pfennig) pfennig
Pfandleihe **f** [pfantlái-e] penhorista
Pfanne **f** [pfâne] frigideira
Pfd. (Pfund) libra (libra alemã = 500g)
Pfeife **f** [pfáife] cachimbo; cano
Pferd **n** [pfêat] cavalo
Pferderennbahn **f** [pfêaderenbân] pista de corrida
Pferdeschwanz **m** [pfêade-chvants] rabo-de-cavalo
Pfingsten **n** pentecostal
Pflanze **f** [pflántse] planta
Pf. (Pfennig) pfennig (unidade monetária alemã, 100 pf = 1 marco alemão)
Pfund **n** [pfúnt] libra (libra alemã = 500g); libra esterlina
Phonoartikel equipamento de som
Pickel **m** mancha; marca
pikant apimentado; picante
Pille **f** [píle] pílula
Pinsel **m** [pínzel] pincel
Pinzette **f** [pintséte] pinça
Pistole **f** [pistôle] arma de fogo
Pkw **m** [pê-câ-vê] carro particular
Plakat **n** [placât] cartaz; pôster

Plakate ankleben verboten proibido colocar cartazes
Plastik **n** plástico
Plastiktüte **f** [plástic-tüte] saco/ sacola de plástico
platt achatado; liso; plano
Plattenspieler **m** [plátenchpîlea] toca-discos
Platz **m** [pláts] assento; espaço; lugar; praça
Platzanweiserin **f** [pláts-anváizerin] lanterninha (cinema, teatro)
Platzkarte **f** [platscârte] reserva de lugares
pleite [pláite] quebrado
Plombe **f** [plómbe] obturação
plötzlich [plötslirr] de repente
PLZ (Postleitzahl) código postal
Pokal **m** [pôcâl] xícara
Polen **n** [pôlen] Polônia
Politik **f** [politîc] política
Politiker **m** [polîtiquea], Politikerin **f** político(a)
politisch [polîtich] político
Polizei **f** [politsái] polícia
Polizeipräsidium **n** [politsái-prezîdium] polícia de quarteirão
Polizeiwache **f** [politsái-várre] delegacia de polícia
Polizist **m** [politsíst] policial
Polizistin **f** [politsíst-in] policial feminina
polnisch [pólnich] polonês
Pony **m** [póni] borda; franja
Portemonnaie **n** [portmonê] carteira
Portier **m** [portiê] porteiro
Porto **n** franquia postal
portugiesisch [portuguîzich] português
Porzellan **n** [portselân] porcelana
Post **f** [póst] correio
Postamt **n** [póst-ámt] agência de correio
Postanweisung **f** [póst-anváisung] vale-postal
Postanweisungen ordem de pagamento pelo correio
Postkarte **f** [póst-cârte] cartão-postal
postlagernd [póst-lâguernt] posta-restante
postlagernde Sendungen posta-restante
Postleitzahl **f** [póstlait-tsâl] código postal
Postscheckkonto **n** [póst-chéc-cónto] transferência postal de crédito
Postsparkasse **f** [póst-chpar-cásse] poupança postal
Postwertzeichen **npl** [póst-vert-tsáirren] selos
Postwertzeichen in kl. Mengen selos em pequenas quantidades
praktisch [práctich] prático
praktische Ärztin **f** [práctiche értstin] médica de clínica geral
praktischer Arzt **m** [práctichea ártst] médico de clínica geral
Präservativ **n** [preservatîf] camisinha; preservativo
Praxis **f** [prácsis] consultório médico
Preis **m** [práis] preço

zum halben Preis metade do preço
preisgünstig [práisgünstirr] barato
Preis reduziert preço reduzido
Preissenkung desconto
preiswert barato; pechincha
prima! [prîma] que bom!
Prinz m [prínts] príncipe
Prinzessin f [printsessin] princesa
Privateigentum propriedade particular
Privatgrundstück propriedade particular
Privatparkplatz estacionamento particular
pro: pro Woche [vórre] por semana
Probe f [prôbe] amostra; ensaio
probieren [probîren] experimentar; provar
Programmkino n [prográm-quîno] programa de cinema
Prospekt m folheto; prospecto
prost! [prôst] saúde!
Prozent n [protsént] por cento
Prozess m [protsés] julgamento; processo
prüfen [prüfen] verificar
Publikum n [pûblicum] audiência
Puder m [pûdea] pó; poeira
Pumpe f [púmpe] bomba
Punkt m [púnct] ponto; ponto final
pünktlich [pünctlirr] pontual
Puppe f [púpe] boneca
putzen [pútsen] limpeza
Putzfrau f [pútsfrau] faxineira

Q

Qualität f [cvalitêt] qualidade
Qualitätsware artigos de qualidade
Qualle f [cvále] água-viva
Quatsch m [cvátch] absurdo
Quelle f [cvéle] fonte
Quittung f [cvítung] recibo

R

Rabatt m desconto
Rad n [rât] roda
Radfahren n [râtfâren] ciclismo
Radfahrer m [râtfârea] ciclista
Radfahrer frei apenas para ciclistas
Radfahrerin f [râtfârerin] ciclista
Radiergummi n [radîagúmi] borracha
Radweg m [râtvêc] ciclovia
Radweg kreuzt cruzamento de ciclovia
Rand m [ránt] beira; borda
Rang m fileira; grau
Rasen m [râzen] gramado
Rasierapparat m [razîa-raparât] lâmina de barbear
Rasiercreme f [razîa-crême] creme de barba
rasieren: sich rasieren [zirr razîren] fazer a barba
Rasierklinge f [razîa-clingue] lâmina de barbear
Rasierpinsel m [razîa-pínzel] pincel de barba

Rasierseife **f** [razîa-záife] espuma de barba
Rasierwasser **n** [razîa-vássa] loção pós-barba
Raststätte **f** [rást-chtéte] área de serviço
Rat **m** [rât] conselho
Rate **f** [râte] tarifa; taxa; prestação
raten [râten] aconselhar; adivinhar
Ratenzahlung **f** [râtentsâlung] contrair crédito; plano de prestações
Ratenzahlung möglich condições de crédito em vigor
Rathaus **n** [rât-haus] prefeitura
Rätsel **n** [rêtsel] charada; enigma; quebra-cabeça
Ratskeller **m** [râts-quélea] restaurante e bar perto da prefeitura
Ratte **f** [ráte] rato
Rattengift **n** [rátenguift] veneno de rato
Raub **m** [ráup] assalto; roubo
Raubüberfall **m** [raup-übeafál] assalto à mão armada
Rauch **m** [ráurr] fumaça
rauchen [ráurren] fumar
Rauchen einstellen proibido fumar
Rauchen und offenes Feuer verboten proibido fumar e usar iluminação artificial
Rauchen verboten proibido fumar
Raucher [ráurrea] fumantes
Raucherabteil **n** [rárrea-aptáil] recinto para fumantes
rauh [ráu] grosseiro; rude
raus! [ráus] fora!; saia daqui!
Rechner **m** [rérrnea] calculadora; computador
Rechnung **f** [rérrnung] conta
rechts [rérrts] direito(a)
Rechtsabbieger fluxo de trânsito pela direita
Rechtsanwalt **m** [rérrts-anvált], Rechtsanwältin **f** [rérrts-anvéltin] advogado(a)
rechts fahren mantenha-se à direita
rechts halten fique à esquerda
rechtshändig [rérrts-héndirr] destro
rechts (von) [rérrts (fón)] à direita (de)
rechtzeitig [rérrtsáitirr] em tempo
reduziert reduzido
Reformhaus **n** [refórm-haus] loja de comidas naturais
Reformkost **f** comidas naturais
Regen **m** [rêguen] chuva
Regenmantel **m** [rêguen-mantel] capa de chuva
Regenschirm **m** [rêguen-chirm] guarda-chuva
Regierung **f** [reguîrung] governo
regnen [rêgnen] chover
es regnet [és rêgnet] está chovendo
regnerisch [rêgnerich] chuvoso
Reh **n** [rê] pequeno cervo
Reibe **f** [ráibe] ralador
reich [ráirr] rico

reichen: das reicht [ráirrt] é suficiente; já basta
reif [ráif] maduro
Reifen m [ráifen] pneu
Reifendruck m [ráifendrúc] pressão do pneu
Reifenpanne f [ráifen-páne] pneu furado
Reihe f [ráie] fileira; série
reine Baumwolle algodão puro
reine Schurwolle lã pura
reine Seide seda pura
reine Wolle lã pura
reinigen [ráinigen] limpar
Reinigung f [ráinigung] lavanderia
Reinigungscreme f [ráinigungs-crême] creme de limpeza
Reise f [râize] viagem
Reiseandenken suvenires
Reiseapotheke f [ráize-apotêque] kit de primeiros socorros
Reiseauskunft f [ráize-auscunft] informações de viagem
Reisebedarf m [ráize-bedarf] requisitos para viajar
Reisebüro n [raize-büro] agência de viagem
Reiseführer m [ráize-fürea] guia; livro guia
reisen [ráizen] viajar
Reisende [ráizende] passageiros
Reisepass m [ráizepás] passaporte
Reiseproviant m [ráize-proviánt] comida para viagem
Reisescheck m [ráize-chéc] cheque de viagem
Reißverschluss m [raissfea-chlús] zíper
Reitsport m [ráit-chport] corrida de cavalos
Reitweg m [ráitvêc] caminho para cavaleiros
Reklamationen queixas; reclamações
Reklame f [reclâme] anúncio; publicidade
Rennbahn f pista de corrida
Rentner m, Rentnerin f pensionista idoso(a)
Reparaturen consertos
Reparaturwerkstatt f [reparatûr-vérc-chtát] oficina
reparieren [reparîren] consertar
Reportage f [reportâge] cobertura; reportagem
reservieren [rezervîren] reservar
reserviert [rezervîrt] reservado
Reservierung f [rezervîrung] reserva
Restgeld wird zurückgegeben damos troco
Rettungsring m [rétungs-ring] cinto de segurança
Rezept n [retsépt] receita; prescrição
rezeptpflichtig venda apenas com receita
Rhein m [rain] Reno
Rheuma n [róima] reumatismo
Richter m [rírrtea] juiz
Richterin f [rírrterin] juíza
richtig [rírrtirr] certo; correto
Richtung f [rírrtung] direção
riechen [rîrren] cheirar
Riegel m [rîguel] tranca

Risiko n [rízico] risco
Rock m saia; rock (música)
Rodelbahn f [rôdelbân] pista de tobogã
Rohr n [rôr] cano; tubo
Rolle f [róle] papel; parte
Rollsplitt pedregulho
Rollstuhl m [rólchtûl] cadeira de rodas
Rolltreppe f [rôltépe] escada rolante
Roman m [román] romance
Röntgenaufnahme f [röntguen-aufnâme] raios X
rosa [rôsa] cor-de-rosa
Rosenmontagszug m [rôzen-móntács-tsûc] desfile realizado na segunda-feira de Carnaval (feriado)
rot [rôt] vermelho
Röteln [röteln] rubéola
rothaarig [rôthârirr] ruivo
Rubin m [rubín] rubi
Rücken m [rüquen] costas
Rückenschmerzen mpl [rüquenchmertsen] dor nas costas
Rückfahrkarte f [rüc-fârcârte] bilhete/passagem de ida e volta
Rücklichter spl [rüc-lírrtea] lanternas traseiras
Rückseite f [rüc-záite] avesso; reverso
rücksichtslos [rüc-zírrtslôs] impiedoso; implacável
Rücksitz m [rüc-zits] assento de trás
Rückspiegel m [rüc-chpîguel] espelho retrovisor
rückwärts [rüc-vérts] de costas; para trás
Rückwärtsgang m [rüc-vérts-gáng] marcha à ré
Ruderboot n [rûderbôt] barco a remo
Ruf m [rûf] chamada; ligação
ruf doch mal an alguém em algum lugar quer receber uma ligação sua
rufen [rûfen] chamar; gritar
Rufnummer f [rûfnúmea] número de telefone
Rufsäule f [rûfzóile] telefone de emergência
Ruhe f [rûe] calma; tranquilidade
ruhestörender Lärm perturbação da paz
Ruhetag fechado o dia todo
ruhig [rû-irr] sossegado
ruhige Lage lugar sossegado/tranquilo
rund [rúnt] redondo
Rundfahrt f [rúntfârt] visita guiada
Rundgang m visita guiada (a pé)
Rundreise f [rúntráize] visita guiada
russisch [rússich] russo
Russland n [rússlant] Rússia

S

Sache f [zárre] assunto; coisa; questão
Sachsen n [sácsen] Saxônia

Sackgasse f [zác-gásse] rua sem saída
sagen [zâguen] dizer
man sagt, dass... [zâct] eles dizem que...
sagenhaft [zâguenhaft] terrível
sah [zâ], **sahen, sahst** vi
Salbe f [zálbe] pomada
Salon m [zalôn] salão
salzig [záltsirr] salgado
Sammelkarte f [zámelcârte] bilhete para diversos dias
sammeln [zámeln] colecionar
Sammlung f [zámlung] coleção
Samstag m [zámstâc] sábado
samstags [zámstâcs] aos sábados
Sandstrand m [zánt-chtrant] praia de areia
Sanitäter m [zanitêtea] paramédico de ambulância
Sanitätsdienst m [zanitêts-dînst] serviço de ambulância
Sanitätsstelle f [zanitêts-chtéle] centro de primeiros socorros
Satz m [záts] sentença; tarifa
sauber [záubea] limpo
säubern [zóibean] limpar
sauer [záuea] ácido/azedo; louco da vida
Sauerstoff m [záueachtóf] oxigênio
SB (Selbstbedienung) auto-serviço; self service
S-Bahn f [éss-bân] ferrovia urbana
SB-Tankstelle f [éss-bê-táncchtéle] posto de combustível com auto-serviço
Schachtel f [chárrtel] caixa; pacote
schade: das ist schade [châde] é uma pena
Schädel m [chêdel] crânio
Schaden m [châden] avaria; dano
Schaf n [châf] carneiro; ovelha
Schaffner m [cháfnea] chefe de trem; condutor
schal [châl] amanhecido; velho
Schal m [châl] echarpe
Schallplatte f [chálpláte] disco
Schalter m [cháltea] bilheteria; interruptor
Schalterstunden horário comercial
Schaltknüppel m [chált-cnüpel] alavanca do câmbio
schämen: sich schämen [zirr chêmen] envergonhar-se
scharf [chárf] nítido; picante
Schatten m [cháten] sombra
Schauer m [cháuea] chuveiro
Schaufenster n [cháufénstea] vitrina
Scheck m [chéc] cheque
Scheckheft n [chéc-héft] talão de cheques
Scheckkarte f [chéc-cârte] cartão do banco
Scheibe f [cháibe] fatia
Scheibenwischer m [cháibenvíchea] limpador de pára-brisa
Schein m [cháin] nota; aparência
Scheineingabe introduza uma nota

scheinen [cháinen] brilhar; parecer
Scheinwerfer **mpl** [cháinverfer] farol dianteiro
Scheiße! [cháisse] merda!
Scheißkerl **m** [cháiss-querl] filho da mãe
Schenkel **m** [chénquel] coxa
Schere **f** [chêre] tesoura
scheu [chói] tímido
Schiedsrichter **m** [chîts-rírrter] árbitro; juiz
Schiff **n** [chíf] embarcação; navio
Schild **n** [chílt] placa; tabuleta
Schirm **m** [chírm] guarda-chuva; tela
Schlafanzug **m** [chlâf-antsûc] pijama
schlafen [chlâfen] dormir
Schlaflosigkeit **f** [chlâflosirrcáit] insônia
Schlafmittel **n** [chlâfmítel] sonífero
Schlafraum **m** [chlâfraum] dormitório; quarto
Schlafsaal **m** [chlâfzâl] dormitório; quarto
Schlafsack **m** [chlâfzác] saco de dormir
Schlaftablette **f** [chlâftabléte] sonífero
Schlafwagen **m** [chlâfvâguen] vagão-leito
Schlafzimmer **n** [chlâftsímea] quarto
Schlafzimmerbedarf para o quarto
schlagen [chlâguen] bater
Schläger **m** [chlêguea] raquete; arruaceiro
Schlange **f** [chlângue] cobra; fila
Schlange stehen [chtê-en] fazer fila
schlank [chlánc] esbelto; magro
Schlauch **m** [chláurr] câmara-de-ar
schlecht [chlérrt] mau; nada bom; ruim
Schlechte Fahrbahn estrada com pista em péssimo estado
schlechter [chlérrtea] pior
schlechteste [chlérrteste] o pior
Schleudergefahr pista escorregadia
schleudern [chlóidern] derrapar
Schleuderpreise corte nos preços
schließen [chlîssen] fechar
Schließfach **n** [chlîsfarr] guarda-volumes
Schließfächer guarda-volumes
schloss [chlóss] fechado
Schloss **n** castelo; fechadura
Schluckauf **m** [chlúc-auf] soluço
schlucken [chlúquen] engolir
Schluss **m** [chlúss] fim
Schlüssel **m** [chlüssel] chave; chave de parafuso; chave inglesa
schmackhaft [chmác-haft] gostoso; saboroso
schmecken [chméquen] provar
Schmerz **m** [chmérts] dor
schmerzen [chmértsen] doer
schmerzhaft [chmertshaft] doloroso
Schmerzmittel **n** [chmértsmitel] analgésico

Alemão → Português

schminken: sich schminken [zirr chmínquen] maquiar-se
Schmuck **m** [chmúc] jóias
schmutzig [chmútsirr] sujo
schnarchen [chnár-rren] roncar
Schnauze! [chnautse] cale a boca!
Schnee **m** [chnê] neve
schneebedeckt coberto de neve
Schneeketten **fpl** correntes para neve
Schneeverhältnisse **fpl** [chnêfeahéltnisse] condições da neve
Schneeverwehung **f** [chnêfeavêiung] monte de neve
schneiden [chnáiden] cortar
sich schneiden cortar-se
Schneiderei **f** [chnáiderái] alfaiataria
schneien [chnáien] nevar
schnell [chnél] rápido
Schnellimbiss **m** [chnélímbis] lanchonete
Schnellzug **m** [chnéltsûc] trem expresso
Schnupfen **m** [chnúpfen] resfriado
Schnurrbart **m** [chnúrbart] bigode
schön [chön] agradável; bonito
schon [chôn] ainda; já
Schönheitspflege **f** [chönháitspflêgue] cuidados de beleza
Schönheitssalon **m** [chönháits-zalôn] salão de beleza
Schornstein **m** [chórnchtáin] chaminé; lareira
Schotte **m** [chóte] escocês
Schottin **f** [chótin] escocesa
Schrank **m** [chránc] armário
Schranke **f** [chránque] barreira
Schraube **f** [chráube] parafuso
Schraubenschlüssel **m** [chráuben chlüssel] chave de fenda; chave inglesa
Schraubenzieher **m** [chráuben tsíer] chave de fenda
schreiben [chráiben] escrever
Schreibmaschine **f** [chráip machîne] máquina de escrever
Schreibpapier **n** [chráip-papîr] papel de carta
Schreibtisch **m** [chráiptich] escrivaninha; mesa
Schreibwaren **pl** [chráipvâren] material de escritório
Schreibwarenladen **m** [chráipvâren-lâden] papelaria
schreien [chráien] gritar
schrieb [chrîp], schriebst, schrieben escreveu
Schriftsteller **m** [chrift-chtéler], Schriftstellerin **f** escritor(a)
Schritt **m** [chrít] degrau; passo
Schritt fahren dirija em velocidade bem reduzida
schüchtern [chürrtern] tímido
Schuhcreme **f** [chûcrême] graxa de sapato
Schuhe **mpl** [chû-e] sapato
Schuhmacher **m** [chûmárrea] sapateiro
Schuhreparaturen sapataria rápida

SC

Schulbedarf itens escolares
Schulden **fpl** [chúlden] dívidas
schuld: er ist schuld [êa íst chúlt] a culpa é dele
schuldig [chúldirr] culpado
Schule **f** [chûle] escola
Schüler und Studenten criança em idade escolar e estudantes
Schulhof **m** [chûl-hôf] pátio de recreio na escola
Schulter **f** [chúltea] ombro
Schüssel **f** [chüssel] tigela
Schutt abladen verboten não dê gorgetas
schützen [chütsen] proteger
Schützenfest **n** [chütsenfest] carnaval local
Schwaben **n** [chvâben] Suábia
schwach [chvárr] fraco
Schwachkopf **m** [chvárr-cópf] idiota; esplêndido
Schwachsinn **m** [chvárr-zín] besteira; bobagem
Schwager **m** [chvâguer] cunhado
Schwägerin **f** [chvêguerin] cunhada
Schwamm **m** [chvám] esponja
schwanger [chvánguea] grávida
Schwanz **m** [chvánts] cauda; rabo
schwarz [chvárts] preto
Schwarzes Brett **n** [chvártses] quadro de aviso
Schwarzwald **m** [chvártsvált] Floresta Negra
schwarz-weiß [chvárts-váiss] preto-e-branco
Schwein **n** [chváin] porco
Schweiz **f** [chváits] Suíça
Schweizer **m** [chváitsea], Schweizerin **f** [chváitserin] suíço(a)
schwer [chvêa] pesado; difícil
Schwerlastverkehr veículos pesados
Schwester **f** [chvéstea] irmã
Schwiegermutter **f** [chvîguea múta] sogra
Schwiegersohn **m** [chvîguea-zôn] genro
Schwiegertochter **f** [chvîguea-tórrtea] nora
Schwiegervater **m** [chvîguea-fâta] sogro
schwierig [chvîrirr] difícil
Schwimmbad **n** [chvím-bât] piscina
Schwimmen **n** [chvímen] natação
schwimmen nadar
schwimmen gehen [guê-en] ir nadar
Schwimmen verboten proibido nadar
Schwimmer **m** [chvímea], Schwimmerin **f** nadador(a)
Schwimmweste **f** [chvím-véste] colete salva-vidas
schwindlig [chvímdlirr] tonto
schwitzen [chvítsen] suar
schwul [chvûl] homossexual; gay
sechs [zécs] seis
sechzehn [zérr-tsên] dezesseis
sechzig [zérr-tsírr] sessenta
See **m** [zê] lago
See **f** mar
seekrank [zêcránc] enjoado; mareado

Segelboot **n** [zêguelbôt] veleiro
Segeln **n** [zêgueln] velejar
Segler **m** [zêglea], **Seglerin** **f** [zêglerin] iatista; velejador
sehen [zê-en] ver
Sehenswürdigkeit **f** [zê-ens-vürdirr-cáit] vista
sehr [zêa] muito
sei [zái] seja
seid [záit] sois, sejam
seien Sie [záien] sejam
Seide **f** [záide] seda
Seife **f** [záife] sabão; sabonete
Seil **n** [záil] corda
sein [záin] ser; seu
seine [záine] seu
seit [záit] desde
seitdem [záit-dêm] desde
Seite **f** [záite] lado; página
Seitenstreifen nicht befahrbar cuidado, acostamento instável
Sekunde **f** [zecûnde] segundo
selbe [zêlbe] mesmo
selbst [zêlpst] até
er/sie selbst ele mesmo/ela mesma
Selbstbedienung **f** [zêlpstbedînung] auto-serviço; self-service
selbstverständlich [zélpstfeachténdlirr] é claro
Selbstwählferndienst interurbano com discagem direta
seltsam [zéltzâm] estranho
senden [zénden] enviar
Sender **m** [zéndea] emissora (rádio/TV)
Sendung **f** [zéndung] programa
sensibel [zenzîbel] sensível
Serviervorschlag sugestões de serviço
Sessellift **m** [zéssel-lift] cadeira de teleférico
setzen [zétsen] colocar; pôr
sich setzen sentar-se
sexistisch [zécsístich] sexista
sicher [zírrea] seguro
Sicherheitsgurt **m** [zírrea-haitsguat] cinto de segurança
Sicherheitsnadel **f** [zírrea-haitsnâdel] alfinete de segurança
Sicherung **f** [zírrerung] fusível
Sicht **f** [zírrt] visibilidade
sie [zî] ela; a; lhe
Sie tu/você
sieben [zîben] sete
siebzehn [zîptsên] dezessete
siebzig [zîptsirr] setenta
Sieg **m** [zîc] vitória
siehe... veja...
siehst [zîst] vês
sieht [zît] vê
siezen [zîtsen] para usar a forma "Sie" mais formal
Silber **n** [zílbea] prata
silbern [zílbean] prateado
Silvester **n** [zílvéstea] Réveillon
sind [zínt] é
singen [zínguen] cantar
sinken [zínquen] afundar
Sitz **m** [zíts] assento
Sitz für Schwerbehinderte assento para deficientes
Sitzplätze assentos
skifahren [chîfâren] esquiar
Skifahren **n** prática de esqui

Skigebiet **n** [chîguebît] área para esquiar
Skihose **f** [chî-hôze] calça para esquiar
Skilehrer **m** [chîlêrea], Skilehrerin **f** instrutor de esqui
Skipiste **f** [chîpíste] rampa de esqui
Skistiefel **mpl** [chî chtîfel] botas para esquiar
Skistock **m** [chî-chtóc] bastão para esquiar
Smoking **m** smoking
so [zô] assim; desse modo
so... wie [vi] tanto... como
sobald [zôbált] assim que for possível
Socke **f** [zóque] meia soquete
Sodbrennen **n** [zôtbrénen] azia
sofort [zofóat] imediatamente
Sohn **m** [zôn] filho
solange [zôlángue] desde que
Sommer **m** [zómea] verão
Sommerfahrplan **m** [zómeafûrplân] horário de verão
Sommerferien **fpl** [zómeafêrien] férias de verão
Sommerschlussverkauf liquidação de verão
Sonderangebot **n** [zóndea anguebôt] oferta especial
Sonderflug **m** [zóndeaflûc] vôo especial
sondern [zóndean] mas
Sonderpreis **m** [zóndeapráis] preço especial
Sondervorstellung **f** [zóndeafôrchtélung] apresentação especial
Sonnabend **m** [zón-âbent] sábado
Sonne **f** [zóne] sol
sonnenbaden [zónen-bâden] tomar sol
Sonnenbrand **m** [zónenbránt] queimadura de sol
Sonnenbrille **f** [zónen-bríle] óculos de sol
Sonnenöl **n** [zónen-öl] loção/óleo de bronzear
Sonnenschein **m** [zónen-cháin] raio de sol
Sonnenstich **m** [zónen-chtirr] insolação
Sonnenuntergang **m** [zónen-únteagang] pôr-do-sol
sonnig [zónirr] ensolarado
Sonntag **m** [zóntac] domingo
Sonntagsfahrer **m** [zóntacs-fôrea] motorista "barbeiro"/"domingueiro"
sonn- und feiertags aos domingos e feriados
sonst [zónst] senão
Sorge **f** [zórgue] preocupação
sich Sorgen machen (um) [zírr zórguen márren um] preocupar-se (com)
Sorte **f** [zórte] espécie; tipo
Souterrain **n** [zûtêrã] subsolo
soweit [zováit] tão longe como
sowieso [zôvîzô] de qualquer modo
sowohl... als auch... [zôvôl áls áurr] ambos... e...
Spanien **n** [chpânien] Espanha

sparen [chpâren] salvar
Sparguthaben **n** [chpârgût hâben] conta de poupança
Sparkasse **f** [chpârcásse] caixa econômica
Spaß **m** [chpâss] graça; piada
spät [chpêt] tarde
wie spät ist es? [vî] que horas são?
Spaten **m** [chpâten] enxada; pá
Spätschalter **m** [chpêt-cháltea] bilheteria noturna
Spätvorstellung **f** [chpêt-fôachtélung] apresentação tardia
spazieren gehen [chpatsîren guê-en] dar uma caminhada
Spaziergang **m** [chpatsîrgang] caminhada
Speiche **f** [chpáirre] raio (roda)
Speisegaststätte **f** [chpáize-gástchtéte] restaurante
Speiseraum **m** [chpáize-raum] sala de jantar
Speisesaal **m** [chpáize-zâl] restaurante; salão de jantar
Speisewagen **m** [chpáize-vâguen] vagão-restaurante
Speisezimmer **n** [chpáize-tsímea] sala de jantar
Sperrgebiet [chpérguebît] área proibida
Spiegel **m** [chpîguel] espelho
Spiel **n** [chpíl] jogo; partida
spielen [chpîlen] jogar; brincar
Spielende Kinder crianças brincando
Spieler **m** [chpîlea], **Spielerin** **f** jogador(a)
Spielkasino **n** [chpîlcazîno] cassino
Spielplatz **m** [chpîl-pláts] playground
Spielwaren **fpl** [chpîl-vâren] brinquedos
Spielzeug **n** [chpîl-tsóic] brinquedo
Spinne **f** [chpíne] aranha
spinnen: du spinnst wohl! [dû chpínst vôl] você deve estar brincando!; você não está falando sério!
Spion **m** [chpiôn] espião
Spirale **f** [chpírâle] espiral; DIU
Spitze [chpítse] fantástico; o máximo
Spitzenqualität alta qualidade
Spitzname **m** [chpítsnâme] apelido
Sportartikel artigos esportivos
Sportplatz **m** [chpórt-pláts] campo de esporte
Sporttauchen **n** [chpórt-táurren] mergulho
Sportverein **m** [chpórt-fearéin] clube esportivo
Sportwagen **m** [chpórt-vâguen] carro esporte
Sportzentrum **n** [chpórt-tséntrum] centro de esportes
Sprache **f** [chprârre] idioma
Sprachenschule **f** [chprârren chûle] escola de idiomas
Sprachführer **m** [chprârr-fürer] manual de conversação
sprechen [chpréchen] conversar; falar

Sprechstunde **f** [chprérr-chtúnde] cirurgia
Sprechzimmer **n** [chprírr-tsímea] cirurgia (sala de)
spricht [chprírrt] fala
wer spricht, bitte? [vêa – bíte] quem está falando, por favor?
springen [chprínguen] pular
Spritze **f** [chprítse] injeção
Sprungschanze **f** [chprúng-chántse] salto de esqui
Spüle **f** [chpüle] pia
spülen [chpülen] lavar a louça
Spülmittel **n** [chpülmítel] detergente líquido
Staat **m** [chtât] Estado, nação
Staatsangehörigkeit **f** [chtâts-angue-höriguen] nacionalidade
Staatsanwalt **m** [chtâts-anvált] promotor público
Stadion **n** [chtâdion] estádio
Stadt **f** [chtát] cidade
Stadthalle **f** [chtát-hálle] prefeitura
Stadtmitte **f** [chtát-míte] centro da cidade
Stadtplan **m** [chtát-plân] mapa
Stadtzentrum **n** [chtát-tséntrum] centro da cidade
Stammgast **m** [chtámgast] cliente fiel/assíduo
Stammtisch **m** [chtámtích] mesa para clientes assíduos
stand [chtánt], standen [chtánden] colocado; situado
Standesamt **n** [chtándes-ámt] cartório de registro civil
Standlicht **n** [chtántlirrt] luzes laterais
starb [chtarp], starben [chtárben] morreu, morreram
stark [chtárc] forte; grande
Starkes Gefälle declive íngreme
Start **m** [chtárt] partida; decolagem
Station **f** [chtátiôn] enfermaria; escala; parada
statt [chtát] em vez de
Stau **m** [chtáu] congestionamento
Staub **m** [chtáup] pó; poeira
Staubsauger **m** [chtáup-záuguea] aspirador de pó
Std. (Stunde) hora
stechen [chtérren] picar
Stechmücke **f** [chtérr-müque] mosquito; pernilongo
Steckdose **f** [chtéc-dôse] tomada
Stecker **m** [chtéquea] tomada
stehen [chtê-en] ficar em pé
das steht mir [chtêt mîa] vai bem/cai bem em mim
stehlen [chtêlen] roubar
Stehplätze **mpl** [chtêplétse] sala de espera
steil [chtáil] declive
Stein **m** [chtáin] pedra
Steinschlag queda de pedras
Steinschlaggefahr perigo de queda de pedras
Stelle **f** [chtéle] lugar
stellen [chtélen] pôr
Steppdecke **f** [chtépdéque] edredom
sterben [chtérben] morrer
Stereoanlage **f** [chtêreo-ánlâgue] sistema de som

Alemão → Português

St

Stern **m** [chtérn] estrela
Steuer **f** [chtóiea] imposto; taxa
Steuer **n** direção; volante
Stiefel **m** [chtîfel] bota
Stift **m** [chtíft] caneta
Stil **m** [chtîl] estilo
Stille **f** [chtíle] silêncio
stillen [chtílen] amamentar
Stimme **f** [chtíme] voto; voz
stimmt [chtímt] está certo
Stimmung **f** [chtímung] disposição
Stirn **f** [chtírn] testa
Stock **m** [chtóc] andar; chão; vareta
Stockwerk **n** [chtóc-véac] andar; piso
Stoff **m** [chtóf] tecido
stolz [chtólts] orgulhoso
Stöpsel **m** [chtöpsel] tomada
stören [chtören] pertubar
stört es Sie, wenn ich...? [chtört és zî vén îrr] você se importa se eu...?
Störungsstelle **f** [chtörungs-chtéle] conserto de defeitos
Stoßdämpfer **m** [chtôs-démpfea] amortecedor
Stoßstange **f** [chtóss-chtángue] pára-choque
Str. (Straße) rua
Strafe **f** [chtráfe] multa; punição
Strand **m** [chtránt] praia
Strandgut **n** [chtránt-gût] fragmentos de naufrágio
Strandkorb **m** [chtrántcórp] cadeira de vime
Strandpromenade **f** [chtráut prômenâde] calçadão à beira-mar
Straße **f** [chtrâsse] rua; estrada
Straßenbauarbeiten obras na pista
Straßenkilometer quilômetros de estrada
Straßenbahn **f** [chtrâssen-bân] bonde
Straßenbauarbeiten **fpl** [chtrâssen-bauarbáiten] rede de ruas
Straßenschild **n** [chtrâssen-chílt] placas de rua
Straßenverkehrsordnung **f** [chtrâssen-feaquérs-órtnung] código de rodovia
Strecke **f** [chtréque] trajeto; trecho
streichen [chtrairren] cancelar; pintar
Streichholz **n** [chtráirr-hólts] fósforo
strengstens untersagt rigorosamente proibido
Streugut pedregulho
stricken [chtríquen] tricotar
Strickwaren roupa de tricô
Strom **m** [chtrôm] eletricidade; riacho
Stromausfall **m** [chtrôm-ausfál] corte de eletricidade
Stromkosten [chtrômcósten] despesas com eletricidade
Strömung **f** [chtrömung] corrente
Strümpfe **mpl** [chtrümpfe] meias
Strumpfhose **f** [chtrümpf-hôze]

meia-calça
Stück n [chtüc] peça
Student m [chtudént],
Studentin f estudante
Stuhl m [chtûl] cadeira
Stunde f [chtúnde] hora; lição
Stundenplan m [chtúndenplân] horário
stündlich [chtüntlirr] de hora em hora
Sturm m [chtúrm] tempestade
stürmisch [chtürmich] tempestuoso
Sturz m [chtúrts] queda
suchen [zûrren] buscar; procurar
Sucher m [zûrrer] visor
Süden m [züden] sul
südliche Stadtteile no sul da cidade
südlich von [züdlirr fón] ao sul de
Summe f [zúme] soma
Super n [zûpea] gasolina especial
super [zûpea] excelente; legal!
Suppenteller m [zûpentélea] prato de sopa
süß [züs] doce

T

Tabak m [tabác] fumo; tabaco
Tabakwaren tabacaria
Tabelle f [tabéle] tabela
Tablett n bandeja
Tablette f [tabléte] comprimido; pílula
Tacho m [târro] velocímetro
Tafel f [tâfel] placar; quadro-negro
Tag m [tâc] dia
Tag der Deutschen Einheit Dia da Unidade Alemã (3 de outubro, feriado)
Tagebuch n [tâguebûrr] diário
Tagesdecke f [tâguesdéque] colcha
Tageskarte f [tâgues-cârte] bilhete para um dia; prato do dia
Tageszeitung f [tâgues-tsaitung] jornal diário
täglich [têglirr] diariamente
täglich frisch fresco todos os dias
Taille f [talie] cintura
Taillenweite f [talienváite] medida da cintura
Tal n [tâl] vale
Talsperre f [tálchpére] represa
Tankstelle f [tánc-chtéle] posto de combustível
Tankwart m [táncvart] atendente na bomba de combustível
Tanne f [tane] abeto; pinheiro
Tante f [tánte] tia
Tanz m [tánts] dança
Tanzcafé n [tánts-cafê] café com dança
tanzen [tántsen] dançar
Tapete f [tapête] papel de parede
tapezieren [tapetsîren] forrar com papel de parede
tapfer corajoso

Tasche f [táche] bolsa; sacola
Taschendieb m [táchendîb] batedor de carteira
Taschenlampe f [táchen-lámpe] lanterna
Taschenmesser n [táchen-méssea] canivete
Taschenrechner m [táchen-rérrnea] calculadora
Taschentuch n [táchen-tûrr] lenço
Tasse f [tásse] xícara
tat [tât], **tatst, taten** fez, fizeram
taub [táup] surdo
tauchen [táurren] mergulhar
Tauchen verboten proibido mergulhar
tauschen [táuchen] fazer câmbio; trocar
tausend [táuzent] mil
Tauwetter n [táuvétea] degelo
Taxistand m [táxi-chtant] ponto de táxi
TEE m [tê-ê-ê] Expresso Transeuropeu
Teekanne f [técáne] bule de chá
Teelöffel m [têlöfel] colher de chá
Teestube f [têchûbe] salão de chá
Teich m [táirr] lagoa; tanque
Teil m [táil] parte
teilen [táilen] compartilhar
teils... teils... [táile] em parte... em parte...
Teilzahlung möglich crédito disponível
Telefax n fax
Telefonbuch n [telefônbûrr] caderno de telefone
Telefonieren ohne Münzen telefone com cartão
Telefonkarte f [telefôncârte] cartão de telefone
Telefonnummer f [telefôn-númea] número de telefone
Telefonzelle f [telefôn-tséle] cabine telefônica
Teller m prato
Teppich m [tépirr] carpete
Teppichboden carpete fixo
Termin m [termîn] compromisso; hora marcada
Terrasse f [terásse] pátio
Tesafilm® m [têzafílm] fita adesiva
teuer [tóia] caro; querido
Theaterstück n [teátea-chtüc] peça de teatro
tief [tîf] baixo; profundo
Tiefe f [tîfe] profundidade
Tiefgeschoss [tîfguechôs] porão; subsolo
Tiefkühlkost [tîfculcóst] comida congelada
Tier n [tîa] animal
Tierarzt m [tîr-ártst] veterinário
Tiergarten m [tîr-gárten] zôo
Tierpark m [tîr-párc] zôo
Tinte f [tínte] tinta
Tisch m [tích] mesa
Tischdecke f [tíchdéque] toalha de mesa
Tischtennis n [tíchténis] tênis de mesa
Tochter f [tórrta] filha
Tod m [tôt] morte

Todesgefahr! perigo de morte!
Toilettenpapier **n** [toalé**ten**-papûr] papel higiênico
toll! genial!; brilhante!
Tollwutgefahr perigo de hidrofobia
Ton **m** [tôn] som; barro
Topfpflanzen **fpl** [tópf-pflantsen] vasos de planta
Tor **n** gol; portão
tot [tôt] morto
Tote **m/f** [tôte] morto(a)
töten [töten] matar
Trage **f** [trâgue] maca
tragen [trâguen] carregar
Tragödie **f** [tragödie] tragédia
Trainingsanzug **m** [tréinings-ántsûc] agasalho de ginástica
trampen [trémpen] pedir carona
Trampen **n** [trémpen] viajar de carona
trank, trankst, tranken bebeu, bebeste, beberam
Trauer **f** [tráua] tristeza
Traum **m** [tráum] sonho
träumen [tróimen] sonhar
traurig [tráurirr] triste
Trauring **m** [tráuring] aliança de casamento
treffen conhecer; encontrar
Treffen **n** encontro; reunião
Treffpunkt **m** [tréfpúnct] ponto de encontro
Treibstoff **m** [tráipechtóf] combustível
Treppe **f** [trépe] escada
Treppenhaus **n** [trépen-háus] escada; escadaria
treu [trói] fiel
Trikot **n** [trîcô] roupa de malha
Trimm-dich-Pfad agasalho de jogging
trinken beber
Trinkgeld **n** [trínc-guélt] gorgeta
trocken seco
trocknen secar
Tropfen **m** gota
trotz [tróts] apesar de
trotzdem [trótsdêm] contudo
tschüs [tchüss] tchau
Tuch **n** [türr] pano; tecido
tun [tûn] fazer; pôr
Tür **f** [tüa] porta
Türkei **f** [tüscái] Turquia
Turm **m** [turm] torre
Turnschuhe **mpl** [túrnchû-e] tênis (calçado)
TÜV **m** [tüf] (Technischer Überwachungs-Verein) Associação de Monitoramento Técnico (controle de qualidade de qualquer produto)
Typ **m** [tüp] cara; sujeito

U

U-Bahn **f** [ûbân] metrô
U-Bahnhof **m** [û-bân-hôf] estação de metrô
über [ü-bea] acima; em cima
überall [übea-ál] em toda parte
überfahren [übea-fâren] atropelar

Überfall m [übeafál] ataque
übergeben [übeaguêben] ceder
sich übergeben vomitar
Übergewicht n [übeaguevirrt] excesso de bagagem; excesso de peso
überholen [übea-hôlen] ultrapassar
Überholen verboten proibido ultrapassar
Überholverbot proibido ultrapassar
Überlebende m/f [übealêbende] sobrevivente
übermorgen [übeamorguen] depois de amanhã
Übernachtung f [übeanárrtung] noite
Übernachtung mit Frühstück f [mit früchtüc] bed and breakfast
überqueren [übeacvêren] atravessar; cruzar
überraschend [übea-ráchent] surpreendente
Überraschung f [übea-ráchung] surpresa
überreden [übea-rêden] persuadir
Überschwemmung f [übeachvémung] enchente
übersetzen [übeazétsen] traduzir
Übersetzer m [überzétser], **Übersetzerin** f tradutor(a)
übertreiben [übeatráiben] exagerar
Überweisung f [übeavázung] transferência
überzeugen [übeatsóiguen] convencer
üblich [üblirr] comum; usual
Ufer n [üfea] praia
Uhr f [üa] hora
Uhrmacher m [ürmárrea] relojoeiro
UKW (Ultrakurzwelle) [û-câ-vê] FM
um [um] ao redor; em
um... Uhr às... horas
um zu a fim de
umbringen [úmbringuen] matar
Umgebung f [umguêbung] arredores
Umgehungsstraße f retorno; desvio
Umkleidekabine f [úmcláidecabîne] camarim
Umleitung f [úmlaitung] diversão
Umschlag m [úmchlâc] envelope
Umstandskleid n [úmchtants-clait] roupa de grávida
umsteigen [úmchtáiguen] trocar (de trem etc.)
umstoßen [úmchtôssen] atropelar; derrubar
umtauschen [úmtáuchen] trocar
Umtausch gegen bar ist nicht möglich as mercadorias não podem ser trocadas por dinheiro
Umtausch nur gegen Quittung as mercadorias não podem ser trocadas sem o recibo
umziehen: sich umziehen [zirr úmtsîen] trocar-se

unabhängig [**û**nap-hênguirr] independente
unangenehm [**û**n-anguenêm] desagradável
unbedeutend [**û**nbedóitent] sem importância
unbefugt desautorizado
unbekannt [**û**nbecánt] desconhecido
und [únt] e
Unebenheiten superfície irregular
Unentschieden [**ú**n-entchîden] empatado
Unfall m [**ú**nfal] acidente
Unfallgefahr local com risco de acidente
Unfallrettung f [**ú**nfál-rétung] ambulância; serviço de emergência
Unfallstation f [**ú**nfál-chtatsiôn] pronto-socorro
ungefähr [**ú**nguefêr] aproximadamente
ungeschickt [**ú**nguechíct] desajeitado
unglaublich [úngl**á**uplirr] incrível
Unglück n [**ú**nglüc] acidente; desastre; infelicidade
unglücklich [**ú**nglüclirr] infeliz; sem sorte
ungültig [**ú**ngültirr] inválido
unhöflich [**ú**n-höflirr] grosseiro; sem educação
Unkosten pl [**ú**ncósten] despesas gerais
unmöbliert [**ú**nmöblîrt] sem móveis
unmöglich [**ú**nmöglirr] impossível
uns [úns] nós; nos
unschuldig [**ú**nchuldirr] inocente
unser [**ú**nzea], **unsere** [**ú**nzere] nosso
unsicher [**ú**nzirrea] incerto; inseguro
Unsinn m [**ú**nzín] absurdo
unten [**ú**nten] embaixo; no andar de baixo; no fundo
unter [**ú**ntea] abaixo; embaixo; entre; sob
Unterbodenwäsche f [**ú**ntea-bôdenvêche] lavagem da parte inferior do carro
unterbrechen [úntebrérren] interromper
Unterführung f [únteafürung] passagem de nível
Untergeschoss n [**ú**nteaguechôs] porão; subsolo
Unterhaltung f [untea-h**á**ltung] conversa; entretenimento
Unterhemd n [**ú**ntea-hémt] camiseta; colete
Unterkunft f [**ú**nteacúnft] hospedagem
Unternehmen n [úntean**ê**men] empresa; empreendimento
Unterricht m [**ú**ntea-rirrt] lições
untersagt proibido
Unterschied m [**ú**ntea-chît] diferença
unterschreiben [únteachr**ái**ben] assinar
Unterschrift f [**ú**nteachríft] assinatura

untersuchen [unteazûrren] examinar
Untersuchung f [unteazûrrung] exame
Untertasse f [únteatásse] pires
Untertitel m [únteatîtel] legenda
Unterwäsche f [únteavéche] roupa de baixo
untreu [úntrói] infiel
unverbleit [únfeabláit] sem chumbo
unverkäufliches Muster esta amostra não está à venda
unverschämt [únfeachêmt] ultrajante
Unverschämtheit f [únfeachêmt-háit] bochecha; atrevimento
unwichtig [únvírrtirr] sem importância
uralt [ûrált] antigo
Urlaub m [ûrlaup] feriado; férias
Urlauber m [ûrlaubea], Urlauberin f excursionista
Urteil n [úrtáil] julgamento; sentença
usw. (und so weiter) etc.

V

vakuumverpackt embalado a vácuo
Vater m [fâta] pai
Vati m [fâti] papai
Ventilator m [ventilâtor] ventilador
Verabredung f [fea-áprêdung] compromisso
verantwortlich [fea-ántvortlirr] responsável
verärgert [fea-érguert] zangado
Verband m [feabánt] associação; bandagem
verbergen [feabérguen] esconder
verbessern [feabéssern] melhorar
Verbindung f [feabíndung] conexão
verbleit [feabláit] com chumbo
verboten [feabôten] proibido
Verbrauch m [feabráurr] consumo; uso
zum baldigen Verbrauch bestimmt não conservar
Verbraucher m [feabráurrea], Verbraucherin f consumidor(a)
Verbrecher m [feabrérrea], Verbrecherin f criminoso(a)
verbrennen: sich verbrennen [zirr feabrénen] queimar-se
Verbrennung f [feabrénung] queimadura
verdammt (noch mal)! [feadámt (nórr mâl)] maldito dos infernos!
verdienen [feadînen] merecer
Verein m [feráin] clube
Vereinigte Staaten f [feráinirrte chtâten] Estados Unidos
Vereinigtes Königreich n [feráinirrtes cönirr-ráirr] Reino Unido
Verengte Fahrbahn estreitamento da pista
Verengte Fahrstreifen estreitamento da pista
Verfallsdatum n [ferfáls-dâtum]

prazo de validade...

Vergaser m [feagâzer] carburador

vergessen [feaguéssen] esquecer

Vergewaltigung f [feaguevâltigung] estupro

vergleichen [feagláirren] comparar

Vergnügen n [feagnüguen] prazer

vergriffen estoque terminado

Vergrößerung f [feagrösserung] ampliação

verhaften [fea-háften] prender

verheiratet [fea-háiratet] casado

verhindern [fea-híndern] prevenir

Verhütungsmittel n [fea-hütungsmítel] anticoncepcional

Verkauf m [fea-cáuf] liquidação; venda

verkaufen [fea-cáufen] vender

zu verkaufen [tsû] à venda

Verkauf nur gegen bar apenas vendas à vista

verkaufsoffener Samstag aberto aos sábados

Verkehr m [feaquêr] trânsito

verkehren [feaquêren] correr

verkehrt alle... Minuten funciona a cada... minutos

Verkehrspolizei f [ferquêrspolitsái] polícia de trânsito

Verkehrspolizist m [ferquêrspolitsist] policial de trânsito

Verkehrsunfall m [feaquês-únfál] acidente automobilístico

Verkehrszeichen n [feaquêrs-tsáirren] placa rodoviária

verlangen [féalánguen] pedir

Verlängerungsschnur f [fealénguerungs-chnúr] fio de extensão

verlassen [fealássen] partir

verleihen: zu verleihen [tsû fealái-en] para alugar

verletzt [fealétst] machucado

verliebt [fealîpt] apaixonado

verlieren [fealîren] perder

verlobt [fealôpt] noivo

Verlobte m/f [fealôpte] noivo(a)

Verlobung f [fealôbung] noivado

Verlust m [fealúst] perda

vermeiden [feamáiden] evitar

vermieten: zu vermieten [tsû feamîten] para alugar; para locação

Vermieter m [feamîtea], **Vermieterin** f [feamîterin] locador(a); senhorio(a)

vermissen [feamíssen] perder; sentir falta/saudade

Vermittlung f [feamítlung] agência

vernünftig [feanünftirr] sensível

verpassen [feapássen] perder; sentir falta/saudade

verriegeln [fearîgueln] trancar

verrückt [fea-rüct] maluco

verschieden [feachîden] diferente

verschlafen [feachlâfen] dormir demais; perder a hora

verschlucken [feachlúquen] engolir

Verschluss **m** [fea-chlús] obturador (câmera); fecho
verschmutzt [feachmútst] poluído
verschwinden [feachvínden] desaparecer
verschwinden Sie! saia daqui!; vá embora!
Versicherung **f** [feazírrerung] seguro
Versicherungspolice **f** [feazirrerungspolîsse] apólice de seguro
verspätet [feachpétet] atrasado
Verspätung **f** [feachpétung] atraso; demora
versprechen [feachprérren] prometer
verstauchen [feastáurren] distender; torcer
verstehen [feachtê-en] compreender
ich verstehe nicht [feachtê-e nírrt] eu não compreendo
verstopft [feachtópft] obstruído; com prisão de ventre
Versuch **m** [feazûrr] tentativa
versuchen [fearzûrren] tentar
Verteiler **m** [featáila] distribuidor
Vertrag **m** [featrâc] contrato; tratado
Vertreter **m** [featrêtea], **Vertreterin** **f** agente; representante; vendedor(a)
verwählen: sich verwählen [zirr feavêlen] ligar para o número errado
verwitwet [feavítvet] viúvo
Verzeihung! [featsái-ung] desculpe-me; sinto muito
Verzogen nach... mudou-se para...
Verzögerung **f** [featsöguerung] atraso; demora
verzollen [featsólen] declarar
Vetter **m** [féta] primo
viel [fîl] muito
viele [fîle] muita
vielen Dank [fîlen] muito obrigado
viel Glück! [fîl glüc] boa sorte!
viel Glück zum Geburtstag! [tsúm guebúrtstâc] feliz aniversário!
vielleicht [filáirrt] talvez
vier [fîr] quatro
Vierwaldstätter See **m** [fîavaltchtéter zê] lago Lucerna
vierzehn [fîatsên] catorze
vierzig [fîatsirr] quarenta
Visitenkarte **f** [vizîtencárte] cartão de visita
Visum **n** [vîzum] visto
Vogel **m** [fôguel] pássaro
Volk: das Volk [fólc] o povo
voll [fól] cheio; lotado
voll belegt lotado; não há vagas
vollklimatisiert ar-condicionado central
Vollnarkose **f** [fólnarcôze] anestesia geral
Vollpension **f** [fólpenziôn] pensão completa
volltanken [fóltánquen] preencher
vom Umtausch ausgeschlossen não pode ser trocado
von [fón] de; por

von... bis... de... até...
von... nach... de... até...
vor [fôr] diante; na frente de
vor... Tagen... dias atrás
vor dem Frühstück antes do café-da-manhã
vor Kindern schützen mantenha fora do alcance das crianças
vor dem Schlafengehen antes de dormir
Vorausbuchung unbedingt erforderlich apenas lugares reservados
voraus: im voraus [fôráus] com antecedência
vorbei [forbái] pronto; terminado
vorbei an... depois de passar o...
Vorderrad n [fórder-rât] roda da frente
Vorderseite f [fórder-záite] frente
Vorfahr m [fôrfâr] antepassado
Vorfahrt f [fôfârt] preferencial (no trânsito)
Vorfahrt beachten dar passagem
Vorfahrtsstraße f [fôrfârts-chtrâsse] via preferencial
vorgestern [fôaguestern] anteontem
Vorhang m [fôr-háng] cortina
vorher [fôr-hêa] antes
Vorhersage f [fôr-hêazâgue] previsão
Vorliebe f [fôrlîbe] predileção; preferência
Vormittag m [fóamítâc] madrugada
vorn [fóan] diante; na frente
Vorname m [fôrnâme] primeiro nome
Vorprogramm n [fôrprográm] programa de apoio
Vorschlag m [fôrchlâc] proposta; sugestão
vorschlagen [fôrchlaguen] propor
Vorsicht f [fôrzirrt] cautela; cuidado
Vorsicht bissiger Hund cuidado com o cachorro
vorsichtig [fôrzírrtirr] cuidadoso
vorsichtig fahren dirija com cuidado
Vorsicht Stufe! cuidado com o degrau!
Vorstadt f [fôachtát] subúrbio
vorstellen [fôachtélen] apresentar
Vorstellung f [fôachtélung] apresentação
nächste Vorstellung um... próxima apresentação às...
Vorteil m [fóatail] vantagem
Vorurteil n [fôr-úrtáil] preconceito
Vorwahl f [for-vâl] código de área
Vorwahlnummer f [fôi-vâl númea] código de área
vorziehen [fôatsîen] preferir

W

wach [várr] acordar
wachsen [vácsen] crescer
wagen [vâguen] ousar
Wagen m carro; vagão
Wagenheber m [vâguen-hêbea]

macaco (de arro)
Wagenstandanzeiger indicador da localização dos vagões
Wahl f [vâl] escolha; eleição
wählen [vêlen] digitar; discar; escolher; eleger
Wahlkampf m [vâl-cámpf] campanha eleitoral
Wahnsinn m [vânzín] loucura
Wahnsinn! fantástico!
wahr [vâr] verdadeiro
während [vêrent] durante; enquanto
Wahrheit f [vâr-háit] verdade
wahrscheinlich [vârcháinlirr] provável; provavelmente
Währung f [vêrung] moeda corrente
Wald m [vált] floresta
Waliser m [valîzer] galês
Waliserin f [valîzerin] galesa
walisisch [valîzich] gaélico
Wand f [vánt] muro; parede
wandern [vándern] caminhar; perambular; vaguear
Wanderweg m [vândeavêc] trajeto; trilha
wann [ván] quando
war [vâr] era
waren [vâren] eram
Waren fpl artigos; mercadorias
Warenaufzug m [vâren-auftsûc] elevador de serviço
Warenhaus n [vâren-haus] loja de departamentos
warm [várm] caloroso; quente
warst [várst], **wart** [várt] eras; ereis
warten [várten] esperar
Wartesaal m [várte-zâl] sala de espera
Wartezimmer n [vártetsímea] sala de espera
warum? [varúm] por quê?
was? [vás] o quê?
Waschbecken n [váchbéquen] pia
Wäsche f [véche] roupa lavada
waschen [váchen] lavar
sich waschen lavar-se
Wäscherei f [véche-rái] lavanderia
Waschlappen m [váchlápen] flanela de limpeza; covarde
Waschmaschine f [váchmachîne] máquina de lavar roupa
Waschpulver n [váchpúlfea] detergente em pó
Waschraum m [vách-raum] lavanderia (o local)
Waschsalon m [vách-zalôn] lavanderia automática
Waschstraße f [vách-chtrâsse] lava-rápido
Waschzeit tempo de lavagem
Wasser n [vássa] água
wasserdicht [vásserdírrt] impermeável
Wasserfall m [vásserfál] cascata
Wasserhahn m [vásserhân] torneira
Wasserkessel m [vásserquéssel] chaleira
wasserlöslich solúvel em água
Wasserski n [vásser-chî] esqui aquático
Waterkant f [vâtercánt] no norte da Alemanha, nome para a área litorânea dessa região

Watte **f** [váte] algodão hidrófilo
wechselhaft [vécsel-haft] instável; variável
Wechselkurs **m** [vécsel-cúrs] taxa de câmbio
wechseln [vécseln] trocar
Wechselstube **f** [vécsel-chtûbe] casa de câmbio
wecken [véquen] acordar
Wecker **m** [véquer] despertador
weder... noch [vêdea nórr] nem... nem...
Weg **m** [vêc] caminho
wegen [vêguen] por causa de
Wegen Krankheit vorübergehend geschlossen fechado temporariamente por motivo de doença
Wegen Umbauarbeiten geschlossen fechado para reformas
weggehen [véc-guê-en] ir embora
wegnehmen [véc-nêmen] levar embora
Wegweiser **m** [vêc-váizea] poste com placas de indicação
wegwerfen [véc-verfen] jogar fora
weh tun: es tut weh [és tût vê] isso dói
weiblich [váiblirr] feminino
weich [váirr] macio; suave
Weihnachten **n** [váinarrten] Natal
weil [váil] porque
Weile **f** [váile] enquanto
weinen [váinen] chorar
Weinhandlung **f** [váin-hándlung] loja de vinhos
Weinprobe **f** [váin-prôbe] degustação de vinhos
Weinstraße **f** [váin-chtrâsse] trajeto pelas áreas de vinhedos
Weinstube **f** [váin-chtûbe] taberna (de vinhos, tradicional)
weiß [váis] branco; sei; sabe
weißt [váist] sabes
weit [váit] amplo; longínquo
weit entfernt muito longe
weiter [váitea] mais adiante
Weitzone **f** [váit-tsône] área de interurbano
welche? [vélrre] qual?
Welle **f** [véle] onda
Welt **f** [vélt] mundo
wenden [vénden] girar
sich wenden an contatar
wenig [vênirr] pequeno; pouco
weniger [vênigue] menos
wenn [vén] se
wenn vom Arzt nicht anders verordnet ou conforme a prescrição médica
wer? [vêa] quem?
Werbung **f** [vérbung] propaganda; publicidade
werde [vêrde] eu me torno
werden [vêrden] eles se tornam
werdet [vêrdet] vós vos tornais
werfen [vérfén] atirar; jogar
Werkstatt **f** [vérc chtát] conserto de carro
Werktag **m** [vérctâc] dia útil
Werkzeug **n** [vérc tsóic] ferramenta
wert [vért] vale
Wert **m** [vért] valor

Wertmünzen fichas
Wertsachen **fpl** [vértzárren] valores
Wespe **f** [véspe] vespa
Wessi **m** [véssi] Alemanha Ocidental
Weste **f** [véste] colete
Westen **m** [vésten] oeste
westliche Stadtteile oeste da cidade
westlich von [vestlirr fón] a oeste de
Wette **f** [véte] aposta
wetten [véten] apostar
Wetter **n** [vétea] clima; tempo
Wetterbericht **m** [vétea-berirrt] previsão do tempo
Wettervorhersage **f** [vétea fóaherzâgue] previsão do tempo
wichtig [vírrtirr] importante
wider [vîdea] contra
Widerrechtlich abgestellte Fahrzeuge werden kostenpflichtig abgeschleppt o veículo estacionado em local proibido será removido e o proprietário arcará com as despesas
widersprechen [vîdea-chprérren] contradizer
widerwärtig [vîdea-vértirr] desprezível; repulsivo
wie? [vî] como?
wie [vî] como
 wie bitte? como?; o que disse?
 wie geht es Ihnen? [guêt és înen] como vai?
 wie geht's? como estão as coisas?
wieder [vîdea] novamente
wiederholen [vîdea-hôlen] repetir
Wiederhören: auf Wiederhören [auf vîdea-hören] até logo (dito ao telefone)
wiegen [vîguen] pesar
Wien [vîn] Viena
wieviel? [vîfil] quanto?
wie viele? [vî file] quantos?
Wildleder **n** [víltlêder] camurça
will [víl] quero; quer
willkommen! [víl-cómen] bem-vindo!
willst [vílst] querem
Wimperntusche **f** [vímpern tûche] rímel
Windel **f** [víndel] fralda
windig [víndirr] com vento
Windschutzscheibe **f** [víntchuts-cháibe] pára-brisa
Winterfahrplan **m** [víntea fârplân] horário de inverno
Winterschlussverkauf **m** liquidação de inverno
wir [vîa] nós
wir müssen draußen bleiben proibida a entrada de cães
wir sind umgezogen mudamos
wird [vírt] quer; torna-se
wirklich [vírclirr] realmente
wirst [vîrst] quis; tornou-se
Wirt **m** [vírt] senhorio; hospedeiro
Wirtin **f** [vírtin] senhoria; hospedeira
Wirtschaft **f** [vírtchaft] economia; pub
Wirtshaus **n** [vírts-haus]

hospedaria; pub
wissen [víssen] saber
wisst [víst] sabeis
Witwe f [vítve] viúva
Witwer m [vítvea] viúvo
Witz m [víts] piada
wo? [vô] onde?
woanders [vô-ánders] em qualquer lugar
Woche f [vórre] semana
Wochenende n [vórren-énde] fim de semana
Wochenkarte f [vórrencârte] bilhete semanal
Woge f [vôgue] onda
woher? [vô-hêa] de onde?
wohin? [vô-hín] para onde?
Wohnblock m [vônblóc] prédio de apartamentos
wohnen [vônen] hospedar-se; morar
Wohnmobil n [vôn-mobîl] trailer
Wohnort m [vôn-órt] local de residência
Wohnung f [vônung] apartamento
Wohnwagen m [vônvâguen] trailer
Wohnzimmer n [vôntsímea] sala de estar
Wolke f [vólque] nuvem
Wolle f [vólle] lã
wollen [vóllen] querer
wollen Sie...? quer...?
womit [vomít] com qual; com que
worauf [voráuf] sobre o qual
worden [vórden] estado; ficado
worin [vorín] no qual
Wort n [vórt] palavra
Wörterbuch n [vörteaburr] dicionário
wovon [vofón] do qual; de que
wozu? [votsû] para quê?
Wunde f [vúnde] ferimento
wunderbar [vúndeabar] maravilhoso
Wunsch m [vúnch] desejo
wünschen [vünchen] desejar
wurde [vûrde] foi; tornou-se
würde [vürde] faria
wurden [vûaden], wurdest, wurdet foram; tornaram-se
würzen [vürtsen] temperar
würzig [vürtsirr] apimentado
wusste [vússte], wussten, wusstest souberam
Wut f [vût] fúria
wütend [vütent] furioso

Z

zäh [tsê] difícil; duro
Zahl f [tsâl] número
zahlbar [tsâlbar] pagável
zahlen [tsâlen] pagar
Zahlung f [tsâlung] pagamento
Zahn m [tsân] dente
Zahnarzt m [tsân-ártst], Zahnärztin f [tsân-ártstinn] dentista
Zahnbelag m [tsâ- belac] placa
Zahnersatz m [tsân-erzáts] dentadura
Zahnklinik f [tsânclinic] consultório dentário
Zahnpasta f [tsânpasta] pasta de dente

Zahnschmerzen **mpl** [tsân chméatsen] dor de dente
Zange **f** [tsángue] alicate
Zapfsäule **f** [tsápf-zóile] bomba de combustível
Zaun **m** [tsáum] cerca
z.B. (zum Beispiel) por exemplo
Zebrastreifen **m** [tsêbrachtráifen] faixa de pedestres
Zehe **f** [tsê-e] dedo do pé
zehn [tsên] dez
Zehnmarkschein **m** [tsên-mérc-chain] nota de dez marcos
Zeichen **n** [tsáirren] marca; placa
zeichnen [tsáirrnen] desenhar
zeigen [tsáiguen] apontar; mostrar
Zeit **f** [tsáit] tempo
Zeitansage **f** [tsáit-anzâgue] relógio que "fala" as horas
Zeitschrift **f** [tsáitchrift] revista
Zeitung **f** [tsáitung] jornal
Zelt **n** [tsáit] barraca; tenda
Zelten verboten proibido acampar
Zeltplatz **m** [tséltplats] camping
Zentimeter **m** [tséntimêtea] centímetro
Zentner **m** [tséntnea] cinquenta quilos
Zentralheizung **f** [tsentrât-háitsung] aquecimento central
Zentrum **n** [tséntrum] centro
zerbrechen [tseabrérren] quebrar
zerstören [tséachtören] destruir
Zettel **m** [tsétel] pedaço de papel
Zeuge **m** [tsóigue], Zeugin **f** testemunha
ziehen [tsî-en] puxar
Ziel **n** [tsîl] destino; objetivo
ziemlich [tsîmlirr] bastante
Zigarre **f** [tsigáre] charuto
Zimmer **n** [tsímea] quarto
Zimmer frei quarto(s) para alugar; há vagas
Zimmermädchen **n** [tsímea-mêtrren] camareira
Zimmernachweis **m** [tsímea-nârr-vais] serviço de hospedagem
Zimmerservice **m** [tsímea-'servis'] serviço de quarto
Zimmer zu vermieten quartos para alugar
Zinssatz **m** [tsíns-zats] taxa de juros
Zoll **m** [tsól] alfândega
Zollbeamte **m** [tsólbeámte], Zollbeamtin **f** funcionário(a) da alfândega
zollfrei [tsól-frái] duty-free
zollfreie Waren **fpl** [tsól-fráie vâren] produtos livres de impostos
Zone 30 área com limite de velocidade de 30 km/h
zu [tsû] para; demais; fechado
zubereiten [tsûberáiten] preparar
Zuckergehalt conteúdo de açúcar
zufrieden [tsûfrîden] satisfeito
Zug **m** [tsûc] trem; carga
zu den Zügen para os trens
Zugabe **f** [tsûgâbe] bis
zugelassen für... Personen leva... pessoas
zuhören [tsû-hören] escutar

Zukunft **f** [tsû-cúnft] futuro
zum [tsúm] ao; para o
zum Ochsen O Boi (nome de bar etc.)
zunächst [tsûnécst] primeiro
Zunahme **f** [tsûnâme] aumento
Zuname **m** [tsûnâme] sobrenome
Zündkerze **f** [tsünt-quértse] vela (carro)
Zündung **f** [tsûndung] ignição
zunehmen [tsûnêmen] melhorar; ganhar peso
Zunge **f** [tsúngue] língua
zur [tsûa] ao; para o
zurück [tsûrüc] atrás; para trás
zurückgeben [tsûrücguêben] devolver
zurückkehren [tsûrüc-guêren] voltar
zurückkommen [tsûrüc-cómen] voltar
zusammen [tsûzámen] junto
Zusammenstoß **m** [tsûzámenchtôs] acidente; colisão
Zuschauer **m** [tsûcháuer], Zuschauerin **f** espectador
Zuschlag **m** [tsûchlâc] suplemento
zuschlagpflichtig [tsûchlâcpflírrtirr] suplemento a pagar
zustimmen [tsûchtímen] concordar
Zutaten **fpl** [tsûtâten] ingredientes
Zutreffendes ankreuzen atravesse onde for mais adequado
Zutritt für Unbefugte verboten proibida a entrada de pessoas estranhas ao serviço
zuviel [tsûfil] demais
Zuwiderhandlung wird strafrechtlich verfolgt vamos prosseguir
zwanzig [tsvántsirr] vinte
Zwanzigeuroschein **m** [tsvántsirróirocháin] nota de vinte marcos
Zweck **m** [tsvéc] objetivo; propósito
zwei [tsvái] dois
Zweibettzimmer **n** [tsváibet-tsímea] quarto duplo
Zweig **m** [tsváic] galho; ramo
Zweigstelle **f** [tsváic-chtéle] filial; sucursal
Zweimal täglich einzunehmen tomar duas vezes ao dia
zweite(r,s) [tsváite, -er, -es] segundo
zweite Klasse **f** [tsváite clásse] segunda classe
zweiter Stock **m** [tsváitea chtóc] segundo andar
zweite Wahl segundos
Zwillinge **mpl** [tsvílingue] gêmeos
zwischen [tsvíchen] entre
Zwischenlandung **f** [tsvíchenlándung] escala; parada intermediária
Zwischenmahlzeit **f** [tsvíchenmâltsáit] lanche entre as refeições
zwölf [tsvölf] doze
z.Zt. (zur Zeit) no momento

Menu:

Comida

Termos Básicos

carne das Fleisch [fláich]
colher der Löffel [löfel]
copo: um copo de ... ein Glas ... [áin glâss]
entrada die Vorspeise [fôrchpaize]
faca das Messer [méssea]
garfo die Gabel [gâbel]
manteiga die Butter [bútea]
menu die Speisekarte [chpáizecárte]
menu de preço fixo die Tageskarte [táguescárte]
mesa der Tisch [tích]
pão das Brot [brôt]
peixe der Fisch [fích]
pimenta der Pfeffer [pféfea]
prato der Teller [télea]
prato principal das Hauptgericht [háuptquêrírrt]
sal das Salz [zalts]
salada der Salat [zalát]
sobremesa der Nachtisch [nárrtich]
sopa die Suppe [zúpe]
xícara die Tasse [tásse]

outro ..., por favor noch ein ..., bitte [nórr áin bíte]
por favor!; com licença Entschuldigung! [éntchúldigung]
poderia trazer a conta, por favor? kann ich bitte bezahlen? [cán írr bíte bêtsâlen]

Aal [âl] enguia
Aalsuppe [âlzúpe] sopa de enguia
Ananas [ananas] abacaxi
angemacht mit [ânguemarrt mít] preparado com
Äpfel [épfel] maçã
Äpfel im Schlafrock [chlâfróc] maçã assada em massa folhada
Apfelkompott [âpfelcompót] maçã cozida
Apfelkuchen [ápfelcûrren] torta de maçã
Apfelmeerrettich [-mêrrétirr] rábano com maçã
Apfelmus [-mûs] purê de maçã
Apfelrotkohl [âpfelrotcôl] repolho roxo cozido com maçã
Apfelsinen [apfelzînen] laranja
Apfelstrudel strudel de maçã
Apfeltasche [-táche] pastel doce de maçã
Aprikosen [apricozén] damasco
Arme Ritter [arme] fritura de pão embebido em leite e ovos
aromatisiert [aromatizîrt] aromático
Artischocken [artichóquen] alcachofra
Artischockenherz [-herts] fundo de alcachofra
Aspik [aspic] aspic
Auberginen [ôbergînen] berinjela
Auflauf [áuflauf] pudim ou omelete (no forno)
Aufschnitt [áufchnít] frios fatiados
Austern [áustern] ostra

Bachforelle [bárrfôréle] truta de rio
backen [báquen] assar
Backobst [bácopst] fruta seca
Backofen [bác-ôfen] forno
Backpflaumen [-pfláumen] ameixa
Baiser [bêzê] suspiro
Balkansalat [balcanzalât] salada de repolho e pimentão
Bananen [bânânen] banana
Bandnudeln [bantnûdeln] talharim
Basilikum manjericão [bázîlîcum]
Bauernauflauf [báuernáufláuf] omelete com batata e bacon
Bauernfrühstück [-früchtüc] omelete com batata e bacon
Bauernomelett [-omlet] omelete com batata e bacon
Baumkuchen [báumcûrren] bolo cilíndrico, em camadas
Béchamelkartoffeln batata em rodelas, com molho cremoso
Béchamelsoße [-zôsse] molho cremoso, com cebola e presunto
Beilagen [báilâguen] acompanhamentos; saladas; legumes
belegtes Brot [bêlêctes brôt] sanduíche
Berliner (Ballen) [berlînea (bálen)] rosquinha de geléia, coberta de glacê

bestreut mit [bechtróit mít] polvilhado com
Bienenstich [bînenchtírr] torta de amêndoa e mel
Bierschinken [bîachínquen] salsicha de pernil
Biersuppe [bîazúpe] sopa de cerveja
Birnen [bírnen] pêra
Biskuit [biscuît] pão-de-ló
Biskuitrolle [biscuîtróle] rocambole
Bismarckheringe [-hêringue] filé de arenque em conserva
Blätterteig [blétertáic] massa folhada
Blattsalat [-zalât] salada de folhas
Blattspinat [-chpînât] folha de espinafre
blau [bláu] cozido
Blaufelchen [bláufélrren] truta azulada do lago Constance
Blaukraut [bláucráut] repolho roxo
Blumenkohl [blûmencôl] couve-flor
Blumenkohlsuppe [-zúpe] sopa de couve-flor
blutig [blûtirr] malpassado
Blutwurst [blûtvúrst] morcela; chouriço
Bockwurst [bóc-vúrst] salsicha grande
Bohnen [bônen] feijão
Bohneneintopf [-áintópf] feijão refogado
Bohnensalat [-zalât] salada de feijão
Bohnensuppe [-zúpe] sopa de feijão
Bonbon [bombom] bolinho; bombom
Bouillon [búiõn] caldo
Bouletten [bûléten] almôndega
Braten [brâten] carne assada
braten fritar
Bratensoße [-zôsse] molho de carne
Brathähnchen [brâthénrren] frango assado
Bratheringe [-hêríngue] arenque frito, em conserva (servido frio)
Bratkartoffeln [brât-cartófeln] batata frita
Bratwurst [-vúrst] salsicha de carne de porco grelhada
Brezel [brêtsel] pretzel (biscoitinho em forma de laço)
Brombeeren [brómbêren] amora-preta
Brot [brôt] pão
Brötchen [brötrren] pãozinho
Brotsuppe [brôtzupe] sopa de pão
Brühwurst [brüvurst] salsicha grande
Brunnenkresse [brúnencrêsse] agrião
Bückling [bücling] arenque vermelho defumado
bunte Platte [búnte pláte] travessa mista
Burgundersoße [búrgúnderzôsse] molho de vinho Burgundy
Butterbrezel [búterbrêtsel] pretzel de manteiga

Buttercremetorte [bútercrêmtórte] bolo com creme

Champignoncremesuppe [-crêmzúpe] sopa cremosa de cogumelo
Champignons [champiniongs] cogumelos
Champignonsoße [-zôse] molho de cogumelo
Chicorée [chîcoré] chicória
Chinakohl [chînacôl] acelga
Chips batata chips
Cordon bleu vitela à cordon bleu
Curryreis [-ráis] arroz com curry
Currywurst [-vúrst] salsicha com curry

Dampfnudeln [-nûdeln] bolinho doce fermentado
dazu reichen wir... [datsû ráirren vîr] servido com...
deutsches Beefsteak [dóitches] tortinha de carne moída
dicke Bohnen [dîque] fava
Dillsoße [-zôse] molho de endro
durchgebraten [duarrguêbrâten] bem passado
durchwachsen [duarrvácsen] com gordura
durchwachsener Speck [chpéc] bacon listrado

Edelpilzkäse [êdelpiltscéze] queijo "tipo gorgonzola"
Ei [ái] ovo
Eier [áiea] ovos
Eierauflauf [-áufláuf] omelete
Eierkuchen [-cûrren] panqueca
Eierpfannkuchen [-pfán-cûrren] panqueca
Eierspeise [-chpáize] prato com ovo
eingelegt [ainguêlegt] em conserva
eingelegte Bratheringe [áinguelêgte brât-hêringue] arenque em conserva
eingemacht [áinguemárrt] em conserva
ein paar... [áin pâr] um pouco de...
Eintopf [áintopf] ensopado
Eintopfgericht [-guêrirrt] ensopado
Eis [áis] gelo; sorvete
Eis am Stiel [chtîl] picolé
Eisbecher [-bêrrer] sundae
Eisbein [-báin] jarrete de porco
Eisbergsalat [-berczalât] alface americana
Eisschokolade [-chôcôlâde] chocolate gelado
Eissplittertorte [-chplíteatórte] bolo gelado
Endiviensalat [êndîvîenzalât] salada de endívia
englisch [énglich] malpassado
Ente [énte] pato
Entenbraten [éntenbrâten] pato assado
entgrätet [éntgrêtet] desossado
Entrecote contrafilé
Erbsen [érpsen] ervilha
Erbsensuppe [-zupe] sopa de ervilha

Erdäpfel [értépfel] batata
Erdbeeren [értbêren] morango
Erdbeertorte [-tórte] torta de morango
Erdnüsse [értnüsse] amendoim
Essig [éssirr] vinagre

Falscher Hase [fálchea hâze] bolo de carne moída
Fasan [fâzân] faisão
Faschierte Laibchen [fáchîrte láiprren] rissole
Faschiertes [fáchîrtes] carne moída
Feldsalat [féltzalât] alface-de-cordeiro (da Europa)
Fenchel [fénrrel] erva-doce
Filet [filê] filé (bife)
Fisch [fích] peixe
Fischfilet filé de peixe
Fischfrikadellen [-fricadélen] bolo de peixe
Fischgerichte [-guerrírrte] pratos com peixe
Fischstäbchen [-chtéprren] iscas de peixe
Flädlesuppe [flédlezúpe] sopa com tirinhas de massa
flambiert [flambéîrt] flambado
Fleisch [fláich] carne
Fleischbrühe [-brüe] caldo de carne
Fleischkäse [-quéze] bolo de carne moída
Fleischklößchen [-clössrren] almôndega(s)
Fleischpastete [-pastête] volovã de carne
Fleischsalat [-zalât] salada de cubinhos de carne com maionese
Fleischtomate [-tomâte] tomate-caqui
Fleisch- und Wurstwaren [vúrstvâren] frios e salsichas
Fleischwurst [-vúrst] salsicha de carne de porco
Flugente [flûcénte] pato selvagem
Folienkartoffel [fôlîen-] batata assada
Fond [font] caldo de carne
Forelle [fôrêle] truta
Forelle blau [bláu] truta azulada
Forelle Müllerin (Art) [mülêrin] truta à milanesa, servida com manteiga e limão
Frikadelle [fricadéle] rissole
frisch gepresst [fŕich gueprést] espremido na hora
Frischwurst [-vúrst] salsicha fresca
fritiert [frîtîrt] frito
Froschschenkel [fróchchénquel] perna de rã
Frühlingsgemüse [frülingsguêmüze] primavera de legumes
Frühlingsrolle [-role] rolinho primavera

Gabelrollmops [gâbel-] rollmops (rolinhos de arenque em conserva)
Gans [gáns] ganso
Gänsebraten [guenzebrâten] ganso assado

Gänseleber [-lêbea] fígado de ganso
Gänseleberpastete [-pastête] patê de fígado de ganso
gar cozido
garniert [garnîrt] guarnecido
Gebäck [guêbéc] doces; bolos
gebacken frito
gebeizt [guêbáitst] marinado
gebraten [guêbrâten] assado
gebunden [guêbúnden] engrossado
gedämpft [guêdémpft] feito no vapor
Gedeck [guedéc] prato feito
gedünstet [guêdünstet] cozido no vapor
Geflügel [guêflüguel] carne de aves
Geflügelleber [-lêber] fígado de frango
Geflügelleberragout [-râgû] ensopado de fígado de frango
Geflügelsalat [-zálât] salada de frango ou outra ave
gefüllt [guêfült] recheado
gefüllte Kalbsbrust [cálpsbrúst] enrolado de vitela
gegart [guêháct] cozido
gegrillt [guegrílt] grelhado
gehackt [gueháct] moído; picado
Gehacktes [-es] carne moída/ picada
gekocht [guêcórrt] cozido
gekochtes Ei [ái] ovo quente
Gelee [gêlê] gelatina
gemischter Salat [guêmichtea zalât] salada mista
gemischtes Eis [áis] sortido de sorvetes
Gemüse [guemüze] legume(s)
Gemüseplatte [pláte] sortido de legumes
Gemüsereis [-ráis] arroz com legumes
Gemüsesalat [-zálât] salada de legumes
Gemüsesuppe [-zupe] sopa de legumes
gepökelt [guêpöquelt] salgado; em conserva
geräuchert [guêróirrert] defumado
gerieben [guêrîben] ralhado
Germknödel [guêrm cnödel] bolinhos
geschlagen [guêchlâguen] batido
geschmort [guêchmôrt] guisado; ensopado
geschnetzelt [guêchnétselt] picado
Geschnetzeltes tiras de carne em molho espesso
Geselchtes [guêzélrrtes] carne salgada e defumada
gespickt mit... [guechpíct] lardeado com...
geschwenkt [guêchvenct] salteado
Gewürze [guêvürtse] temperos
Gewürzgurken [-gurquen] pepino em conserva
Goldbarsch [góltbarch] tipo de perca (peixe)
Götterspeise [göterchpaize] geléia
gratiniert [gratinîrt] gratinado

Grießklößchen [grîsclözrren] bolinhos de semolina
Grießsuppe [-zúpe] sopa de semolina
grüne Bohnen [grüne] vagem
grüne Nudeln [nûdéln] massa verde
grüner Aal [âl] enguia fresca
Grünkohl [grün-côl] couve-tronchuda
Gugelhupf [gúguel húpf] bolo em fôrma com furo no meio
Gulasch gulache
Gulaschsuppe [-zúpe] sopa de gulache
Gurke [gurque] pepino; pepino em conserva
Gurkensalat [-zalat] salada de pepino

Hackepeter [háque pêter] carne moída/picada
Hackfleisch [-fláich] carne moída/picada
Hähnchen [hénrren] frango
Hähnchenkeule [-kóite] coxa de frango
Haifischflossensuppe [háifíchflóssenzúpe] sopa de barbatana de tubarão
halbes Hähnchen [hénrren] meio frango
Hammelbraten [-brâten] carneiro assado
Hammelfleisch [-fláich] carneiro
Hammelkeule [-cóile] pernil de carneiro
Hammelrücken [-rüquen] costeleta de carneiro
Handkäse [hántquéze] tipo de queijo com aroma muito forte
hartgekochtes Ei [hártguêcórrtes ái] ovo cozido
Hartkäse [-queze] queijo duro
Haschee [háchê] carne moída com batata (assada ou frita)
Haselnüsse [hâzelnüsse] avelã
Hasenbraten [hazenbrâten] lebre assada
Hasenkeule [-cóile] coxa de lebre
Hasenpfeffer [házenpféfer] lebre ensopada
Hauptgerichte [háuptguerírrte] pratos principais
Hauptspeisen [-chpáisen] pratos principais
Hausfrauenart [háusfráuenárt] à moda caseira
hausgemacht [háusguêmárrt] caseiro
Hausmacher (Art) [háusmárrer] à moda caseira
Hausmarke [háusmárrque] marca da casa; marca própria
Hecht [hérrt] lúcio (peixe)
Hechtsuppe [-zupe] sopa de lúcio
Heidelbeeren [háidelbêren] mirtilo
Heilbutt [háilebut] halibute (tipo de linguado)
Heringssalat [hêring-zalât] salada de arenque
Heringsstipp [-chtip] salada de arenque

Heringstopf [-tópf] conserva de arenque
Herz [hérts] coração
Himbeeren [hímbêren] framboesa
Himmel und Erde [unt érde] purê de maçã e batata com salsicha de fígado
Hirn [hírn] miolo
Hirschbraten [hírchbrâten] carne de veado assada
Hirschmedaillons [-medâions] filezinhos de carne de veado
Holsteiner Schnitzel [hólchtainer chnítsel] costeleta de vitela à milanesa, com ovo frito por cima, acompanhada de legumes
Honig [hônirr] mel
Honigkuchen [-cûrren] pão de mel
Honigmelone [-melône] melão
Hoppelpoppel [hópelpópel] omelete de bacon e batata
Hüfte [hüfte] pernil
Huhn [hûn] frango
Hühnerbrühe [hünerbrü-e] caldo de frango/galinha
Hühnersuppe [-zúpe] sopa de frango/galinha
Hülsenfrüchte [hülzenfrüchte] ervilha e feijão; grãos
Hummer [húmea] lagosta

Imbiss [ímbis] lanchinho
inbegriffen [ínbegrífen] incluído
Inklusivpreis [ínclusîf-práis] preço com tudo incluído

Jagdwurst [iáctvúrst] salsicha de pernil com alho
Jägerschnitzel [iéguerchnítsel] carne de porco com cogumelo
junge Erbsen [iúngue érpzen] ervilhas de primavera

Kabeljau [câbeláu] bacalhau
Kaiserschmarren [cáizerchmárren] panquecas doces com passas
Kalbfleisch [calpfláich] vitela
Kalbsbraten [-brâten] vitela assada
Kalbsbries [-brîs] timo de vitela
Kalbsfrikassee [-fricassê] fricassê de vitela
Kalbshaxe [-hácse] pernil de vitela
Kalbsmedaillons [-medaiôns] filezinhos de vitela
Kalbsnierenbraten [-nîrenbrâten] vitela assada com rim
Kalbsschnitzel [-chnítsel] costeleta de vitela
kalte Platte [cálte pláte] refeição fria
kalter Braten [brâten] frios
kaltes Bufett [büfê] bufê de frios
kalte Speisen [chpáisen] pratos frios
Kaltschale [calt-châle] sopa de frutas doce e fria
kalt servieren [zervîren] servir gelado
Kaninchen [cânînrren] coelho
Kaninchenbraten [-brâten] coelho assado

Kapern [câpern] alcaparra
Karbonade [carbonâde] refogado de carne e cebola feito na cerveja
Karfiol [carfiôl] couve-flor
Karotten [caróten] cenoura
Karpfen [cárpfen] carpa
Karpfen blau [bláu] carpa azulada
Kartoffel [cartófel] batata
Kartoffelbrei [-brái] purê de batata
Kartoffelklöße [-clöse] bolinho de batata
Kartoffelknödel [-cnödel] bolinho de batata
Kartoffeln batatas
Kartoffelpuffer [-púfer] frituras de batata
Kartoffelpüree [-pürê] purê de batata
Kartoffelsalat [-zalât] salada de batata
Kartoffelsuppe [-zupe] sopa de batata
Käse [quêze] queijo
Käsebrötchen [-brötrren] rolinho de queijo
Käsegebäck [-guêbéc] salgadinhos de queijo
Käsekuchen [-cûrren] torta de queijo
Käseplatte [-pláte] seleção de queijos; tábua de queijos
Käse-Sahne-Torte [-zânetorte] torta cremosa de queijo
Käsesalat [-zalat] salada de queijo
Käseschnitzel [-chnítsel] escalopinhos com queijo
Käsesoße [-zôsse] molho de queijo
Käsespätzle [-chpétzlê] talharim caseiro com queijo
Kasseler Rippenspeer [rípenchpêr] costeleta de porco salgada
Kasserolle [casserole] ensopado
Kassler costeleta de porco defumada e guisada
Kastanien [cástânîen] castanhas
Katenleberwurst [câtenlêbeavúrst] salsicha de fígado defumada
Katenrauchwurst [-ráurcvúrst] salsicha defumada
Keule [cóite] perna; pernil
Kieler Sprotten [quîler chpróten] espadilhas (sprats) defumadas
Kinderteller [quínda-téla] porção para criança
Kirschen [quírchen] cerejas
klare Brühe [clâre brüe] caldo
Klößchensuppe [clössrrenzúpe] caldo com bolinhos
Klöße [clösse] bolinhos
Knäckebrot [cnécquebrôt] pão tipo sueco
Knacker [cnáca] salsicha(s)
Knackwurst [-vurst] salsicha
Knoblauch [cnôbláurr] alho
Knoblauchbrot [-brôt] pão de alho
Knochen [cnórren] osso
Knochenschinken [-chínquen] pernil com osso
Knödel [cnödel] bolinhos
kochen [córren] cozinhar; ferver

Kohl [côl] repolho
Kohlrabi [-râbî] couve-rábano (tipo de repolho)
Kohlrouladen [-rûlâden] folhas de repolho recheadas
Kohl und Pinkel [pínquel] cozido de repolho, batata, salsicha e carne defumada
Kompott [compót] compota de frutas
Konfitüre geléia
Königinpastete [cöníguînpastête] volovã de frango
Königsberger Klopse [cönícsbérguer clöpse] almôndega em molho de alcaparra
Königskuchen [cönícs-cûrren] tipo de bolo de frutas
Kopfsalat [copfzalât] alface
Kotelett [cotlét] costeleta
Krabben [cráben] camarões
Krabbencocktail [crábencócteil] coquetel de camarão
Kraftbrühe [craftbrüe] consomê
Krapfen [crápfen] rosquinha com geléia e glacê
Kräuter [cróiter] ervas
Kräuterbutter [-búta] manteiga com ervas
Kräuterkäse [-quêze] queijo temperado com ervas
Kräutersoße [-zôsse] molho de ervas
Krautsalat [cráutzalât] salada de repolho
Krautwickel [-vîquel] folhas de repolho recheadas
Krebs [crêps] pitu
Kren [crên] rábano-rústico
Kresse [crésse] agrião
Kroketten croquetes
Kruste casca
Küche [cûrre] culinária; cozinha
Kuchen [cürren] bolo; torta
Kümmel [cümel] alcaravia
Kümmelbraten [-brâten] assado com sementes de alcaravia
Kürbis [cürbis] abóbora

Labskaus [lapscáus] ensopado de carne, peixe e batata
Lachs [lács] salmão
Lachsersatz [-éazáts] postas salgadas de pescada-polaca
Lachsforelle [-foréle] truta do mar
Lachsschinken [-chínquen] rolinhos de filé de pernil defumado
Lakritz [lacríts] alcaçuz
Lamm [lám] cordeiro
Lammrücken [-rüquen] paleta de cordeiro
Languste [langúste] lagostim
Lauch [láurr] alho-poró
Lauchsuppe [-zúpe] sopa de alho-poró
Leber [lêbea] fígado
Leberkäse [-quêze] bolo assado de carne bovina e de porco
Leberklöße [-clösse] bolinhos de fígado
Leberknödel [-cnödel] bolinhos de fígado
Leberknödelsuppe [-zúpe] sopa com bolinhos de fígado

Leberpastete [-pastête] patê de fígado
Leberwurst [-vúrst] salsicha de fígado
Lebkuchen [lêpcûrren] tipo de bolinho de gengibre
legiert [lêguírte] engrossado
Leipziger Allerlei [láipetsiguer álerlái] legumes mistos
Lendensteak [léndenstêc] bife de alcatra
Linseneintopf [linzenáintopf] lentilha ensopada
Linsensuppe [-zupe] sopa de lentilha
Lutscher [lútchea] pirulito

mager [mâguea] carne magra
Majoran [mâiôran] manjerona
Makrele [macrêle] cavala
Makronen [macrônen] docinhos com amêndoas
Mandarine [mandarîne] tangerina
Mandeln [mándeln] amêndoas
Margarine [margarîne] margarina
Marille [marîle] damasco
Marinade [marînâde] marinado
mariniert [marinîrt] marinado; em picles
Markklößchen [-clösschen] bolinhos de tutano
Marmelade [marmelâde] geléia
Marmorkuchen [marmorcûrren] bolo marmorizado
Maronen [marônen] marrom-glacê
Matjesfilet [mátiésfilê] filé de arenque
Matjes(hering) [-héring] filhote de arenque
Maultaschen [máultáchen] massa recheada com carne, legumes ou queijo
Medaillons [mêdáións] medalhões
Meeresfische [mêresfíche] peixe do mar
Meeresfrüchte [-frürrte] frutos-do-mar
Meerrettich [mêrrétirr] rábano
Meerrettichsoße [-zôsse] molho de rábano
Mehl [mêl] farinha
Mehlspeise [-chpáizê] prato doce; mingau
Melone [melône] melão
Menü menu de preço fixo
Miesmuscheln [mîsmûcheln] mexilhões
Milch [mílrr] leite
Mirabelle [mîrabéle] ameixinha amarela
Mischbrot [michbrôt] pão de trigo e centeio
Mohnkuchen [môncûrren] bolo com semente de papoula
Mohnstrudel strudel com semente de papoula
Möhren [mören] cenouras
Mohrrüben [môrrüben] cenouras
Mus [mûs] purê
Muscheln [múcheln] mexilhões
Muskat(nuss) [muscât(nooss)] noz-moscada

nach Art des Hauses [háuzess] à moda da casa
nach Hausfrauenart [háusfráuen-art] caseiro
nach Jahreszeit [nárr chpáizen] depende da estação
Nachspeisen [nárrchpáizen] sobremesas
Nachtisch [nárrtich] sobremesa
Napfkuchen [napfcûrren] bolo inglês em fôrma com furo no meio
natur [natûr] puro; ao natural
nicht gar [nírrt gâr] malpassado
Nierenragout [nîrenrâgû] ensopado de rim
Nudeln [nûdeln] massa
Nudelsalat [-zalât] salada de talharim
Nudelsuppe [-zúpe] sopa com talharim
Nuss [nús] noz
Nüsse [nüsse] nozes

Obst [ôpst] fruta
Obstsalat [-zalât] salada de frutas
Ochsenschwanzsuppe [ócsenchvantszúpe] sopa de rabada
ohne Knochen [ône cnórren] sem osso
Öl [öl] óleo
Oliven [olîven] azeitonas
Olivenöl azeite
Omelett [omlet] omelete
Orangen [órongen] laranjas
Originalrezept [ôriguinâl-retsépt] receita original
Palatschinken [pâlâtchínquen] panquecas recheadas
Pampelmuse [pampelmûze] grapefruit
paniert [pânîrt] à milanesa
Paprikarahmschnitzel [pápricarâmchnítsel] costeleta em molho cremoso com páprica
Paprikasalat [-zalât] salada de pimentão
Paprikaschote [-chôte] pimentão
Paradeiser [pârâdáizer] tomates
Parmesankäse [parmezânquêze] queijo parmesão
Pastete [pastête] volovã; pastel
Pellkartoffeln [pél-cartófeln] batata cozida com casca
Petersilie [pêterzîlîe] salsa
Petersilienkartoffeln batata com salsa
Pfannengerichte pratos com frituras
Pfannkuchen [-cûrren] panqueca
Pfeffer [pféfa] pimenta
Pfefferminz [pféfamints] hortelã
Pfeffernüsse [-nüsse] biscoito de gengibre
Pfefferrahmsoße [-râmzôsse] molho cremoso e apimentado
Pfifferlinge [pfîferlíngue] chanterelles (tipo de cogumelo)
Pfirsiche [pfírzirre] pêssegos
Pflaumen [pfláumen] ameixas
Pflaumenkuchen [-cûrren] torta de ameixa
Pflaumenmus [-mûs] geléia de ameixa
Pichelsteiner Topf [pírrelchtáiner]

picadinho de carne ensopado com legumes
Pilze [píltse] cogumelos
Pilzsoße [píltszôsse] molho de cogumelo
Pilzsuppe [-zupe] sopa de cogumelo
Platte [plate] seleção
Plätzchen [plétsrren] biscoito
pochiert [posheert] pochê
Pökelfleisch [pöquelfláich] carne salgada
Pommes frites [pom frit] batata frita
Porree [pórrê] alho-poró
Potthast [pothast] carne refogada com molho
Poularde [pularde] galeto
Preiselbeeren [práizelbéren] oxicoco; cranberry
Presskopf [prescópf] músculo
Prinzessbohnen [príntsessbônen] vagem inteira
Pumpernickel pumpernickel; [-níquel] pão preto de centeio
Püree [pürê] purê (batata)
püriert [pürírt] transformado em purê
Putenschenkel [pütenchenquel] coxa de peru
Putenschnitzel [-chnítsel] escalope de peru
Puter [pûter] peru

Quark [cvárc] tipo de queijo semelhante à ricota; quark
Quarkspeise [-chpáize] prato feito com quark

Radieschen [râdísrren] rabanete
Rahm creme de leite (azedo) [râm]
Rahmschnitzel [-chnítsel] costeleta em molho cremoso
Räucheraal [róirrerâl] enguia defumada
Räucherhering [-hêring] arenque salgado e defumado
Räucherlachs [-lacs] salmão defumado
Räucherspeck [chpécten] toicinho defumado
Rauchfleisch [ráurrfláich] carne defumada
Rehbraten [rêbrâten] carne assada de veado
Rehkeule [-cóile] pernil de veado
Rehrücken [-rüquen] paleta de veado
Reibekuchen [ráibecûrren] waffles de batata
Reis [ráis] arroz
Reisauflauf [-áufláuf] arroz-doce
Reisbrei [ráisbrái] risoto cremoso
Reisfleisch [-fláich] carne com arroz e tomate
Reisrand [-rant] com arroz
Reissalat [-zalât] salada de arroz
Reissuppe [-zúpe] sopa de arroz
Remoulade [remûlâde] remoulade (tempero de maionese com ervas)
Renke [rénque] peixe de carne branca
Rettich [rétirr] rabanete
Rhabarber [rabárba] ruibarbo

rheinischer Sauerbraten [ráinicher záuerbrâten] carne refogada
Rinderbraten [rínderbrâten] carne cozida em fogo brando
Rinderfilet [-filê] bife de filé
Rinderleber [-lêba] fígado bovino
Rinderlende [-lende] filé mignon
Rinderrouladen [-rûlâden] bife rolê
Rinderschmorbraten [-chmôrbrâten] carne cozida em fogo brando
Rinderzunge [-tsúngue] língua bovina
Rindfleisch [rintfláich] carne
Rindfleischsalat [-zalât] salada de carne
Rindfleischsuppe [-zúpe] caldo de carne
Rippchen [ríprren] costeleta
Rippe [rípe] costela
Risi-Pisi [rízî-pízî] arroz e ervilhas
roh [rô] cru
Rohkostplatte [rôcóstpláte] seleção de saladas
Rollmops [rólmóps] rolinhos de arenque em conserva
rosa [rôza] de malpassado para médio; ao ponto
Rosenkohl [rôzencôl] couve-de-bruxelas
Rosinen [rozinen] passas
Rostbraten [-brâten] assado
Rostbratwurst [-brâtvurst] salsicha na brasa
Rösti [rösti] batatas e cebolas fritas
Röstkartoffeln [röst] batatas fritas
Rotbarsch [rôtbárch] tipo de perca
rote Bete [rôte bête] beterraba
rote Grütze [rôte grütse] geléia de frutas vermelhas
Rotkohl [rôt] repolho roxo
Rotkraut [cráut] repolho roxo
Roulade [rûlâde] bife rolê
Rühreier [rür áiea] ovos mexidos
Russische Eier [rússiche áiea] maionese

Sachertorte [zárrer tórte] torta de chocolate
Sahne [zâne] creme de leite
Sahnesoße [-zôsse] molho cremoso
Sahnetorte [tórte] doce cremoso
Salat [zâlât] salada; alface
Salate saladas
Salatplatte [-pláte] seleção de saladas
Salatsoße [-zôsse] molho/ tempero de salada
Salatteller salada de acompanhamento; seleção de saladas
Salz [sálts] sal
Salzburger Nockerln [sáltsburga] suflês doces
Salzheringe [-héringue] arenque salgado
Salzkartoffeln [cartófeln] batatas cozidas

Sandkuchen [zántcûrren] tipo de bolo com vinho Madeira
Sauerbraten [záuerbrâten] carne marinada e cozida em fogo brando
Sauerkraut [záuercráut] chucrute
Sauerrahm [-râm] creme de leite azedo
Schafskäse [châfs quêze] queijo de leite de cabra
Schaschlik [cháchlic] espetinho
Schattenmorellen [cháten] cereja morello (ácida)
Schellfisch [chélfích] hadoque
Schildkrötensuppe [chíltcrötenzúpe] sopa de tartaruga
Schillerlocken [chilalóquen] rolinhos de hadoque defumado
Schinken [chínquen] presunto
Schinkenbrötchen [-brötchen] rolinhos de presunto
Schinkenröllchen [-rölrren] presunto enrolado
Schinkenspeck [-chpéc] bacon
Schinkenwurst [-vúrst] salsicha de pernil
Schlachtplatte [chlárrtpláte] seleção de salsichas frescas
Schlagobers [chlác ôbers] creme chantilly
Schlagsahne [-zâne] creme chantilly
Schlei [chlái] tinca (peixe)
Schmorbraten [chmôrbrâten] carne cozida em fogo brando
Schnecken [chnéquen] escargôs
Schnittlauch [chnít-láurr] cebolinha
Schnitzel [chnítsel] costeleta
Schokolade [chôcôlâde] chocolate
Scholle [chóle] solha (tipo de linguado)
Schollenfilet [-filê] filé de solha
Schulterstück [chulter chtüc] filé do quarto dianteiro de boi
Schwarzbrot [chvártsbrôt] pão preto de centeio
Schwarzwälder Kirschtorte [chvártsvélder quirchtórte] torta Floresta Negra
Schwarzwurzeln [-vúrtseln] cercefi (verdura)
Schweinebauch [chváine báurr] barriga de porco
Schweinebraten [-brâten] carne de porco assada
Schweinefilet [-filé] lombo de porco
Schweinefleisch [-flich] carne de porco
Schweinekotelett [-cotlét] costeleta de porco
Schweineleber [-lêber] fígado de porco
Schweinerippe [-rípe] costeleta de porco curada
Schweinerollbraten [-rolbrâten] enrolado assado de carne de porco
Schweineschmorbraten [-chmôa-brâten] carne de porco assada
Schweineschnitzel [-chnítsel] lombo de porco

Schweinshaxe [chváins hácse] jarrete de porco
Seelachs [zêlács] pescada-polaca
Seezunge [zê tsúngue] linguado
Sellerie [zêlári] aipo
Semmel [zémel] pãozinho
Semmelknödel [cnödel] bolinho de pão
Senf [zenf] mostarda
Senfsahnesoße [-zânezôsse] molho de creme de leite e mostarda
Senfsoße molho de mostarda
Serbisches Reisfleisch [zérbiches ráisfláich] picadinho de carne de porco, com cebola, tomate e arroz
Sohle [zôle] linguado
Soleier [zôláiea] ovos em conserva
Soße [zôsse] molho; molho de carne
Spanferkel [chpân férquel] leitão
Spargel [chpârguel] aspargo
Spargelcremesuppe [crémzúpe] sopa cremosa de aspargo
Spätzle [chpétsle] tipo de "nhoque" feito com farinha de trigo e servido com molho
Speckkartoffeln [chpéc] batatas com bacon
Speckknödel [cnödel] bolinhos de bacon
Speckstreifen [chtráifen] tiras de bacon
Speisekarte [chpáize cárte] menu
Spezialität des Hauses especialidade da casa
Spiegeleier [chpîguel áiea] ovo frito
Spieß: am Spieß [chpîs] no espeto
Spießbraten [chpîs brâten] pernil assado no espeto
Spinat [chpinât] espinafre
Spitzkohl [chpitscôl] repolho branco
Sprotten [chpróten] espadilhas (sprats)
Stachelbeeren [chtárrel bêren] groselha-espinhosa
Stangenspargel [chtánguenchpárguel] pontas de aspargo
Stangen(weiß)brot [chtánguen(váis)brôt] pão francês
Steinbutt [chtáin bút] linguado
Steinpilze [-píltse] tipo de cogumelo
Stollen [chtólen] pão de frutas
Strammer Max [chtrámer mács] presunto e ovo frito sobre uma fatia de pão
Streuselkuchen [chtroizel cûrren] cuca, um bolo assado com uma "farofa" de manteiga e farinha por cima
Sülze [zültse] músculo
Suppe [zúpe] sopa
Suppen sopas
Suppengrün [zúpengrün] misto de ervas e vegetais (na sopa)
Süßigkeiten [züssírr cáiten] balas; doces
Süßspeisen [züschpaizen] pratos doces

Süßwasserfische [zü̂svásseafíche] peixe de água doce
Szegediner Gulasch [stséguédínea gûlach] gulache com repolho em conserva

Tafelspitz [tâfel chpits] alcatra cozida e ácida
Tagesgericht [tâgue guêrirrt] prato do dia
Tageskarte [-cárte] menu do dia; menu de preço fixo
Tagessuppe [-zúpe] sopa do dia
Tatar [tatâr] bife tártaro
Taube [táube] pombo
Teigmantel [táik mántel] com cobertura de massa
Teigwaren [-vâren] massa
Thunfisch [tûncfich] atum
Tintenfisch [-fich] lula
Tomate [tomâte] tomate
Tomatensalat [-zalât] salada de tomate
Tomatensuppe [-zúpe] sopa de tomate
Topfen [tópfen] tipo de queijo semelhante à ricota; quark
Törtchen [törtrren] torta(s)
Torte [tórte] bolo
Trauben [tráuben] uvas
Truthahn [trûthân] peru

überbacken [übeabâquen] gratinado
Ungarisches Gulasch [úngariches] gulache húngaro

Vanilleeis [vanîlêáis] sorvete de creme (baunilha)
Vanillesoße [-zôsse] calda de baunilha
vegetarisch [veguêtârich] vegetariano
verlorene Eier [féalôréne áiea] ovo pochê
Vollkornbrot [fólcornbrôt] pão preto de centeio
vom Grill [fóm gríl] grelhado
vom Kalb [cálp] vitela
vom Lamm [lám] cordeiro
vom Rind [rínt] carne
vom Rost [róst] grelhado
vom Schwein [chváin] carne de porco
vorbereiten [fôaberáiten] preparar
Vorspeisen [fôachpáizen] hors d'œuvres; entradas

Waffeln [váfeln] waffles
Waldmeister [váltmáister] aspérula (verdura)
Waldorfsalat [váldorfzalât] salada Waldorf, feita com aipo, maçã e nozes
Wassermelone [vássermêlône] melancia
Weichkäse [váirr quêze] queijo mole
Weinbergschnecken [váin bérchchnéquen] escargôs
Weincreme [váincrême] pudim com vinho
Weinkraut [-cráut] chucrute
Weinschaumcreme [-cháumcrême] pudim cremoso com vinho
Weintrauben [-tráuben] uvas

Weißbrot [váis brôt] pão branco
Weißkohl repolho branco
Weißkraut [-cráut] repolho branco
Weißwurst [-vúrst] salsicha de vitela
Wiener Schnitzel [vîner chnitsel] vitela à milanesa
Wiener Würstchen [vürstrren] salsicha(s)
Wild [vílt] carne de caça
Wildbret [-brét] carne de veado
Wildgerichte [-guêrírrte] pratos com carne de veado
Wildschweinkeule [víltchváin cóile] pernil de javali
Wildschweinsteak bife de javali
Windbeutel [víntbóitel] doce recheado de creme
Wirsing [vírzing] repolho
Wurst [vúrst] salsicha
Wurstbrötchen [-brötrren] pão com salsicha
Würstchen [vürstrren] salsicha(s)
Wurstplatte [vúrst-plate] seleção de salsichas
Wurstsülze [-zültse] salsicha de carnes mistas
Würzfleisch [vürst fláich] carne apimentada

Zander [tsander] zander (tipo de peixe)
Zartbitterschokolade [tsartbiterchôcôlâde] chocolate puro
Ziegenkäse [tsîguen quêze] queijo de leite de cabra
Zigeunerschnitzel [tsîgóinerchnítsel] carne de porco ou vitela com pimentão e relish
Zitrone [tsítrône] limão
Zucchini [tsúquînî] abobrinha
Zucker [tsúquéa] açúcar
Zuckererbsen [-érpsen] ervilha-torta
Zunge [tsúngue] língua
Zwiebel [tsvîbel] cebola
Zwiebelringe [-ríngue] anéis de cebola
Zwiebelrostbraten [-rostbrâten] bife com cebola frita
Zwiebelsuppe [-zûpe] sopa de cebola
Zwiebeltorte [-tórte] torta de cebola
Zwischengerichte [tsvíchenguerírrte] entradas

Menu:

Bebida

Termos Básicos

açúcar der Zucker [tsúquea]
água das Wasser [vássea]
água mineral das Mineralwasser [minerâlvássea]
água tônica das Tonic
café der Kaffee [cáfe]
cerveja das Bier
chá der Tee [tê]
club soda das Sodawasser [zôdavássea]
conhaque der Weinbrand [váinbrant]
copo: um copo de... ein Glas... [áin glâs]
garrafa die Flasche [fláche]
gim der Gin
 um gim-tônica einen Gin Tonic [áinen]
leite die Milch [mílrr]
refresco das alkoholfreie Getränk [álcôhôlfráie guêtrénc];
refrigerante der Soft drink
suco de fruta der Fruchtsaft [frúrrtzáft]
suco de laranja der Orangensaft [ôrangenzáft]
uísque der Whisky
vinho der Wein [váin]
 carta de vinhos die Weinkarte [váincarte]
vinho branco der Weißwein [váissvine]
vinho rosê der Roséwein [rôzêvine]
vinho tinto der Rotwein [rôtvine]
vodca der Wodka [vodca]
xícara: uma xícara de... eine Tasse... [áine tásse]

outro..., por favor noch ein..., bitte [nórr áin... bíte]

alkoholfreies Bier [álcôh**ô**lfraies bîa] cerveja sem álcool
Alsterwasser [-v**á**ssa] shandy (cerveja com limonada)
Alt(bier) [**a**lt(bîa)] cerveja escura leve, sem doce
Apfelsaft [**á**pfelzáft] suco de maçã
Apfelschorle [-chórle] suco de maçã gasoso
Apfelwein [-váin] sidra
Äppelwoi [épelvói] sidra
Auslese [**á**uslêze] vinho selecionado dos cachos de uva mais maduros, na categoria máxima daquele vinho
Ausschankwein [**á**uscháncváin] vinho vendido por copo

Bananenmilch [bânânenmílrr] milkshake de banana
Beerenauslese [bêrenauslêze] vinho feito de uvas especialmente selecionadas, na categoria máxima daquele vinho
Berliner Weiße [bérl**î**ner v**a**ísse] cerveja espumante
Bier [bîa] cerveja
Bockbier [b**ó**cbîa] cerveja bock, forte
Bowle [boule] ponche
Buttermilch [b**ú**teamílrr] leitelho

Cidre [s**î**dre] sidra

Doppelkorn [d**ó**pelcórn] aguardente de cevada

Eierlikör [**á**iealîc**ö**r] licor de ovos
Eiswein [**á**isváin] vinho feito de uvas colhidas após uma geada
entkoffeiniert [entcóféîn**î**rt] descafeinado
Erdbeermilch [értbêrmílrr] milkshake de morango
Erzeugerabfüllung engarrafado na vinícola

Federweißer [f**ê**derváisser] vinho novo
Feuerzangenbowle [f**ó**iertsánguenboule] ponche de vinho tinto com rum que foi flambado
Flasche [fláche] garrafa
Flaschenwein [fláchenváin] vinho engarrafado
fruchtig [fr**ú**rrtirr] frutado
Fruchtsaft [fr**ú**rrtzáft] suco de fruta

Gespritzter [guêchpr**í**tster] vinho misturado a água com gás
Getränke [guetr**é**nque] bebidas; drinques
Glühwein [gl**ü**váin] vinho quente com açúcar
Grog mistura de água, rum e açúcar, grogue

halbsüß [h**á**lpzüss] meio doce
halbtrocken [h**á**lp-] meio seco
Hefeweizen [hêfevaitsen] cerveja espumante feita com lêvedo e trigo
Heidelbeergeist [h**á**idelbêrgáist] conhaque de mirtilo

heiße Zitrone [háisse tsîtrône] limão quente
heiße Milch [háisse mílrr] leite quente
Helles [héles] cerveja pilsen ou lager
herb [hérp] muito seco
Himbeergeist [hîmbêrgáist] conhaque de framboesa

Jahrgang [iârgang] vindima; safra de vinho

Kabinett vinho leve, em geral seco, da mais alta categoria daquele vinho
Kaffee [cáfe] café
Kaffee mit Milch [mílrr] café com leite
Kakao [cácáu] chocolate quente
Kännchen (Kaffee) [quénrren (cáfe)] pote (de café)
Kellerei [quélérái] adega do produtor de vinho
Kir [quîr] vinho branco com um toque de licor de cassis
Kir Royal [róiâl] champanhe com um toque de licor de cassis
koffeinfrei [cófêînfrái] descafeinado
Kognak [coniác] conhaque
Korn tipo de aguardente
Kräuterlikör [cróiterlicör] licor de ervas
Kräutertee [-tê] chá de ervas
Krimsekt [crîmzéct] champanhe da Criméia

Landwein [lántváin] vinho da região
Likör [lîcör] licor
Limo [lîmo] limonada
Limonade [lîmônâde] limonada
Liter [lîtea] litro

Malzbier [máltsbîa] malzbier (cerveja escura e doce)
Maß [mâs] litro de cerveja (Baviera)
Milchmixgetränk [mílrrmicsguêtrénc] milkshake
Mineralwasser [mînêrâlvâssea] água mineral com gás
mischen [míchen] misturar
Mokka [móca] variedade superior de café
Most [môst] vinho frutado

Nektar polpa de fruta
neuer Wein [nóier váin] vinho novo

Obstler [ôpstler] aguardente de frutas
offener Wein [váin] vinho vendido por copo
Orangensaft [orangenzáft] suco de laranja

Pikkolo um quarto de garrafa de champanhe
Portwein [-váin] vinho do Porto
Pulverkaffee [púlvercáfê] café instantâneo/solúvel

Qualitätswein b.A. [cvalitêtsváin] vinho de alta qualidade de

uma área de cultivo especial de uvas
Qualitätswein m.P. vinho alemão de alta qualidade

Radler(maß) [râdleamâs] cerveja com limonada
Rosé(wein) [rôzê(váin)] vinho rosê
Rotwein [rôtváin] vinho tinto

Saft [zaft] suco
Schokolade [chôcôlâde] chocolate
Schokomilch [chôcômílrr] milkshake de chocolate
schwarzer Tee [chvártser tê] chá preto
Sekt [zéct] vinho espumante; champanhe
Spezi [chpêtsi] cola com limonada
Spirituosen [chpirituôsen] bebida alcoólica
Sprudel(wasser) [chprûdel (-vásser)] água mineral
Steinhäger® [chtáinehéguer] marca de aguardente
Sturm [chtúrm] vinho novo

Tafelwasser [tâfelvásser] água mineral sem gás
Tafelwein [tâfelváine] vinho de mesa
Tee [tê] chá
Trinkwasser [-vásser] água potável
trocken seco

vollmundig [fólmundirr] encorpado
vom Fass [fóm] tirar cerveja do barril

Wasser [vásser] água
Wein [váin] vinho
Weinberg [váinebérc] vinhedo
Weinbrand [váinebránt] conhaque
Weingut [-gût] propriedade com produção de vinho
Weinkarte [-cárte] carta de vinhos
Weinkeller [-quéler] adega
Weinkellerei [-quélerái] adega do produtor
weiß [váiss] branco
Weißbier [váissbîa] cerveja clara, espumante, feita de trigo
Weißherbst [-hérpst] tipo de vinho rosado
Weißwein [-váin] vinho branco
Weizenbier [váitsenbîa] cerveja de trigo

Zitronentee [tsîtrônentê] chá de limão
Zwetschenwasser [tsvétchquenvásser] conhaque de ameixa

Como Funciona a Língua

Pronúncia

Neste guia, o alemão foi escrito num sistema que imita sua pronúncia. Leia essa pronúncia como se as palavras estivessem em português, acentuando as letras em negrito. As vogais longas e fechadas levam um acento circunflexo (^); as vogais curtas e abertas, um acento agudo (´). Tenha em mente as observações a seguir:

â	tem o som do 'a' em m**a**r
ê	tem o som do 'e' em d**ê**
î	tem o som do 'i' em n**í**vel
ô	tem o som do 'o' em av**ô**
û	tem o som do 'u' em cr**u**
á	tem o som do 'a' em p**a**to
é	tem o som do 'e' em m**e**ta
í	tem o som do 'i' em fo**i**
ó	tem o som do 'o' em av**ó**
ú	tem o som do 'o' em act**o**
e	em sílaba final soa semelhante ao 'e' em aniv**er**sário
m e n	em final de palavra são pronunciados como em **m**ãe e **n**avio
l	em qualquer posição soa como o 'l' em **l**ado
r	em sílaba inicial soa mais próximo do 'r' em ca**r**o
rr	semelhante ao 'r' vibrante produzido na garganta; corresponde ao 'ch' em alemão. Após as vogais 'ä', 'e', 'i', 'ö' e 'ü' é pronunciado mais na frente da boca.
h	som aspirado semelhante ao 'h' do inglês **h**ouse
ö	deve ser pronunciado como um 'e', mas com a boca disposta para pronunciar um 'o'
ü	deve ser pronunciado como um 'i', mas com a boca disposta para pronunciar um 'u'

Abreviações

ac	acusativo	gen	genitivo	nom	nominativo
adj	adjetivo	m	masculino	pl	plural
dat	dativo	n	neutro	sing	singular
f	feminino				

Notas

Um asterisco (*) junto à palavra significa que se deve procurar a seção **Como Funciona a Língua** para mais informações.

Substantivos

Em alemão, os substantivos começam com maiúscula e pertencem a um dos gêneros – masculino, feminino ou neutro. Em geral, o gênero tem de ser aprendido junto com o substantivo. Mas algumas terminações de substantivos constituem indicadores seguros do gênero. Por exemplo:

Substantivos masculinos: terminados em **-or**

der Motor d**ê**a m**ô**tôr o motor	**der Professor** d**ê**a prôf**é**ssor o professor

Substantivos femininos: terminados em **-ei**, **-heit**, **-in**, **-keit**, **-ung**

die Polizei dî pôlîts**ái** a polícia	**die Abtei** dî ap-t**ái** a abadia
die Freiheit dî fr**ái**háit a liberdade	**die Gesundheit** dî guêz**ú**nt-háit a saúde
die Engländerin dî **é**ngléndérin a inglesa	**die Schauspielerin** dî ch**áu**chpîlêrin a atriz
die Telefonistin dî têlêfôn**í**stin a telefonista	**die Flüssigkeit** dî fl**ü**ssirrcáit o líquido
die Geschwindigkeit dî guêchv**í**ndirrcáit a velocidade	**die Reservierung** dî rêzérv**î**rung a reserva

die Verbindung
dî féab**í**ndung
a conexão

Substantivos neutros: terminados em **-chen, -ment**

das Mädchen dás **mé**trren a menina	das Verkehrszeichen dás féaqu**ê**rstsairren a placa rodoviária
das Kompliment dás cómplîm**e**nt o cumprimento	das Medikament dás mêdîcâm**é**nt o remédio

Plurais

Existem algumas regras gerais sobre a formação dos plurais, mas o plural da maioria dos substantivos alemães, como seu gênero, tem de ser aprendido individualmente.
Diversos substantivos alemães formam o plural com o acréscimo de **-e**, **-n** ou **-en**.

der Berg d**ê**a bérc a montanha	die Berge dî b**é**rgue as montanhas
die Reise dî r**ái**ze a viagem	die Reisen dî r**ái**zen as viagens
die Mahlzeit dî m**â**ltsáit a refeição	die Mahlzeiten dî m**â**ltsaiten as refeições

Muitos substantivos de origem estrangeira (mas nem todos) formam o plural com o acréscimo de **-s**.

das Auto dás **áu**to o carro	die Autos dî **áu**tôs os carros

e:

der Computer d**ê**a cómpi**ú**téa o computador	die Computer dî cómpi**ú**téa os computadores

Alguns substantivos não se modificam no plural. Outros ganham **-er**. Com frequência, mas nem sempre, isso se combina com a mudança da vogal: muitos substantivos que possuem **a**, **o** ou **u** levam trema no plural (**ä**, **ö** ou **ü**):

der Apfel dêa **á**pfel a maçã	**die Äpfel** dî **é**pfel as maçãs
der Koch dêa córr o cozinheiro	**die Köche** dî c**ö**rre os cozinheiros
das Tuch dás tûrr o tecido	**die Tücher** dî t**ü**rréa os tecidos

Esta lista com terminações comuns de substantivos pode ser muito útil:

terminação	gênero	plural
-ar	m	-are
-är	m	-äre
-chen	n	-chen
-eur	m	-eure
-ich	m	-iche
-heit	f	-heiten
-in	f	-innen
-ium	n	-ien
-keit	f	-keiten
-ling	m	-linge
-ment	n	-mente
-nis	n	-nisse
-or	m	-oren
-schaft	f	-schaften
-ung	f	-ungen

Artigos e Casos

A língua alemã tem três gêneros – masculino (**m**), feminino (**f**) e neutro (**n**) –, e cada um possui seu próprio artigo.

Para os substantivos masculinos há o artigo definido **der** ("o" em português) e o artigo indefinido **ein** ("um" em português):

der Mann	**ein Mann**
dêa mán	áin mán
o homem	um homem

Para os substantivos femininos há o artigo definido **die** ("a" em português) e o artigo indefinido **eine** ("uma" em português):

die Frau	**eine Frau**
dî fráu	áine fráu
a mulher	uma mulher

Para os substantivos neutros há o artigo definido **das** e o artigo indefinido **ein**:

das Kind	**ein Kind**
dás quínt	áin quínt
a criança	uma criança

Independentemente do gênero do substantivo, o plural dos artigos definidos é **die**:

die Männer	**die Frauen**
dî ménéa	dî fráuen
os homens	as mulheres

die Kinder
dî quindéa
as crianças

O alemão tem quatro casos: nominativo, acusativo, dativo e genitivo. A forma dos artigos definidos e indefinidos muda de acordo com o caso empregado, como mostram as listas a seguir:

Artigo Definido

	m	f	n	pl
nom	der	die	das	die
ac	den	die	das	die
dat	dem	der	dem	den
gen	des	der	des	der

Artigo Indefinido

	m	f	n
nom	ein	eine	ein
ac	einen	eine	ein
dat	einem	einer	einem
gen	eines	einer	eines

O **nominativo** é o caso usado em palavras que são o sujeito da frase:

der Wagen fährt schnell
dêa **vâ**guen fért chnél
o carro anda rápido

O **acusativo** é o caso usado em palavras que são o objeto direto da frase:

ich habe den Wagen gestern gekauft
írr **hâ**be dên **vâ**guen gu**é**stern guê**cá**uft
eu comprei o carro ontem

O **dativo** é o caso usado para palavras que são o objeto indireto da frase, e é exigido também por várias preposições:

Ich fahre mit dem Wagen nacht Berlin
irr **fâ**re mít dêm **vâ**guen nârr berl**î**n
vou de carro para Berlim

O **genitivo** é o caso usado para expressar a noção de posse:

der Preis des Wagens war sehr hoch
dair price dess v**ah**genss var zair hohKH
o preço do carro estava muito alto

Preposições

A maioria das preposições alemãs se liga ao acusativo ou ao dativo, ou a ambos.

O acusativo é usado depois destas preposições:

bis	bís	até
durch	durrr	por
für	fü**a**	para
gegen	gu**ê**guen	contra
ohne	**ô**ne	sem
um	úm	ao redor de

wir gehen durch die Stadt
v**ía** gu**ê**-en durr dî chtát
nós caminhamos pela cidade

ohne die Kinder
ône dî qu**í**ndea
sem as crianças

Emprega-se o dativo depois destas preposições:

aus	**á**us	fora
außer	**á**usséa	exceto
bei	b**á**i	perto de, ao lado
gegenüber	guêguen**ü**béa	em frente de
mit	mít	com
nach	nârr	para
seit	z**á**it	desde
von	fón	de
zu	tsû	a, em, para

mit den Kindern
mit dên qu**í**ndern
com as crianças

seit dem letzten Jahr
z**á**it dêm l**é**tsten i**â**r
desde o ano passado

As preposições abaixo se ligam ao acusativo ou ao dativo:

an		a, em
auf	áuf	sobre, em cima de
hinter	hínter	atrás
in	ín	em
neben	nêben	ao lado de
über	übéa	sobre, por cima de
unter	úntea	sob
vor	fôr	ante, diante de
zwischen	tsvíchen	entre

Usa-se o acusativo sempre que se quer dar a noção de um deslocamento, ao passo que o dativo indica posição:

ich stelle die Vase auf den Tisch
írr chtéle dî vâze áuf dên tích
eu coloco o vaso sobre a mesa

die Vase steht auf dem Tisch
dî vâze chtêt áuf dêm tích
o vaso está em cima da mesa

wir fahren über den Fluss
vîa fâren übéa dên flúss
nós estamos atravessando o rio

die Brücke über dem Fluss
dî brüque übéa dêm flúss
a ponte sobre o rio

Adjetivos e Advérbios

Em alemão, não há uma terminação especial para diferenciar advérbio de adjetivo (como "-mente", em português). O advérbio tem a mesma forma básica do adjetivo.

das Wetter ist schön
dás véter íst chön
o tempo está lindo

sie singt schön
zî zíngt chön
ela canta lindamente

Se o adjetivo é usado como predicativo (não na frente do substantivo), ele aparece em sua forma simples, sem terminações:

die Straße ist nass	es ist zu spät
dî chtrâsse íst náss	éss íst tsû chpét
a rua está molhada	é muito tarde

Mas se o adjetivo aparece antes do substantivo, é preciso uma terminação que concorde com o substantivo:

die nasse Straße	ein später Zug
dî násse chtrâsse	áin chpêtéa tsûc
a rua molhada	um trem tardio

A terminação do adjetivo depende de ele ser empregado depois de um artigo definido (**der, die, das**) ou indefinido (**ein, eine**). Como se vê nas listas abaixo, a terminação varia conforme o gênero e o caso do substantivo.

Terminação Depois de Artigos Definidos

	m	f	n	pl
nom	-e	-e	-e	-en
ac	-en	-e	-e	-en
dat	-en	-en	-en	-en
gen	-en	-en	-en	-en

Terminação Depois de Artigos Indefinidos

	m	f	n	pl
nom	-er	-e	-es	-en
ac	-en	-e	-es	-en
dat	-en	-en	-en	-en
gen	-en	-en	-en	-en

das große Hotel	ein großes Hotel
dás grôsse hôtel	áin grôssés hôtel
o hotel grande	um hotel grande

die großen Hotels dî grôssen hôtéls os hotéis grandes	**wir wohnen in dem großen Hotel** vîa vônen ín dêm grôssen hôtél estamos em um hotel grande

die Zimmer eines großen Hotels
dî tsímer áines grôssen hôtéls
os quartos de um hotel grande

Comparativos e Superlativos

A forma comparativa de um adjetivo ou advérbio é empregada para dizer que algo é maior, melhor, mais interessante etc. do que outra coisa. Em alemão, isso aparece com o acréscimo da terminação **-er**.

klein cláin pequeno(a)	**kleiner** cláiner menor
schön chön bonito(a)	**schöner** chöner mais bonito(a)

Já a forma superlativa de um adjetivo ou advérbio é empregada quando se quer mostrar que uma coisa é a maior, a melhor, a mais interessante de todas. Em alemão, isso é expresso com o acréscimo da terminação **-ste**.

billig bílirr barato(a)	**der/die/das billigste** dêa/dî/dás bílirrste o(a) mais barato(a)
weich váirr macio(a)	**der/die/das weichste** dêa/dî/dás váirrste o(a) mais macio(a)

Observe que se os adjetivos contêm as letras **a**, **o** ou **u**, elas costumam mudar para **ä**, **ö** ou **ü** nas formas comparativa e superlativa:

lang	**länger**	**der/die/das längste**
láng	**lé**nguer	**dêa**/dî/dás léngste
longo(a)	mais longo(a)	o(a) mais longo(a)
groß	**größer**	**der/die/das größte**
grôs	gr**ö**sser	**dêa**/dî/dás gr**ö**ste
grande	maior	o(a) maior
dumm	**dümmer**	**der/die/das dümmste**
dúm	d**ü**mer	**dêa**/dî/dás dümste
estúpido(a)	mais estúpido(a)	o(a) mais estúpido(a)

Algumas formas de comparativo e superlativo são totalmente irregulares:

gut	**besser**	**der/die/das beste**
gût	**bé**sser	**dêa**/dî/dás **bé**ste
bom	melhor	o(a) melhor
hoch	**höher**	**der/die/das höchste**
hôrr	h**ö**er	**dêa**/dî/dás h**ö**rrste
alto(a)	mais alto(a)	o(a) mais alto(a)
viel	**mehr**	**der/die/das meiste**
fîl	m**ê**a	**dêa**/dî/dás m**á**iiste
muito	muito mais	muitíssimo

A palavra **als** significa "do que":

er ist größer als ich
êa íst gr**ö**sser als írr
ele é mais alto do que eu

Pronomes

Caso Reto

eu	**ich**	írr
tu/você (sing, familiar)	**du**(1)	dû
o(a) senhor(a) (sing, formal)	**Sie**(2)	zî
ele	**er**	êa
ela	**sie**	zî
(neutro)	**es**	és
nós	**wir**	vîa
vós/vocês (pl, familiar)	**ihr**(3)	îa
os(as) senhores(as) (pl, formal)	**Sie**(2)	zî
eles/elas	**sie**	zî

(1) **du** é usado ao nos dirigirmos a uma só pessoa e constitui a forma familiar empregada quando falamos com parentes, amigos e crianças

(2) **Sie** (com maiúscula) é a forma de tratamento formal no singular e no plural; o verbo com **Sie** deve ser conjugado como o verbo com **sie** (terceira pessoa do plural)

(3) **ihr** é o tratamento familiar usado para se falar com mais de uma pessoa

Atenção: ao falar com estranhos, a menos que sejam crianças, use sempre **Sie**, e nunca **du** ou **ihr**.

Se o substantivo for masculino, use **er**; se for feminino, empregue **sie**; se for neutro, **es**.

ist der Zug schon da? – da kommt er
íst d**ê**a tsûc chôn dâ – dâ cómt **ê**a
o trem já chegou? – aí vem ele

wo ist die Zeitung? – da liegt sie
vô íst dî ts**ái**tung – dâ lîct zî
onde está o jornal? – aqui está ele

was macht das Kind? – es spielt
vás márrt dás quínt – és chpîlt
o que a criança está fazendo? – ele/ela está brincando

Pronomes Oblíquos – Objeto Direto

Eles têm a função de objeto direto.

me		**mich**	mírr
te	(sing, familiar)	**dich**	dírr
	(sing, formal)	**Sie**	zî
o		**ihn**	în
a		**sie**	zî
(neutro)		**es**	és
nos		**uns**	úns
vos	(pl, familiar)	**euch**	**ó**irr
	(pl, formal)	**Sie**	zî
os, as		**sie**	zî

ich habe sie gesehen
írr h**â**be zî guêz**ê**en
eu a/os/as vi

kann ich dich morgen anrufen?
cán írr dírr m**ó**rguen **á**nrûfen
posso te ligar amanhã?

ich möchte euch einladen
írr m**ö**rrte **ó**irr **ái**nlâden
eu gostaria de vos convidar

Pronomes Oblíquos – Objeto Indireto

Se você usar um pronome equivalente a um objeto indireto, como "me", "a/para mim", "te", "a/para ti" etc., irá empregar o seguinte:

me/(a) mim		**mir**	m**î**a
te/(a) ti	(sing, familiar)	**dir**	d**î**a
	(sing, formal)	**Ihnen**	**î**nen
lhe/(a) ele		**ihm**	îm
lhe/(a) ela		**ihr**	**î**a
(neutro)		**ihm**	îm
nos/(a) nós		**uns**	úns
vos/(a) vós	(pl, familiar)	**euch**	**ó**ich
	(pl, formal)	**Ihnen**	**î**nen
lhes/(a) eles, elas		**ihnen**	**î**nen

sie hat es mir gegeben
zî hát és m**î**a guêgu**ê**ben
ela me deu isso

ich habe es ihm gesagt
írr h**â**be és îm guêz**â**ct
eu contei isso a ele

er hat ihnen einen Brief geschrieben
êa hát **î**nen **ái**nen brîf guêchr**î**ben
ele lhes escreveu uma carta

Pronomes Reflexivos

São usados com verbos pronominais, como **sich waschen** "lavar-se", **sich umdrehen** "voltar-se":

me		**mich/mir**	mírr/m**î**a
ti	(familiar)	**dich/dir**	dírr/d**î**a
	(formal)	**sich**	zírr
se		**sich**	zírr
se		**sich**	zírr
(neutro)		**sich**	zírr
nos		**uns**	úns
vos	(familiar)	**euch**	**ó**irr
	(formal)	**sich**	zírr
se		**sich**	zírr

wir haben uns gut unterhalten
v**î**a h**â**ben úns gût únterh**á**lten
nós nos divertimos

Sie irren sich
zî **î**ren zírr
o(a) senhor(a) se engana

ich habe mich geärgert
írr h**â**be mírr guê-**é**rguéat
eu me aborreci

Pronomes Possessivos

Os pronomes possessivos são "meu", "teu", "seu", "nosso" etc. Em alemão, eles concordam em gênero, número e caso com o substantivo ao qual se referem. São declinados como os artigos indefinidos, ou, quando usados sem substantivo, fazem a declinação com os artigos definidos (ver as tabelas na pág. 245).

		m	f	n	pl
meu		mein	meine	mein	meine
		máin	máine	máin	máine
teu	(sing, familiar)	dein	deine	dein	deine
		dáin	dáine	dáin	dáine
	(sing, formal)	Ihr	Ihre	Ihr	Ihre
		îa	îre	îa	îre
seu (dele e neutro)		sein	seine	sein	seine
		záin	záine	záin	záine
seu (dela)		ihr	îre	ihr	ihre
		îa	eer-uh	îa	îre
nosso		unser	unsere	unser	unsere
		únzea	únzere	únzea	únzere
vosso	(pl, familiar)	euer	eure	euer	eure
		óiéa	óire	óiéa	óire
	(pl, formal)	Ihr	Ihre	Ihr	Ihre
		îa	îre	îa	îre
seus (deles, delas)		ihr	ihre	ihr	ihre
		îa	îre	îa	îre

das sind meine
dás zínt máine
esses são meus

möchten Sie Wein? – wir haben unseren schon bestellt
mörrten zî váin – vîa hâben únzeren chôn bêchtélt
quer um pouco de vinho? – nós já pedimos o nosso

hast du deine Fahrkarte?
hást dû dáine fâcárte
tu pegaste teu bilhete?

das ist mein Hotel
dás íst máin hôtél
este é o meu hotel

sind unsere Koffer schon hier?
zínt **ú**nzere c**ó**fer chón h**î**a
nossas malas já chegaram?

Verbos

O infinitivo dos verbos da língua alemã geralmente termina em **-en** e, em alguns casos, em **-ln** ou **-rn**.

gehen	ir; caminhar
schlafen	dormir
angeln	pescar

Presente

Para formar o presente dos verbos em alemão, retire a terminação do verbo (**-en** ou **-n**) e acrescente outras terminações à raiz dele, como se observa nas listas abaixo (a "raiz" de um verbo é o infinitivo sem o final "**-en**", "**-eln**" ou "**-ern**"):

		machen (fazer) m**á**rren		**reden** (falar) r**ê**den	
eu		**ich**	**mach-e**	**ich**	**red-e**
tu	(sing, familiar)	**du**	**mach-st**	**du**	**red-est**
	(sing, formal)	**Sie**	**mach-en**	**Sie**	**red-en**
ele/ela/neutro		**er/sie/es**	**mach-t**	**er/sie/es**	**red-et**
nós		**wir**	**mach-en**	**wir**	**red-en**
vós	(pl, familiar)	**ihr**	**mach-t**	**ihr**	**red-et**
	(pl, formal)	**Sie**	**mach-en**	**Sie**	**red-en**
eles/elas		**sie**	**mach-en**	**sie**	**red-en**

Ver na pág. 248 o uso de diferentes palavras para "tu" e "vós".

Note que os verbos terminados em **-t** ou **-d**, como **reden**, acima, recebem um **-e-** para formar alguns de seus tempos.

Alguns verbos comuns são irregulares:

haben [hâben] ter

ich	habe	hâbe
du	hast	
Sie	haben	hâben
er/sie/es	hat	
wir	haben	
ihr	habt	hâpt
Sie	haben	
sie	haben	

sein [záin] ser

ich	bin	
du	bist	
Sie	sind	záint
er/sie/es	ist	
wir	sind	zínt
ihr	seid	záit
Sie	sind	
sie	sind	

dürfen [dürfen] ter a permissão

ich	darf	
du	darfst	
Sie	dürfen	dürfen
er/sie/es	darf	
wir	dürfen	
ihr	dürft	dürft
Sie	dürfen	
sie	dürfen	

fahren [fâren] ir; dirigir

ich	fahre	fâre
du	fährst	férst
Sie	fahren	fâren
er/sie/es	fährt	fért
wir	fahren	
ihr	fahrt	
Sie	fahren	
sie	fahren	

können [cönen] poder; ser capaz de

ich	kann	
du	kannst	
Sie	können	cönen
er/sie/es	kann	
wir	können	
ihr	könnt	cönt
Sie	können	
sie	können	

mögen [mögen] gostar

ich	mag	mâc
du	magst	mâcst
Sie	mögen	möguen
er/sie/es	mag	
wir	mögen	
ihr	mögt	möct
Sie	mögen	
sie	mögen	

müssen [müssen] precisar de; dever

ich	muss	mús
du	musst	múst
Sie	müssen	müssen
er/sie/es	muss	
wir	müssen	
ihr	müsst	müst
Sie	müssen	
sie	müssen	

sehen [zêen] ver

ich	sehe	zêe
du	siehst	zîst
Sie	sehen	zêen
er/sie/es	sieht	zît
wir	sehen	
ihr	seht	zêt
Sie	sehen	
sie	sehen	

werden [vêrden] tornar-se

ich	werde	vêrde
du	wirst	vírst
Sie	werden	vêrden
er/sie/es	wird	vírt
wir	werden	
ihr	werdet	vêrdet
Sie	werden	
sie	werden	

wollen [vólen] querer

ich	will	víl
du	willst	vílst
Sie	wollen	vólen
er/sie/es	will	
wir	wollen	
ihr	wollt	vólt
Sie	wollen	
sie	wollen	

Pretérito

Para descrever uma ação já ocorrida, pode-se usar o pretérito imperfeito ou o perfeito.

Pretérito Imperfeito

O imperfeito descreve eventos que ocorreram no passado, que se repetiam ou que aconteceram durante algum tempo. Para formar o imperfeito dos verbos regulares acrescentam-se as seguintes terminações à raiz do verbo:

machen [márren] fazer

ich	mach-te
du	mach-test
Sie	mach-ten
er/sie/es	mach-te
wir	mach-ten
ihr	mach-tet

reden [rêden] falar

ich	red-ete
du	red-etest
Sie	red-eten
er/sie/es	red-ete
wir	red-eten
ihr	red-etet

Sie	mach-ten	Sie	red-eten
sie	mach-ten	sie	red-eten

Para formar o imperfeito dos verbos irregulares, acrescentam-se as seguintes terminações à raiz do verbo, que em geral também muda (ver a tabela na pág. 257):

fahren ir de carro, trem etc.; dirigir

ich	fuhr
du	fuhr-st
Sie	fuhr-en
er/sie/es	fuhr
wir	fuhr-en
ihr	fuhr-t
Sie	fuhr-en
sie	fuhr-en

Tanto **haben** como **sein** são irregulares no imperfeito:

haben [**hâ**ben] ter

ich	hatte	**há**te
du	hattest	
Sie	hatten	
er/sie/es	hatte	
wir	hatten	
ihr	hattet	
Sie	hatten	
sie	hatten	

sein [**zá**in] ser

ich	war	vâr
du	warst	vârst
Sie	waren	**vâ**ren
er/sie/es	war	
wir	waren	
ihr	wart	vârt
Sie	waren	
sie	waren	

als ich Student war, lebte ich in Köln
als írr chtû**de**nt var **lé**pte írr ín cöln
quando eu era estudante, morava em Colônia

wie war das Wetter in den Alpen?
vî vâ dás **vé**téa ín dên **ál**pen
como era o clima nos Alpes?

Pretérito Perfeito

Na linguagem oral, o modo mais comum de se referir a algo que já ocorreu é usando o pretérito perfeito. Ele se forma a partir do presente de **haben** ou **sein** (ver pág. 253) seguido do particípio passado do verbo. Para compor o particípio passado dos verbos regulares toma-se a raiz desse verbo e adiciona-se um prefixo e uma terminação, da seguinte maneira:

mach-en fazer — **ge-mach-t** feito
red-en falar — **ge-red-et** falado

Para compor o particípio passado dos verbos irregulares toma-se a raiz modificada desse verbo (ver pág. 257) e adiciona-se um prefixo e uma terminação, da seguinte maneira:

trinken beber; tomar — **ge-trunk-en** bebido

A maioria dos verbos usa **haben** para formar o pretérito perfeito:

er hat es gemacht
êa hát és guêm**á**rrt
ele fez isso

wir haben davon geredet
v**î**a h**â**ben d**â**fon guêr**ê**det
nós falamos sobre isso

Alguns verbos usam **sein**, em sua maioria aqueles que implicam movimento, a exemplo de:

fahren ir; dirigir	**ich bin gefahren**
fallen cair	**ich bin gefallen**
fliegen voar	**ich bin geflogen**
gehen ir; caminhar	**ich bin gegangen**
kommen vir	**ich bin gekommen**
sein ser	**ich bin gewesen**
sterben morrer	**ich bin gestorben**
werden tornar-se	**ich bin geworden**

er ist nach London gefahren
êa íst nârr l**ó**ndon guêf**â**ren
ele foi a Londres

letztes Jahr sind wir in München gewesen
létstes i**âr** zínt v**ía** ín m**ü**nrren guê**vê**zen
no ano passado, estivemos em Munique

Certos verbos comuns são irregulares no passado. Esta lista mostra o infinitivo, a terceira pessoa do singular do pretérito imperfeito e o particípio passado de alguns deles.

Alguns Verbos Irregulares (e mistos)

beginnen	começar	begann	begonnen
bleiben	ficar; permanecer	blieb	geblieben
bringen	trazer	brachte	gebracht
dürfen	poder	durfte	gedurft
essen	comer	aß	gegessen
fahren	ir; dirigir	fuhr	gefahren
finden	achar; encontrar	fand	gefunden
geben	dar	gab	gegeben
gehen	ir; caminhar	ging	gegangen
haben	ter	hatte	gehabt
kennen	saber	kannte	gekannt
kommen	vir	kam	gekommen
können	ser capaz de	konnte	gekonnt
lassen	deixar; permitir	ließ	gelassen
lesen	ler	las	gelesen
liegen	ficar	lag	gelegen
müssen	precisar	musste	gemusst
nehmen	pegar	nahm	genommen
schreiben	escrever	schrieb	geschrieben
sehen	ver	sah	gesehen
sein	ser	war	gewesen
sitzen	sentar-se	saß	gesessen
sterben	morrer	starb	gestorben
trinken	beber	trank	getrunken
verlieren	perder	verlor	verloren
werden	tornar-se	wurde	geworden
wissen	saber	wusste	gewusst

Futuro

Em alemão, o futuro é formado com o verbo **werden** e com o infinitivo do verbo em questão:

ich	werde	kommen	v**ê**rde	eu virei
du	wirst	kommen	vírst	tu virás
Sie	werden	kommen	v**ê**rden	o senhor virá
er/sie/es	wird	kommen	vírt	ele/ela virá
wir	werden	kommen		nós viremos
ihr	werdet	kommen	v**ê**rdet	vós vireis
Sie	werden	kommen		os senhores virão
sie	werden	kommen		eles/elas virão

er wird es nicht schaffen
êa vírt és nírrt ch**á**fen
ele não conseguirá

was werden Sie morgen machen?
vás v**ê**rden zî m**ó**aguen m**á**rren
o que fará amanhã?

er wird morgen kommen
êa vîrt m**ó**aguen c**ó**men
ele virá amanhã

Observe que no alemão, como no português, às vezes se usa o tempo presente para falar do futuro:

er kommt morgen
êa cómt m**ó**rguen
ele vem amanhã

Negativas

Para criar uma sentença negativa, o alemão usa a palavra **nicht**:

ich verstehe	**ich verstehe nicht**
írr féachtê-e	írr féachtê-e nírrt
eu compreendo	eu não compreendo

Se quiser dizer "nenhum(a)" junto com substantivos, utilize **kein** ou **keine**:

ich habe kein Geld	**er hat keine Geduld**
írr hâbe cáin guélt	êa hát cáine guêdúlt
não tenho (nenhum) dinheiro	ele não tem (nenhuma) paciência

Imperativo

Usa-se o imperativo para expressar comandos ("venha cá!", "vamos" etc.). Em geral, as formas do imperativo são semelhantes às do infinitivo. De fato, basta adicionar **Sie** ao infinitivo para obter a versão formal do imperativo:

warten esperar	**warten Sie!**
	várten zî
	espere!

A versão familiar (no singular) é idêntica ao infinitivo sem o final **-n** ou, em alguns casos, sem o final **-en**:

warte!	mas:	**komm!**
várte		cóm
espere!		venha (cá)!

A versão correspondente ao plural familiar é idêntica à forma da segunda pessoa do plural no presente (ver pág. 252):

wartet!	**kommt!**
vártet	cómt
esperem!	venham (cá)!

Perguntas

Para fazer uma pergunta, muda-se a ordem das palavras que compõem o sujeito e o verbo na frase:

Sie sprechen Deutsch zî chpr**é**rren d**ói**tch o senhor fala alemão	**sprechen Sie Deutsch?** chpr**é**rren zî d**ói**tch o senhor fala alemão?

ist mein Gepäck schon angekommen?
íst m**á**in guêp**éc** chôn **á**nguecómen?
minha bagagem já chegou?

A ordem das palavras também se inverte em outros casos, principalmente quando uma palavra interrogativa é usada:

wann schließt das Museum?
ván chlîst dás mûz**ê**um
quando o museu fecha?

Datas

As datas são expressas com numerais ordinais:

der erste Juli d**ê**a **é**rste i**ú**lî primeiro de julho	**am ersten Juli** ám **é**rsten i**ú**lî em primeiro de julho
der zwanzigste März d**ê**a tsv**á**ntsicste mérts vinte de março	**am zwanzigsten März** ám tsv**á**ntsicsten mérts em vinte de março

No início de uma carta, deve-se escrever a data da seguinte maneira:

Frankfurt, den 20. März
Frankfurt, 20 de março

Dias

segunda-feira Montag [môntâc]
terça-feira Dienstag [dînstâc]
quarta-feira Mittwoch [mítvórr]
quinta-feira Donnerstag [dónerstâc]
sexta-feira Freitag [fráitâc]
sábado Samstag [zámstâc]
domingo Sonntag [zónntâc]

Meses

janeiro Januar [iánuar]
fevereiro Februar [fêbruar]
março März [mérts]
abril April [âpril]
maio Mai [mái]
junho Juni [iûni]
julho Juli [iûli]
agosto August [áugust]
setembro September [zéptémbea]
outubro Oktober [óctôbéa]
novembro November [nôvémbéa]
dezembro Dezember [dêtsémbéa]

Tempo

que horas são? wie spät ist es? [vî chpét íst és]
uma hora ein Uhr [áin ûa]
duas horas zwei Uhr [tsvái ûa]
é uma hora es ist ein Uhr [és íst áin ûa]
são duas horas es ist zwei Uhr [és íst tsvái ûa]
são dez horas es ist zehn Uhr [és íst tsên ûa]
uma e cinco fünf nach eins [fünf nârr áins]
duas e dez zehn nach zwei [tsên nârr tsvái]

uma e quinze Viertel nach eins [fîrtél nârr áins]
duas e quinze Viertel nach zwei [fîrtél nârr tsvái]
*dez e meia halb elf [hálp élf]
vinte para as dez zwanzig vor zehn [tsvántsic fór tsên]
quinze para as duas Viertel vor zwei [fîrtel fór tsvái]
às quatro e meia um halb fünf [úm hálp fünf]
às oito horas um acht Uhr [um árrt ûa]
14h 14 Uhr [fîatsên ûa]
17h siebzehn Uhr dreißig [zîben ûa dráissirr]
2h 2 Uhr morgens [tsvái ûa mórguens]
14h 2 Uhr nachmittags [tsvái ûa nârrmítâcs]
10h 10 Uhr vormittags [tsên ûa fórmítâcs]
22h 10 Uhr abends [tsên ûa âbents]
meio-dia Mittag [mítâc]
meia-noite Mitternacht [mítéanárrt]
uma hora eine Stunde [áine chtúnde]
um minuto eine Minute [áine minûte]
dois minutos zwei Minuten [tsvái minûten]
um segundo eine Sekunde [áine zêcúnde]
15 minutos eine Viertelstunde [áine fîatelchtúnde]
meia hora eine halbe Stunde [áine halbe chtúnde]
45 minutos eine Dreiviertelstunde [áine draifîatelchtúnde]

* Note a diferença: em alemão, "dez/três/cinco e meia" etc. é, literalmente, "meia (hora) para as onze/quatro/seis".

Números

0 null [nul]
1 eins [áins]
2 zwei [tsvái]
3 drei [drái]
4 vier [fîa]
5 fünf [fünf]
6 sechs [zécs]
7 sieben [zîben]
8 acht [árrt]
9 neun [nóin]
10 zehn [tsên]
11 elf [élf]
12 zwölf [tsvölf]
13 dreizehn [dráitsên]
14 vierzehn [fîatsên]

15 fünfzehn [fünftsên]
16 sechzehn [zérrtsên]
17 siebzehn [zîbtsên]
18 achtzehn [árrtsên]
19 neunzehn [nóintsên]
20 zwanzig [tsvántsirr]
21 einundzwanzig [áineunt-tsvántsirr]
22 zweiundzwanzig [tsváiunt-tsvántsirr]
23 dreiundzwanzig [dráiunt-tsvántsirr]
30 dreißig [dráissirr]
31 einunddreißig [áineúnt-dráissirr]
40 vierzig [fîatsirr]
50 fünfzig [fünftsirr]
60 sechzig [zérrtsirr]
70 siebzig [zîptsirr]
80 achtzig [árrtsirr]
90 neunzig [nóintsirr]
100 hundert [húndert]
110 hundertzehn [húndert-tsên]
200 zweihundert [tsváihundert]

300 dreihundert [dráihúndert]
1.000 tausend [táuzent]
2.000 zweitausend [tsvái-táuzent]
10.000 zehntausend [tsên-táuzent]
50.000 fünfzigtausend [fünf-tsictáuzent]
100.000 hunderttausend [húndert-táuzent]
1.000.000 eine Million [áine mîlîôn]

Os números ordinais são formados acrescentando-se **-te** ou **-ste** se o número terminar em **-ig**. Por exemplo:

fünfte [fünfte] (quinto)
zwanzigste [tsván-tsicste] (vigésimo)

1º erste [érste]
2º zweite [tsváite]
3º dritte [dríte]
4º vierte [fîate]
5º fünfte [fünfte]
6º sechste [zérrste]
7º siebte [zîpte]
8º achte [árrte]
9º neunte [nóinte]
10º zehnte [tsênte]

Em alemão, como em português, o milhar é marcado por pontos e usa-se vírgula para escrever os decimais.

10.000
2,83

Conversão de Medidas

1 centímetro = 0,39 polegada (pol.)
1 metro = 39,37 polegadas = 1,09 jarda
1 quilômetro = 0,62 milha = 5/8 milha

1 pol. = 2,54 cm
1 pé = 30,48 cm
1 jarda = 0,91 m
1 milha = 1,61 km

km	1	2	3	4	5	10	20	30	40	50	100
milha	0,6	1,2	1,9	2,5	3,1	6,2	12,4	18,6	24,8	31,0	62,1

milha	1	2	3	4	5	10	20	30	40	50	100
km	1,6	3,2	4,8	6,4	8,0	16,1	32,2	48,3	64,4	80,5	161

1 grama = 0,035 onça (oz)

g	100	250	500
oz	3,5	8,75	17,5

1 kilo = 1.000 g = 2,2 libras (lb)
1 oz = 28,35 g
1 lb = 0,45 kg

kg	0,5	1	2	3	4	5	6	7	8	9	10
lb	1,1	2,2	4,4	6,6	8,8	11,0	13,2	15,4	17,6	19,8	22,0

kg	20	30	40	50	60	70	80	90	100
lb	44	66	88	110	132	154	176	198	220

lb	0,5	1	2	3	4	5	6	7	8	9	10	20
kg	0,2	0,5	0,9	1,4	1,8	2,3	2,7	3,2	3,6	4,1	4,5	9,0

1 litro = 1,75 quartilho (RU) / 2,13 quartilhos (EUA)

1 quartilho (RU) = 0,57 litro
1 quartilho (EUA) = 0,47 litro
1 galão (RU) = 4,55 litros
1 galão (EUA) = 3,79 litros

centígrado / Celsius $°C = (°F - 32) \times 5/9$

°C	-5	0	5	10	15	18	20	25	30	36,8	38
°F	23	32	41	50	59	64	68	77	86	98,4	100,4

Fahrenheit $°F = (°C \times 9/5) + 32$

°F	23	32	40	50	60	65	70	80	85	98,4	101
°C	-5	0	4	10	16	18	21	27	29	36,8	38,3

Este livro foi impresso em setembro de 2008 pela
Cromosete sobre papel offset 90 g/m^2.